fhl-Erzählungen

Paul-Henri Campbell wurde 1982 in Boston, Massachusetts, geboren. Der deutsch-amerikanische Autor studierte Klassische Philologie und katholische Theologie an der National University of Ireland und der Goethe-Universität in Frankfurt am Main. Paul-Henri Campbell verfasst Lyrik und erzählende Prosa in deutscher und englischer Sprache. Dabei arbeitet er stark an den Schnittstellen zwischen Lyrik und Musik sowie Lyrik und Neuen Medien. Im Mai 2010 erschien der erste Band seiner Lyrik-Trilogie ›Sounding out Today‹ (Die Gegenwart ausloten) mit dem Titel ›duktus operandi‹. Campbells ›meinwahnstraße‹ ist sein erster Erzählband im fhl Verlag Leipzig.

Paul-Henri Campbell

meinwahnstraße

*Für Julia,
als Rakete der kommunikativen
Verständigung*

[signature] Paul-Henri Campbell

Inq 13. 2. 15

fihl Verlag

ISBN 978-3-942829-20-5

1. Auflage 2011
© 2011 by fhl Verlag Leipzig UG
Alle Rechte vorbehalten.

Lektorat: Ulrike Rücker
Titelbild: photocases.com / Svea Anais Perrine
Satz: fhl Verlag Leipzig UG
Druck & Bindung: TOTEM, EU

Ein Verlagsverzeichnis schicken wir Ihnen gern zu:
fhl Verlag Leipzig UG
Gerichtsweg 28
04103 Leipzig
www.fhl-verlag.de
kontakt@fhl-verlag.de

»Hätte man nicht,
wenn man auf den Lauf der Geschichte blickt,
große Lust,
die Zeit in zwei Richtungen zu denken?«

Walter Benjamin, ›*Einbahnstraße*‹

Inhalt

Philadelphia Toboggan Company No. 81

I Rockefeller Center

»Markus, kommst du mit?«, fragte sie mich. Sie wartete ab und eine Sekunde lang schien es, als könnte sich alles noch wenden. Dann ging die Tür auf und fiel langsam zu. Ich lehnte mich wieder ans Fenster, presste meine Stirn an die Scheibe und sah hinab auf die Schlittschuhläufer, die viele Stockwerke tiefer auf dem *Ice Skating Rink* die schwermütige Leichtigkeit der New Yorker zur Schau stellten. Es waren Hunderte gekommen, um ein paar Minuten auf dem Eis zu verbringen und solche zu sein, die diese Stadt bevölkern. Hunderte, immer hundert andere.

Es hatte begonnen zu schneien. Leichte, weiße Flocken fielen herab vom Himmel. Der Sog der Häuserschlucht erfasste sie und zog sie hinab ins Tiefe, vorbei an meinem Fenster, vorbei an diesem sechsundvierzigsten Stock, wie geschleudert, wirbelnd, böig verweht, gesogen, schneller und schneller. Es schien, als seien es nicht Flocken, als seien sie Schnee nicht und himmlisch nicht, als seien sie fremd allem Rieseln, fremd allem seligen Wiegen, fremd allem ruhigen Fallen, auch allem gemächlichen Baumeln, als sei ihnen nur rasches und schnelles, gedrängtes, ruckartiges, hastiges, unfreiwilliges Niedergehen eigen. Und einen Moment lang meinte ich, es sei Blei im Himmel, schwer, fast dämonisch, ein Wirrwarr unerforschlich in seinem Chaos und unerklärlich in seiner Finsternis.

Ich nahm einen weiteren Schluck von meinem Drink,

stellte das Glas ab, blickte durch das Opernglas und beobachtete die Menschen auf der Eisfläche. Sechsundvierzig Stockwerke, das war Tiefe.

Eileen, ging es in mir. Eileen und ich. Ich wusste es, sie wusste es und wir wussten, dass wir es wussten, und doch schloss sie die Tür des Hotelzimmers, ohne mich nochmals zu bitten; und doch ließ ich sie gewähren, ohne sie zu bitten, zu bleiben, ohne nur die geringste Geste zu machen, die angedeutet hätte, dass es abwendbar sei. Sie hatte gewartet. Oder gezögert? Es war egal. Wir beiden wussten es, doch wir ließen es geschehen.

Dann legte ich das Opernglas wieder zur Seite und presste meine Stirn fester gegen die Scheibe. Dort unten also waren die Menschen, die aus allen Winkeln der Erde hierher gekommen waren, um New Yorker zu sein. Dort unten im leuchtenden Weiß der Eisfläche zogen sie ihre Bahnen. Für diese Menschen war das Eis zur gangbaren Fläche gemacht, für sie war Licht in der Nacht, war das Rockefeller Center geschmückt, der Winter mit warmen Farben und Sonderangeboten aufgemacht. Für die Menschen, die dort unten nebeneinander, zueinander, voneinander, ineinander, umeinander kreisten, war es gemacht. Für sie, die Pirouetten drehten, lange Linien zogen, bald leicht, bald vorsichtig, bald schlendernd oder geschwind in spitzen und stumpfen Winkeln, Windungen, Kreisen, Ellipsen, weiten und engen Kurven auf den Kufen zweibeinig, einbeinig, Bein um Bein die Kalligraphie ihrer Bahnen ins Eis zogen und wie schwerelos glitten, war dies alles. Für sie. Für diese Menschen. Für sie war das Eis ausgebreitet, waren baumelnde Girlanden, waren Weihnachtskarten, waren Engel und Elfen in Kunststoff gegossen; für sie schalteten Ampeln, fuhren Taxis, hupten Busse, donnerten U-Bahnen, waren Limousinen verdunkelt, kreisten Satelliten im All; und für sie waren die Straßen asphaltiert, markiert, täglich gekehrt, jährlich erneuert und dann und wann gesperrt, waren Schächte gegraben, Tunnel unter die Flüsse, Brücken über die Flüsse, Gleise um die Flüsse gebaut, waren Startbahnen und Pipelines und Glasfasern gelegt, waren Kräne im Hafen, war Mast um Mast, war Stockwerk um Stockwerk diese Stadt aufgetürmt wie zu ihrem Lob, zum Lob der Kreise und Bahnen im Eis, Kreis und Aberkreis, Bahn und Aberbahn; für sie, die wie Kinder waren, vergnügt und verspielt inmitten dieser gewaltigen Stadt.

Und es schien mir plötzlich so sinnlos.

Ich wusste, dass man ihren toten Körper in der Früh finden würde. Ich nahm noch einen Gin aus der Minibar und zündete eine Zigarette an, auf die Gefahr hin, dass ich den Feueralarm auslösen würde. Dann ging ich nach draußen auf den Flur, um Eiswürfel zu holen. Vor dem Automat war eine große Pfütze. Als ich die Klappe öffnete, sah ich, dass das Eis geschmolzen war. Ich ärgerte mich ein bisschen, weil ich jetzt meinen Gin nur mit Tonic und ohne Eiswürfel trinken musste. Sinnlos, alles. Aber wen kümmert das schon?

II   Genealogie

Jonathan Goraunts Großvater, Samuel Poraunt, war 1911 auf einem Schiff aus Neapel nach New York emigriert. Bei der Einwanderungsbehörde auf Ellis Island wusste niemand, dass er einige Monate zuvor aus einem Gefängnis in Genf entflohen war, so bewilligten die Beamten dem jungen Mann mit kräftigem Kiefer und großer Statur mit einem Handschlag die Einreise. Im selben Jahr fand Samuel Goraunt, der in der Schweiz bei einem Tischler in der Lehre war, ehe er seinen Meister erschlug, eine Anstellung in der Karussell Manufaktur von Charles Looff auf Coney Island. Dort schätzte man seine sorgfältige Phantasie, die er in seine

Arbeiten investierte. Diese Phantasie reichte er mit den Jahren an Jonathans Vater, Gilbert Goraunts weiter.

Die Phantasie Gilbert Goraunts war besser an der Börse als an der Drechselbank angelegt; so entstand das Kapital, womit Jonathan später das bunte Imperium von Freizeitparks begründen sollte. 1971 eröffnete Jonathan seinen ersten Park, 1975 einen zweiten und in den 80ern fünf weitere – 1997 verkaufte er sein Unternehmen an Seven Flags. So war es gewesen für ihn und seine Familie. Er empfand sein Schicksal als ein amerikanisches Schicksal. Wer den späten Goraunt kannte, weiß um sein Vergnügen, die Geschichte seiner Vorfahren im neuen Land mit hunderten von Anekdoten zu erzählen.

Als Jonathan 2003 schwer erkrankt war, zögerte er lange, ehe er unterging. In den Jahren der Krankheit pflegte ihn auch seine Frau, Eileen Goraunt, und nach seinem Tod zog die Witwe sich vollständig aufs Cape zurück, um dem Hobby nachzugehen, das sie über die Jahre hin gemeinsam betrieben hatten. Sie restaurierten zusammen alte Fahrgeschäfte, hauptsächlich aus amerikanischen Manufakturen.

Eileen hatte auch ein amerikanisches Schicksal, aber konnte es nicht zu Anekdoten zusammenziehen. Ihr Leben an der Seite von Jonathan war zwar keineswegs leicht gewesen, aber es war erfüllt von jener Zärtlichkeit, Zuneigung und Zuversicht, die man Liebe nennt.

Sooft ich es unternahm, über Jonathan und Eileen Goraunt zu sprechen, fiel es mir schwer, die richtigen Momente, die ich von den beiden kannte, auszuwählen, um einen besonders bezeichnenden Eindruck ihrer Liebe zu geben. Ich muss aber zugeben, dass es für mich, der ich dazwischen war, auch keineswegs einfach sein konnte.

Vielleicht zuerst dies: Ich glaube, dass Eileen ihrem Mann gerne einen Sohn geschenkt hätte. Sie waren aber kinderlos geblieben. Es brachte mich immer in Verlegenheit, wenn sie in meiner Gegenwart darüber sprach. Und obschon es zu unserer Tätigkeit passte, über Kinder zu sprechen, war es mir immer unangenehm. Ihr Umgang mit Menschen war sachlich, ohne verhalten zu sein, aber sie hatte die Gabe, eine euphorisierende Wirkung auf die Menschen um sie herum zu haben. Ihre Leidenschaft für seltene Hölzer, historische Darstellungen von Tieren, zyklische Melodien, verformende Spiegeleffekte erregten häufig einen solchen Überschwang in ihrem Redefluss, dass ihre Wangen sich vor Aufregung röteten. Sie hatte eine liebevolle Stimme. Ich glaube, sie hätte einen Sohn durch diese Stimme tief und nachhaltig geprägt.

In den letzten beiden Jahren seines Lebens stand Jonathan Goraunt unter dem Einfluss von Morphin und murmelte häufig seltsame Dinge. »Eileen ... du darfst nicht vergessen die Schwäne abzuschleifen ... der Lack ist überall rissig ... an den Hälsen ist er an einigen Stellen ... abgeplatzt ... Eileen, das darfst du nicht vergessen, hörst du ... die Schwäne.« In diesem Zustand gab es schlechte Tage und es gab vernichtende Tage. »Wenn du mit dem Hasen fertig bist ... Eileen ... Eileen, hörst du mich? ... Wenn du damit ... verdammt noch mal, du Miststück ... hör zu ... es gibt nur noch zwei oder drei davon ... ich will, dass du sie aufkaufst ... alle ... Hörst du mir zu? ... Hast du das kapiert?« Er begriff oft nicht, dass ich an seinem Bett saß, nicht Eileen.

III   Der Antiquitätenhändler

Die Mail aus Prag kam einige Wochen nach Jonathans Beerdigung. Der Absender war in Unkenntnis über den Tod seines Klienten und teilte mit, dass er ein Objekt ausfindig gemacht hätte, »*that would amuse quite a few people in your country*.«

Eileen hatte Jonathans Geschäfts-E-Mail an mich umleiten lassen und mich damit beauftragt, die eingehenden Nachrichten mit Dank zurückzuweisen und die Geschäftsverbindungen zu beenden. Vielleicht hätte ich in dieser Sache ebenso verfahren sollen. Ich zögerte aber.

Als ich Eileen davon erzählte, nahm sie die Bilder, die der Prager mitgeschickt hatte, zuerst nur sehr unschlüssig zur Hand. Nachdem sie schließlich alle Ausdrucke durchgeblättert hatte, griff sie den zweiten noch mal auf und blickte ihn lange ratlos an. Sie dabei zu beobachten, wie sie die Abbildungen prüfte und sich dabei zu prüfen schien; Eileen dabei zu beobachten, wie sie dann ein Blatt aus der Hand legte und ein Neues mit diesem Zögern eines Kindes ergriff, auch dies zur Seite legte, dann wieder aufnahm und wieder zögerte, berührte mich sehr, oder sollte ich sagen, es erregte mich? Plötzlich begann Eileen zu weinen. Ich legte meinen Arm um sie herum und küsste sie. Ihr Körper war fest und schön; ich merkte, dass es der Körper einer reifen Frau war, die immer sehr gut auf sich aufgepasst hatte.

Ich weiß nicht, ob Eileen die Dinge sehr ernst nahm, die Jonathan im Delirium der Opiate vor sich hin plapperte – dass sie spurlos an ihr vorübergingen, bezweifelte ich jedoch. Als sie einmal in einer Nacht, da er sehr unruhig war, wieder zurück in mein Zimmer kam, sprach sie von einem Karussell, wonach Jonathan lange recherchiert hatte.

»Ein paar Monate, nachdem du bei uns angefangen hattest, Markus, da meinte Jonathan, er hätte endlich ausfindig machen können, in wessen Besitz es zuletzt gewesen sei. Er hatte zuerst geglaubt, dass es irgendwo bei euch in Deutschland gestanden. Ich glaube, Bamberg oder Nürnberg oder irgendeines dieser -bergs. Er hatte daraufhin den Antiquitätenhändler aus Prag hierher zu uns eingeladen, als jener zu Besuch in New York war. Ich erinnere mich noch genau an den Abend. Jonathan glühte vor Erregung, als wir hier zu dritt im Salon saßen. Er breitete alle möglichen Dokumente auf dem Tisch aus und sogar eine Photographie, die 1904 angeblich in Santa Clara aufgenommen worden war. Der Prager hörte Jonathan bei all seinen Ausführungen zu. Als Jonathan fertig war, sagte der Händler, er sei sehr beeindruckt von Jonathans Bemühen und bewundere seinen Enthusiasmus, doch hielt er es für unmöglich, dass sich seine Untersuchungen oder, wie er sich ausdrückte, *Evidenzen* tatsächlich auf das fragliche Objekt bezögen.«

»Und dein Mann bat ihn die Sache dennoch zu verfolgen?«

»Nein. Nachdem der Prager es ausschloss, dass die Informationen #81 der Philadelphia Toboggan Company beträfen, war Jonathan außer sich vor Wut. Ich hatte ihn noch nie so erlebt. Er nahm mit beiden Händen alle Unterlagen vom Tisch auf und schleuderte sie in den Kamin. Er schrie den Prager an, beschimpfte ihn, sagte, er sei ein verdammter Jude, der nicht wisse, wie man mit Kunstschätzen umzugehen habe, wenn es darauf ankam. Es war eine fürchterliche Szene. Der Prager blieb ruhig, lächelte müde und bat schließlich nach seinem Mantel.«

»Wann war das?«

»Nur zwei oder drei Monate bevor dich Jonathan eingestellt hat.«

»Aber als ich hier angekommen bin, hattet ihr doch das ganze Anwesen voller alter Fahrgeschäfte.«

Eileen lächelte: »Und man glaubt nicht, dass wir auch jetzt, da er nicht mehr da ist, noch bis zum Ende unser beider Leben mit dem, was hier noch rumsteht, zu tun hätten.«

»Was lag ihm an #81? Soviel ich weiß, sind doch die Toboggan Stücke nicht so selten.«

»Ich weiß es nicht, Markus. Es gab später noch ein weiteres Treffen unter vier Augen mit dem Prager. Jonathan konnte sich für sehr viele Dinge begeistern, auch sprang er gerne von einem Objekt zum anderen, wie du ja an den vielen angefangenen Stücken selbst schon erkannt hast. Es ist schwer zu glauben, dass solch ein Mann einmal einem verdammt großen Unternehmen vorstand. Bis du gekommen bist, hatten wir eher sporadisch mal an diesem, mal an jenem Karussell gearbeitet. Und war noch viel an dem einen zu tun, fuhr schon wieder ein Lastwagen in den Hof, um irgendein Gestell oder ein Bauteil anzuliefern. Die Monate, die Jonathan an den Recherchen nach #81 verbrachte, war er wie verändert, geradezu besessen. Nach der, na ja, Katastrophe mit dem Prager aber, begann alles auseinanderzufallen. Es schien uns nichts mehr zu gelingen. Jonathan hatte sich einmal beim Schnitzen verletzt, beim Schweißen verbrannt, dann an einer Winde verhoben. Es geschahen so viele kleine Missgeschicke, dass ich manchmal Angst bekam, einen weiteren Tag in der Werkstatt zu verbringen. Ich kam mir vor, als müsste ich ständig ein Auge auf Jonathan haben.«

»Dann habt ihr mich als Babysitter eingestellt?«

»Als Fachmann für Holzarbeiten.«

»Ach so. Und was machen wir jetzt?«

»Glaubst du, der Prager hat sich mit #81 geirrt?«

»Würde es noch etwas ausmachen?«

III Kulturbürgerinnen unter sich

»Und dann haben wir diesen *wunder*baren Diwan entdeckt«, kokettierte Rachel, während sie nervös an ihrer Brosche fummelte.

»Also, wirklich, Rachel. Der Diwan war in einem furchtbaren Zustand, einfach katastrophal, wie man so etwas auch noch kaufen kann«, warf Megan ein.

»Na ja. Ich musste ihn natürlich ganz neu beziehen lassen«, wehrte ihre Freundin ab. »Er ist ganz fest. Du solltest ihn einmal probesitzen, wenn du mich wieder besuchst, Eileen. Ich habe ihn in olivgrün machen lassen. Herrlich, meinst du nicht?«

»Es hat ein Vermögen gekostet«, sagte Megan wieder schnell, »die Federn mussten ausgewechselt werden. Der Rahmen hatte sich auch etwas verzogen. Dann haben diese Tölpel ihn auch noch mit Gänsefedern gestopft. Man kann solche Dinge wesentlich günstiger bekommen, wenn man sie in Europa kauft.«

Plötzlich wandte sich Rachel mir zu: »Was halten Sie davon, Mr. Berenbloom? So ein junger Europäer wie Sie kennt sich doch sicherlich auch vorzüglich mit Möbelstücken aus.«

Ich war froh, dass die streitbare Megan mir zuvorkam: »Mr. Berenbloom ist Spezialist für Karusselltiere. Nicht wahr, Mr. Berenbloom?«

Ich sagte, dass ich die Gegenstände erst sehen müsste. Versuchte aber zwischen den beiden Besucherinnen auszugleichen, indem ich sagte, dass die *Europäer* ihre Einrichtungsgegenstände in diesen Tagen auch nicht immer sachgerecht zu pflegen wüssten. Es gäbe viele Mischungen. Vielleicht habe ich auch gesagt, dass Stilechtheit eine Fiktion sei oder sonst irgendetwas Schwachsinniges.

»Er ist aus dem achtzehnten Jahrhundert«, gab Rachel weiter an.

»Aus dem neunzehnten, Biedermeier«, berichtigte Megan gelangweilt.

»Nun, das ist ja auch egal. Er ist ziemlich alt. Antik. Der Diwan ist durchaus antik. Er passt hervorragend zu dem kleinen Salontisch, den ich letztes Jahr in New Orleans gekauft habe. Megan denkt natürlich, man kann diese Schmuckstücke …«

»Diese Travestie!«

»... nicht zusammenstellen. Aber ich finde, sie machen sich in meinem Schreibzimmer sehr hübsch. Stellen Sie sich vor, Mr. Berenbloom, ich habe neulich den gesamten *Werther* darauf gelesen. Und Eileen, meine Liebe, ich sag's dir, wenn du wieder einmal zu mir kommst, dann kannst du ihn mal probesitzen. Da sitzt man nicht so hart, wie auf deinen hölzernen Pferdchen da draußen – das meine ich keineswegs abschätzig, Mr. Berenbloom. Eileen, ich lese dir dann etwas vor. Etwas *Wunder*bares. Ich arbeite ja gerade an *meinem* neuen Drama. Und, weißt du, es erstaunt mich, was manchmal auf den Seiten steht. In einem Moment sind sie leer und im nächsten«, sie hielt wie inspiriert inne und fügte dann bedeutungsvoll hinzu, »bin ich über mich selbst erstaunt. Es ist so viel von meiner Seele darin, nur anders. Ja, dieser Diwan ist der richtige Ort, Eileen. Du musst bald kommen, vielleicht schon morgen, da lese ich dir ein paar Szenen aus dem neuen Drama vor.«

»Dieses *Drama* wird ein Roman«, korrigierte Megan etwas abschätzig.

Woraufhin Rachel meinte: »Mag sein. Aber er hat eine dramatische Handlung. Er wird durch und durch dramatisch. Geradezu tragisch, wie bei diesen alten Griechen, weißt du.« Sie blickte mich plötzlich wieder an, als wisse ich es tatsächlich, aber ich wusste nichts und musste die spontane Reaktion meiner Seele unterdrücken, die geneigt war, blöd und benommen mit dem Kopf zu schütteln. Ich lächelte freundlich, griff nach meinem Drink und nahm einen großen Schluck, um zu vermeiden, jener Schriftstellerin in die Augen zu sehen. »Er spielt in einer Kleinstadt in Connecticut. Es geht um Eifersucht. Das ist immer am tragischsten. Ja, die Eifersucht ist immer am tragischsten. Aber es ist so viel Stolz darin. Stolz! Wirklicher, weiblicher Stolz!«

»Na wunderbar! Eine Kleinstadt in Connecticut! Das klingt ja wirklich tragisch. Ist das die Rache der Medea, Rachel?« Megan drückte ihre Zigarette aus und war gerade im Begriff die Ausführungen ihrer Freundin zu torpedieren, als das Telefon klingelte. Ich entschuldigte mich und eilte ins Nebenzimmer. Es war der Anruf, den wir seit zwei Wochen erwarteten.

IV   JFK – PRG

Eileen hielt während des gesamten Flugs meine Hand. Ich war schon vom ersten Tag an, als ich bei den Gourants angefangen hatte zu arbeiten, unglaublich in ihre Hände verliebt. Und jetzt, da sie im Flugzeug vor Aufregung ein bisschen feucht waren, war ich wie immer, bei jeder ihrer Berührungen, doch wieder von Neuem erstaunt darüber, wie sie bei den vielen Jahren des Schleifens und Schnitzens von solch federartiger Zartheit beschaffen sein konnten. Mir war schon damals im Flugzeug deutlich, dass es nicht mehr allein um #81 der Philadelphia Toboggan Company ging, obwohl wir beide so taten. Als die Lämpchen für die Anschnallgurte ausgingen, klappte ich meine Armlehne hoch, löste meinen und dann Eileens Gurt, strich ihr mit dem Handrücken über die Wange und legte meinen Arm um sie.

Irgendwann sagte Eileen mit schläfriger Stimme: »Markus, ich will nicht mit ihm verhandeln. Wenn es das ist, was er wollte, nehmen wir es einfach.«

»Und wenn es nur noch Schrott ist? Vielleicht reicht es, wenn wir es uns einfach genau ansehen.« Nachdem ich das gesagt hatte, schämte ich mich ein bisschen. Es war jene Scham, die die Gespräche zwischen Eileen und mir so oft schon zum Erliegen gebracht hatten und unsere Stimmung in eine verlegene Ratlosigkeit wechseln ließ.

Nach dem Abendessen schlief ich ein. Als ich wieder aufwachte, befand sich die Maschine schon im Landeanflug.

Eileen saß aufrecht neben mir, hielt sich einen kleinen runden Spiegel vors Gesicht und schminkte sich. Am Flughafen wartete ein Taxifahrer auf uns. Er hielt ein Schild in die Menge der ankommenden Passagiere, worauf mit einem schwarzen Filzstift »Mrs. Gouzangt« geschrieben stand. Die Fahrt durch Prag war im Gegensatz zum Flug über den Atlantik ziemlich turbulent. Ich hatte den Eindruck, der Fahrer hatte etwas getrunken und würde viel zu schnell durch die schlecht gepflasterten Gassen der Außenbezirke fahren. Er sagte die gesamte Fahrt über nichts und blickte nur ziemlich angespannt vor sich hin. Wenn bestimmte vornehme Menschen zu allen Zeiten eine gelassene Nonchalance verkörpern, war dieser Typ das genaue Gegenteil. Als wir schließlich vor einem ziemlich schäbigen mehrstöckigen Gebäude aus der Gründerzeit Halt machten, stieg er rasch aus, öffnete die Türen und den Kofferraum und sagte schließlich »Hier!« Mir war nach der Autofahrt etwas flau im Magen geworden, und Eileen ging es offensichtlich ebenso. Wir standen unschlüssig mit unserem Gepäck auf dem Gehweg und blickten die Straße auf und ab.

»Wo habe ich denn … ah, hier, ja es ist das Haus hier drüben. Nummer 54.«

»Siehst du da irgendwo eine Klingel?«

Das Haus hatte eine große Tür aus einem dunklen Holz, daneben hing ein ziemlich schäbiger Briefkasten. Ich klopfte mit festen Schlägen an die Tür und holte mir dabei eine Schliffer. Keine Reaktion.

»Vielleicht hat er noch ein Büro anderswo«, sagte ich ein bisschen dämlich.

»Nein.«

»Hat er dir eine Telef…«

»Nein.« Jetzt klopfte sie noch mal an die Tür, fester und energischer als ich es getan hatte. Nichts passierte. Dann klopfte sie noch mal, und ihre Schläge waren wie Trommelschläge. Aber sie blieben ungehört. »Ich habe keine Telefonnummer. Ist es das, was du hören willst?«, schrie sie plötzlich vorwurfsvoll. Sie zitterte am ganzen Körper.

Ich ging auf sie zu und wollte sie beruhigen. Als ich sie berühren wollte, schlug sie meinen Arm zur Seite. Dann wandte sie sich wieder der Tür zu und begann diesmal mit der flachen Hand darauf zu schlagen. »Mach die verdammte Tür auf!«, schrie sie. Ich legte meine Hände auf ihre Schultern. Sie drehte sich um und stieß mich weg. Dann sank sie auf die steinerne Türschwelle, zog die Knie dicht an ihren Körper und vergrub ihr Gesicht in ihren Armen. Einige Minuten vergingen. Es war November und viel kälter als in New York. Ein unangenehmer, eisiger Wind heulte durch die Straßen. Ich bat sie, vom kalten Stein aufzustehen. Ich merkte, dass mein Tonfall bemüht klang und sich auf eine klägliche Weise sachlich gab. Ich kam mir wie ein bescheuerter Idiot vor.

Als Eileen zu mir aufblickte, sah ich erst, dass sie vom Flug noch völlig geschafft war. Sie hatte dicke, schlaffe Beutel unter den Augen. Plötzlich fielen mir die vielen Fältchen auf, die sich wie ein verzweigtes System um die Augenwinkel zur Schläfe hin zogen.

»Was willst du hören? Was?« Ihre Stimme war entstellt, die Laute gebrochen und von Schluchzern durchmischt.

»Lass uns doch eine Nachricht hinterlassen und ein Hotel aufsuchen. Was denkst du? Irgendeine von seinen E-Mails wird schon eine Telefonnummer haben.«

»Was willst du hören, sag schon?«

»Ich will nichts hören!«, nun schrie auch ich so laut, dass ich nach meiner kurzen Antwort ganz außer Atem war.

»Du denkst doch, dass ich es nur mache, um mein Gewissen zu beruhigen. Du denkst doch, dass ich es nur mache, damit mir keiner Vorwürfe machen wird.«

»Eileen, komm schon. Wir nehmen einfach ein Hotel.«

»Halbherzig, nur um mein Gewissen zu beruhigen. Das ist es doch, was du denkst, Markus. Sag es ruhig. Aber weißt du was? Dein Gewissen versuchen wir auch zu beruhigen.« Sie hatte sich in einen peinlichen Stupor gebrüllt. Mir war danach, einfach wegzugehen. Plötzlich drängte sich mir das Gefühl auf, dass ich nie darüber nachgedacht hatte, in welchem Verhältnis wir eigentlich zueinander standen.

»Er ist nämlich noch nicht lang genug unter der Erde, Markus, dass wir solche Dinge einfach sein lassen könnten!«

Ein Taxi bog in die Straße ein, bevor ich aber ein Zeichen geben konnte, war es schon vorübergerauscht. Ich rannte in die Mitte der Straße und winkte ihm nach. Aber es kehrte nicht um.

Dann klopfte ich an die Tür, zehn, fünfzehn mal, stampfte mit dem Fuß dagegen. Es war schrecklich. Wir hatten weder eine andere Kontaktinformation, noch eine weitere Anlaufstelle, um den Antiquar ausfindig zu machen. Und es war bedrängend zu begreifen, dass wir uns auch im Vorfeld darüber wenig Gedanken gemacht hatten. ›Was haben wir uns eigentlich gedacht?‹, fragte ich mich. ›Was wollen wir eigentlich in dieser Stadt?‹ Es war lächerlich.

Schließlich stand Eileen auf, drehte sich langsam und resigniert einige Male hin und her, wandte sich noch mal sprunghaft zur Tür hin, ohne aber zu klopfen. Dann ging sie auf mich zu und drückte sich fest an mich. Sie weinte bitterlich, anders als ich ihr Weinen je erlebt hatte. Ich strich mechanisch über ihr Haar, das sich in der Kälte strohig und wie taub anfühlte. ›Es ist das Haar einer alten Frau‹, dachte ich, ›… sie hat Krähenfüße in den Augenwinkeln … ihre Haut ist welk … sie ist eine alte, erbärmliche Frau‹, ging es in mir wie im Kreis.

»Machen wir uns doch nichts vor, machen wir uns doch nichts vor«, schluchzte sie und klammerte sich noch fester an mich. Doch in mir rührte sich keine Sympathie. Ich wollte verschwinden. Einen Moment lang sah ich, wie ich einfach weggehen würde und durch die Straßen Prags laufen würde, ziellos, weg, einfach weit weg. Ich konnte keinen Trost in mir entdecken, den ich hätte spenden können. Was ich spürte, war bloß ein peinliches Entsetzen, einen unaussprechlichen Ekel vor ihren kläglichen Schluchzern. Endlich sagte ich: »Beruhige dich, Eileen. Ich liebe dich. Wir finden ihn schon. Wir gehen in ein Hotel und schlafen uns aus.« Als ich sie auf die Stirn küsste, sagte sie leise und mit luftloser Stimme: »Ich brauche dich. Markus, ich brauche dich so sehr.«

V   Concierge

Wir hatten eigentlich nicht vor, die Stadt zu besichtigen. Uns blieb aber in den nächsten Tagen nichts anderes übrig. Nachdem wir uns ein Zimmer genommen hatten, benutzte ich einen Computer im Business Center des Hotels, um die Telefonnummer des Antiquars aus einer Mail zu holen. Als ich anrief, erreichte ich nur einen Anrufbeantworter. Die weibliche Stimme sprach irgendetwas auf Tschechisch, was ich nicht verstand. Ich hinterließ den Namen unseres Hotels und bat, uns möglichst bald zu kontaktieren.

Eileen und ich liefen von früh bis spät wie bescheuerte Touristen in der Stadt herum und sahen uns alles mit einem absorbierenden Interesse an, womit wir wohl auch versuchten, die Szene vor der Nummer 54 ungeschehen zu machen. Vielleicht blieben wir auch jeden Tag so lange in den Straßen und Sehenswürdigkeiten Prags, um die Erwartung auf eine Antwort des Antiquars mit einer neuen Hoffnung zu füllen. Als wir abends zum Hotel zurückkamen, ging eine Gruppe junger Briten an uns vorüber. Sie waren ziemlich besoffen und machten untereinander ordinäre Witze. »Deshalb müssen sie wohl auf einer Insel wohnen«, sagte ich gegenüber Eileen. Aber es kam mir plötzlich wie eine Ausrede vor. Es war windig. Die Kälte hatte zugenommen. Am darauffolgenden Tag fielen sogar für einige Minuten Schneeflocken vom Himmel, die sich wie eine glitzernde Staubschicht über die Stadt legten. Am dritten Abend besuchten wir eine Aufführung von Don Giovanni. Eileen hatte sich einen leichten Schnupfen geholt und nieste während der Vorstellung viel.

Als wir ins Hotel zurückkehrten, waren wir ein bisschen betrunken. Auf dem Rückweg waren wir häufig stehen geblieben, hatten uns wie Teenager geküsst und über unsere Situation gelacht. Es stellte sich eine leichte Ironie ein. Wir entspannten uns ein wenig.

Wir standen schon vor dem Aufzug, als der Concierge, an dem wir – ohne die Frage, die wir einige Stunden zuvor gestellt hatten, nochmals zu stellen – vorbeigingen, zu uns herübereilte. Die Aufzugstür hatte sich schon geöffnet, da er mir einen kleinen Notizzettel in die Hand drückte. Er lächelte wie einer, der meint, jemandem einen ersehnten Gefallen zu tun und sagte nur unbeholfen: »Von Herrn Bleiski.«

Es war schon spät und wir waren ziemlich erschöpft, sodass wir beschlossen, erst in der Früh zurückzurufen. Außerdem, da die Wirkung des Alkohols nachließ, kam Eileens Erkältung stärker durch. Ich ließ ihr ein heißes Bad ein. Während ich ihr anschließend mit einem Frottiertuch den Rücken rieb, sagte sie: »Wir könnten doch den Antiquitätenhändler bei seinen alten Sachen lassen, oder?«

»Und alles als einen schönen Urlaub verbuchen?«, antwortete ich ein bisschen ungläubig.

»Und heiraten«, sagte sie ungeniert.

Ich glaube, sie merkte, dass ich erschrak. Aber sie hielt es wohl für niedlich und setzte gleich hinzu: »Aber lass uns doch erst einmal das Geheimnis um #81 lüften.«

VI   Der kleine Gatsby

Bleiski schien am Telefon keineswegs darüber bekümmert, dass er uns Unannehmlichkeiten bereitet hatte. Stattdessen lud er uns unentwegt zu einem kleinen Dinner ein, dass er am Abend für einige seiner Kunden bei sich gab. Eileen zögerte, als ich ihr von dem Anruf erzählte. Ihre Erkältung war schlimmer geworden. Aber ich überredete sie schließlich doch, nicht von unserem eigentlichen Ziel abzurücken, sodass wir schließlich gingen.

Die Tür der Nummer 54 stand offen, als wir am frühen Abend aus dem Taxi stiegen. Wir gingen durch einen schmalen Gang, der auf die Rückseite des Hauses führte. Im Hinterhof des Gebäudes stand ein weiteres Haus. Es war eine kleine Villa, die wohl im Gegensatz zu den heruntergekommenen Häusern, die die Straße säumten, erst seit kurzer Zeit da stand. Die Fenster waren hell beleuchtet. Als wir näher traten, kam uns der Antiquar schon mit offenen Armen entgegen. Ich hatte mir ihn als einen kleinen untersetzten Mann vorgestellt und war über die hagere und heiter wirkende Gestalt überrascht, die uns nun begrüßte.

»Kommen Sie herein, Mrs. Gourant. Kommen Sie! Ich sehe, Sie haben Ihren Sohn mitgebracht. Kommen Sie.«

Bevor wir ihn berichtigen konnten, was sich wohl ohnehin als heikel erwiesen hätte, standen wir inmitten einer großen Gesellschaft, die in Gruppen von fünf bis acht Personen im großen Foyer des Hauses versammelt war. Bleiski stellte uns einige Personen vor, ließ Champagner bringen und ehe wir uns versahen, waren wir in verschiedene Gespräche über Kultur und Kunstgegenstände verwickelt.

Bleiski redete ununterbrochen. Er hatte eine sonore Baritonstimme. Die enorme Energie, mit der er sich in einer unaufdringlichen, aber zugleich dominanten Weise zum Mittelpunkt der Unterhaltungen machte, faszinierte mich. Auch Eileen gewann rasch ebenjenen lieblichen Enthusiasmus wieder, den ich aus Unterhaltungen auf dem Cape gekannt und für so liebenswürdig gehalten hatte.

»Also nachdem Napoleon Wien 1809 wieder einmal verließ, waren nicht nur die Speisekammern Schönbrunns leer und einige Damsels Wiens mit Syphilis infiziert, sondern auch nicht wenig Inventar der Stadt nach Paris verladen worden. Während der Restauration konnte man nicht alles an…«

»Aber Dawid, ermüden Sie doch Frau Gourant nicht mit diesem napoleonischen Krämertand.«

»Empirestil ziemt dem wilden Westen nicht«, sagte Dawid mit breitem Akzent. »Sie interessieren sich für *arts décoratifs?"*

»Für *arts espiègles*, mein werter Herr«, antwortete Eileen ihm listig.

»Frau Gourant interessiert sich für Fahrgeschäfte der alten Sorte.«

»Russisches Roulette?«, spöttelte daraufhin jemand.

Ich verließ die Runde und freute mich, dass Eileen wieder zu ihrer alten Gelassenheit gekommen war. Das kleine Gebäude im Hinterhof von Nummer 54 erwies sich als überaus geräumig. Vom Foyer führte ein Aufgang zu einer Loggia, die die Eingangshalle überblickte und durch Triforien gegliedert war. Links und rechts von diesem Aufgang befanden sich im Erdgeschoss noch weitere Räume, von denen ich einen betrat, da ich von dort das lauteste Gelächter hörte. Die Leute, die dort grölten und lärmten, unterschieden sich von den restlichen Gästen nur darin, dass sie schon wesentlich betrunkener waren. Es war eine Gruppe wohlhabender

Engländer. Ich nahm einen der klaren Schnäpse, die auf einem Tablett gereiht standen. Dabei bemerkte ich eine junge Frau, die mit einem sichtlich bemühten Lächeln bei den alten Gentlemen stand und still zuhörte. Ich hörte, wie sie ab und an etwas bejahte oder »*Oh really!*« sagte. Ich glaube, es beruhigte mich, dass ein so hübsches Mädchen keine Engländerin war. Ich ging hin.

»Hi, ich heiße Markus. Du bist aus den Vereinigten Staaten, nicht wahr?«

»Ja, aus Miami. Ich heiße Eileen, schön dich kennen zu lernen, wie noch mal? Markus?«

Ich hob mein leeres Schnapsgläschen hoch und sagte ihr, dass dort drüben noch einige aufgefüllte standen, sodass wir von den Herren etwas Abstand gewannen.

»Ich dachte schon, ich sterbe hier vor Langeweile«, sagte sie, als wir nach neuem Schnaps griffen. »Die quatschen ununterbrochen über Antiquitäten. Das ist ja schrecklich. Da reicht es nicht, einfach nur alt zu sein, man muss auch noch von noch älteren Dingen sprechen.«

»Na ja, Leidenschaften neigen dazu, seltsam zu sein. Ich nehme an, du bist nicht im Business der alten Dinge?«

»Nein. Ich bin Kunsteisläuferin.«

»Ist das der angesagte Freizeitsport in Florida in diesen Tagen?«

»Hey, nein, das ist mein Ernst. Ich bin mit einer Show hier. Es ist mein Beruf. Wir sind schon seit zwei Wochen hier. Nächste Woche fahren wir weiter nach Hamburg und dann sind wir wieder am Broadway.«

Ich begriff erst jetzt, dass sie eigentlich überhaupt nicht für einen Abend unter Kunstkennern angezogen war. Vielmehr sah Eileen aus, als sei sie gerade von einer Sportveranstaltung gekommen. Wir nahmen noch einen Schnaps und dann noch einen. Ich mochte, dass ihr Humor eher zynisch war als lustig. Er hatte etwas beißendes. Wir unterhielten uns für eine lange Zeit. Ich sollte aber erst in den nächsten Tagen begreifen, was mir diese Unterhaltung wirklich bedeutete. Oder vielmehr: was sie wirklich in mir wieder auftaute.

Irgendwann kam Bleiski in das Nebenzimmer. Ich war so in das Gespräch mit Eileen verwickelt, dass ich erst sah, dass er meinetwegen aus dem Foyer gekommen war, da er neben uns stand.

»Ihre Mutter ist zurück ins Hotel gefahren, das soll ich Ihnen nur sagen.«

»Ins Hotel zurückgefahren?«, fragte ich erschrocken.

»Fieber! Sie wollte nicht zu lange unter uns bleiben. Aber ich soll Ihnen sagen, dass sie einfach nachkommen sollen«, dann zwinkerte er etwas und fügte hinzu: »Ich will euch junge Leute aber nicht weiter stören. Wir können uns ja in den nächsten Tagen um die Geschäfte Ihrer Mutter und ihres – *požehnej mu* – Vaters kümmern.«

Bevor ich noch etwas sagen konnte, war er schon wieder verschwunden. Es war überhaupt noch nicht spät. Seit unserer Ankunft waren höchsten zwei Stunden vergangen.

Ich war gerade im Begriff etwas vorzuschlagen, da kam mir Eileen zuvor.

»Ich habe wegen der Show kaum Zeit gehabt, mir die Stadt anzusehen. Was hieltest du davon, wenn wir unauffällig verschwinden und die Dinosaurier alleine über die Kreidezeit philosophieren lassen?«

Wir waren beide schon ein bisschen betrunken, aber Eileen hatte ziemlich schnell gemerkt, dass ich so viel von der Stadt sehen wollte wie sie. Aber plötzlich standen wir vor einem Hotel, in dem die Leute ihrer Show untergebracht waren. Ihr Hotelzimmer war winzig. Am Wandschrank – gleich hinter der Eingangstür – hing ein enger Body aus weichem weißem Stoff mit je einem roten und blauen Streifen besetzt mit glitzernden Steinen. Darunter, auf dem Boden, standen ihre Schlittschuhe. Sie hatte sogar einen gelben Schleier, an dem zwei durchsichtige Acrylstangen eingenäht waren, und ein Gesteck für ihr Haar, das mit bunten Federn geschmückt war. Ich ließ einzelne Federn durch Daumen und Zeigefinger streichen.

»Seid ihr so etwas wie eine Farm auf Eis?«

Sie kam näher. Ihr Körper war noch warm vom Mantel. Ihr ganzes Wesen war warm, und ich küsste sie, ohne ihre Antwort abzuwarten.

Eileen sagte: »Wir sind so etwas wie ein Zirkus.« Und dann biss sie mir in die Schulter.

V Witwen, Waisen und dann und wann ein weißer Elefant

Als ich das Hotel wieder erreichte, war ich wie berauscht. Ich zog mich aus, duschte und ging ins Bett. Eileen schlief fest. Am nächsten Morgen hatte ich ein bisschen Mühe ohne Verdacht meine Rückkehr von Bleiski zu schildern. Also gab ich mich ein bisschen empört über ihr plötzliches Verschwinden, ohne mir selbst Bescheid zu geben, und Eileen bekam ein schlechtes Gewissen. Das half mir. Denn sie sah mir nun mit einem sichtlichen Entzücken nach, dass ich den Empfang dann auch verließ, um mich alleine ein bisschen in Prag umzusehen.

»So sind also die jungen Männer«, spöttelte Eileen. »Bekommen nicht genug von mondänen Empfängen und hoher Kultur.«

»Ich habe getanzt. War nett.«

»Mit wem?«, fragte sie plötzlich irritiert.

»In einer Disko. Weiß nicht, mit der Tanzfläche.«

Ich war noch ziemlich müde, als Eileen mir die Agenda

mitteilte, die sie gestern vor ihrem Gehen mit Bleiski für den Tag beschlossen hatte.

»Er holt uns nach dem Lunch ab, und wir fahren an den Standort der #81. Stell dir vor, er hat gesagt, es sei sogar noch in Betrieb, wenn auch in einem erbärmlichen Zustand.«

Nach dem Mittagessen fuhr Bleiski mit einem Jeep vor. Ich war ein bisschen nervös, dass er vielleicht auf meine Unterhaltung oder vielmehr meine Gesprächspartnerin anspielen und dadurch eine gewisse Verlegenheit verursachen könnte. Dies geschah auch, sogleich wir eingestiegen waren, nur anders.

»Nein, nein, nein, Junge«, rief er, »du wirst doch wohl deine Mama nicht auf dem Rücksitz fahren lassen wollen. Was bist du denn für ein Sohn, he?«

Eileen errötete. Es wunderte mich, dass sie während der gesamten Fahrt keinen Versuch unternahm, unsere Beziehung gegenüber dem Prager zu klären. Während wir die Stadt durchfuhren, sah ich, dass die Show der Eiskunstläuferin tatsächlich überall ausgeschildert war. Sogar ein bisschen übermäßig, sodass auch Eileen auf dem Vordersitz die Plakate bemerkte. Sooft unsere Blicke durch den Außenspiegel sich trafen, bekam ich Panik und fragte mich, ob sie mich beobachtet hatte, ob sie gesehen hatte, dass ich die Plakate bestaunte.

»*Jungle on Ice*«, sagte sie auf einmal. »Die Kultur zerfällt tatsächlich. Diese beknackten Musicals sind doch das Ende und jetzt haben sie sogar schon Europa erreicht.«

Ich betete zu Gott, dass der Prager nichts über mein Gespräch mit Eileen, die eine Eiskunstläuferin in dieser Show war, sagen und die Stimmung im Auto noch zusätzlich belasten würde. Aber aus irgendeinem Grund kam das Gespräch auf etwas anderes zu sprechen. Und so fuhren wir einige Zeit.

»Deine Mama«, schrie der Prager, mich über den Rückspiegel ansehend, als wir über eine dürftig geteerte Landstraße polterten, »wird das Karussell lieben. Es wird das schönste sein, das sie je zum Beschönigen eingekauft hat.« Dann lachte er laut, fast ein bisschen unanständig.

Nach einer zweistündigen Fahrt bogen wir in einen weiten Hof ein, der durch das Zusammenspiel mehrerer Gebäude gebildet war. Beim Aussteigen schon lief eine Schar von Kindern auf uns zu und begann uns zu begrüßen. Eileen war entzückt.

Einige Erwachsene folgten ihnen, begrüßten den Prager mit Umarmungen und schüttelten meine und Eileens Hand. Dann brachten Sie uns auf einen weiteren Platz, der sich hinter dem Hauptgebäude befand und von Scheunen und Schuppen umstellt war, die ein bisschen wie aneinandergereihte Jahrmarktsbuden wirkten. Das größte dieser Gebäude war aus Baustücken eines alten Flugzeughangars zusammengeschustert. Sie öffneten die großen Flügeltore und wir blickten auf die #81. Die Kinder rannten mit irgendeinem Wissen auf das Karussell zu, schrien durcheinander, klatschten vor Freude und Aufregung in die Hände. Die Aufseher sorgten dafür, dass sie sich schließlich ordentlich an der Seite des Hangars aufstellten, während ein alter Mann einen Traktor herbeifuhr. Als dieser geparkt war, begannen drei Männer damit, ihn auf einen Bock zu stellen, nahmen einen der großen Hinterreifen ab und spannten einen Riemen zwischen dem Antrieb des Karussells und dem Traktor.

»Der Motor ist kaputt. Aber die Leute hier sind erfinderisch, wie du siehst.«

Bald kamen auch Männer vom Hauptgebäude her und trugen kleine Schemel und Musikinstrumente herbei. Die Kinder wurden sichtlich erregt. Einer trat an sie heran und besprach auf Tschechisch irgendwelche Regeln mit den Kindern, dann fragte er sie noch mal ab. Es war entzückend anzuschauen, wie sich offenkundig eine wohlgeübte Routine vor uns abspielte. Das Wetter war nicht besser als an den anderen Tagen, aber den Kindern schien es in ihren dicken Anoraks nichts auszumachen.

Der Prager übersetzte die Erklärungen, die der Leiter des Waisenhauses uns gegenüber machte.

»Das Karussell war ein Geschenk, das das Waisenhaus 1992 von einer Stiftung erhalten hatte. Damals funktionierte der Antrieb noch, nur die Orgel war schadhaft und was an ihr noch ging, baute man aus und verwendete es für die Orgel des Waisenhauses. Jeden Samstag veranstaltet das Waisenhaus hier eine kleine Unterhaltung. Schauen Sie!«

Zehn Kinder wurden nach einer Liste aufgerufen und durften als erstes fahren. Die restlichen wurden zu einem Chor aufgestellt und sollten die Musiker begleiten, die sich neben sie setzten. Die #81, soweit ich es aus der Entfernung beurteilen konnte, war ziemlich mitgenommen. Bei einigen der Pferde waren Beine abgebrochen, ein Löwe war völlig verwittert, einige der Tiere hatte man entfernt und durch schlichte Stühle ersetzt, die Spiegel waren voller Flecken. Das ganze Ding sah, um ehrlich zu sein, ziemlich trostlos aus.

Sobald die erste Gruppe der Kinder Platz genommen hatte, hob der Dirigent zum Musizieren an und der Traktor wurde in Gang gesetzt. Und auf einmal, ich glaubte es kaum, setzte sich unter dem Schatten des Hangars das Karussell mit seinem Dach in Gang, und es drehte sich für eine kurze Weile der Bestand von bunten Pferden, aus einem Land, das lange zögert, eh es untergeht.

»Manche sind im Wagen angespannt«, sagte Eileen entzückt, »doch, ich glaube, alle haben Mut in ihren Mienen.«

»Und ein böser Löwe geht mit ihnen«, fügte der Prager mit einem Lächeln hinzu.

»Meine Güte, sogar ein Hirsch ist da!«

»Ganz wie im Wald«, meinte Eileen und lachte.

»Nur dass er einen Sattel trägt und darüber, schau doch, ein kleines, blaues Mädchen angespannt ist.« Der Prager war furchtbar ironisch mit seinen Bemerkungen, teilte aber die Freude mit einem, wie mir schien, heimlichen Ernst.

»Ha! Und den Löwen reitet weiß ein Junge und hält sich mit der kleinen, heißen Hand fest.«

»Na ja, der Löwe zeigt ja auch die Zähne!«

»Und Zunge«, murmelte der Prager schwerfällig.

Ich beobachtete diese gesamte Unterhaltung und muss gestehen, dass ich zunehmend eine gewisse Ehrfurcht bekam vor diesem Karussell. Der Chor sang Lieder, die viele Elemente wie »Hi, Ho, Ha«, »Schah, Schah, Schah«, »Li, Li, Li« oder »Ja, Tza, Tsho« hatten. Dazu klatschten sie und man hörte, dass der Chor dieser Waisen immer den Erwachsenen, die ihn mit Instrumenten begleiteten, etwas voraneilte, als konnten sie es mit ihren Stimmchen nicht abwarten, als nächstes an der Reihe zu sein und zwei oder drei Strophen eines alten Volks- oder Kinderliedes lang in die Welt des Karussells einzutauchen. Und dieser Gesang, dieses Musizieren und Kreisen war durchtönt vom tuckernden Motor des Traktors und von einem leichten Dieselgeruch durchschwefelt – wie ein Geheimnis.

Es war sehr seltsam anzusehen. Da auf den Pferden kamen sie vorüber, Knabe um Knabe, Mädchen um Mädchen, auch schon etwas ältere Mädchen, dachte ich, diesem Pferdesprunge fast entwachsen. Mitten in dem Schwunge schauten sie auf, irgendwohin, herüber. Wohin herüber? Zu mir? In mein Erwachsensein, über den schleichenden Graben des Alterns, der zwischen diesem seltsamen Glück des Kreisens und meinem Zusehen bestand? Sie schauten im Vorüberziehen kurz zu uns wie ahnend und waren sofort wieder im Bann des Karussells zurück ins Kreisen gezogen.

Ich dachte an die andere Eileen. Griff in meine Jacke, um zu sehen, ob der Zettel mit der New Yorker Adresse, die sie mir gegeben hatte, noch in meiner Jackentasche war. Ob sie jetzt Pirouetten drehte auf dem Eis? Dann blickte ich zu Eileen und beobachtete ihr mütterliches, fast großmütterliches Entzücken. Schließlich sah ich die Kinder auf dem Karussell wieder und ich begriff, dass ich aus einer Welt stammte, die mit ihren Verwirrungen und zerfahrenen Umständen so weit von diesen Gesichtern war, wie sie nur sein konnte. Ich hätte vom Mond kommen, hätte eine fremde Spezies des Lebendigen sein können. Die Waisenkinder kreisten und sangen und meine Gedanken waren voll mit Eileen, als ich die andere Eileen ansah und meinte, beide zu lieben. Und meine Sorgen schienen mir einen Moment lang dekadent. Aber, was schon dagegen tun, wenn ich mir zugleich in diesen Sorgen gefiel?

Nachdem einige Durchgänge am Karussell getan waren, verließen Bleiski, Eileen und ich die Unterhaltung und gingen spazieren. Sobald wir an die Grenzen des Anwesens gekommen waren, erkannte ich erst, wie enorm und weitläufig diese Gegend war, darin dieser Flecken, der von Waisen bewohnt war, fürchterlich beiläufig, erstaunlich insignifikant und trivial schien.

»Was ist denn an der #81 so besonders?«, fragte Eileen.

»Oh«, lächelte der Prager, »nichts.«

»Wie?«

»Na ja, Eileen, dieses Objekt unterscheidet sich von den restlichen 247 der Serie in, wie soll ich sagen, in nichts. Es ist vielleicht in einem schlechteren Zustand als die Übrigen, die noch existieren. Von der Konstruktion her unterscheidet es sich durch nichts. Es ist, für die Epoche zumindest, ein handelsübliches Exemplar, das ein bisschen herumgekommen ist und sich jetzt hierher verirrt hat.«

Dann schwiegen wir. »Weißt du«, fuhr der Prager nach einer Weile fort, »vielleicht ist es aber … ist es nicht so sehr wichtig. Es gibt etwas, was ich dir geben soll, Eileen.« Er kramte einen versiegelten Brief aus seiner Westentasche und reichte ihn Eileen. Wir blieben stehen, während sie las.

Der Brief übte eine unheimliche Macht auf sie aus. Ihre Augen tränten, dann konnte sie das Blatt kaum halten. Wir mussten sie stützen und zu einer nahegelegenen Bank führen. »Er wollte, dass du es erst bekommst, wenn du es bis hierher geschafft hast. Im Falle, dass du nicht kommst, war mein Auftrag gemäß der Abmachung mit ihm, den Brief nach zwei Jahren zu vernichten, damit er keinen Schaden anrichte.«

»Ich liebte dich, Jonathan! Ich habe dich immer geliebt, wisse das!« Ich hatte tatsächlich den Eindruck, dass sie dies in den Himmel sagte. Sie blickte mich an, und da sie mich sah, war eine gewisse Verzweiflung in ihrem Blick.

Später als wir zurückfuhren und im Hotel angekommen waren, verstand ich, dass wir kein bisschen Glück hatten, gegenüber dem Prager die genaue Art unserer Beziehung zu klären. Es hätte für eine noch bedrücktere Stimmung auf der Heimreise gesorgt, glaube ich.

Allerdings ist mir nicht klar, was es für einen sterbenden Ehemann bedeutet, seine letzte Liebesbekundung durch die Tat eines nachträglichen Liebesbeweises seitens seiner Witwe zu bedingen. Die Tage nach der Besichtigung der #81 waren ziemlich schwer. Eileen wurde zunehmend feindselig mir gegenüber. Sie verlangte, ich solle nicht glauben, dass ihr Herz mir vollkommen gehöre. Sie schrie mich an. Einmal, nachdem wir beim Abendessen etwas Wein getrunken hatten, machte sie mir eine riesige Szene. Schrie mich an, was mir einfiele mich einfach so in ihr Leben zu stehlen und eine Position zu beanspruchen, die mir nicht zustünde. Dann wieder: »Du hast nichts bei mir zu suchen. Es war ein Fehler. Es war falsch, war nichts Wahres darin, hörst du! Hörst du?« Und bald wieder, später am Abend: »Markus, ich brauche dich. Ich weiß, dass es nicht richtig ist, aber ich brauche dich. Ich hatte Angst. Ich wollte nicht alleine sein. Manchmal hat mich die Pflege von Jonathan an den Rand des Wahnsinns gedrängt. Markus, ich brauche dich.« Und einige Tage später wieder, plötzlich, völlig unvermittelt: »Denkst wohl, ich bin deine Hure!«

Es war nicht leicht mit Eileen umzugehen in diesen Wochen. Ich kannte ihre Wutausbrüche, aber angetrieben durch eine Schuld, die weder mir noch ihr greifbar war, die sich sozusagen ergeben hatte, eskalierten ihre Flüche und Verwünschungen gelegentlich so sehr, dass ich nicht wusste, ob ich es bei ihr aushalten könne. Doch die Wochen vergingen. Aber jene Schuld, die vielleicht keine war, sondern sich nur ergeben hatte, blieb. »Markus, mein lieber Markus, ich brauche dich, hörst du. Ich liebe dich auch.«

VI   Rockefeller Center

Wir hatten keine Entscheidung bezüglich des Karussells getroffen. Ich glaube, wir wussten nicht, was wir entscheiden sollten oder ob es überhaupt etwas zu entscheiden gab. Nachdem wir wieder auf dem Cape auf dem Anwesen der Gourants angekommen waren, sagte Eileen, dass sie für einige Tage allein sein wolle und verreiste. Indessen begnügte ich mich damit, die Fotos des Pragaufenthalts auf den Computer zu kopieren, räumte die Werkstatt auf, mähte Rasen, trank Bier, schaute fern. Irgendwann rief ich auch Eileen an. Sie war wieder zurück nach New York gekommen und bereitete sich auf die Wintersaison ihrer Show am Broadway vor.

»Komm doch und besuch mich! Ich habe noch dasselbe Kostüm bei mir.«

»Ich weiß noch nicht, wann. Es gibt hier noch viel zu tun, aber ich will die nächste Gelegenheit nutzen.«

Wir hatten sogar mit der Digitalkamera eine kurze Video-sequenz vom Karussell aufgenommen. Ich beschloss, es einmal anzusehen und dann zu löschen, um die Ereignisse in der Erinnerung zu lassen, wo sie beweglich waren. Die Aufnahme war sehr gut getroffen. Es war von einer anderen Position gefilmt, als der, wo ich gestanden hatte. Ich meinte, die Videoszene von jenem Nachmittag zeigte einen Moment vom Glück, aber es hatte den Nachgeschmack von Schmerz. Das Karussell war wirklich gut eingefangen, dachte ich, und dann ging eine Reihe von Gedanken durch mich: Das geht hin, sagten diese Gedanken, und eilt sich, dass es endet, und kreist und dreht sich nur und hat kein Ziel; dann sah ich: ein Rot, ein Grün, ein Grau im Video vorbeigesendet, ein kleines kaum begonnenes Profil; und vom kleinen Bildschirm der Digitalkamera schien es mir, als sei manches Mal ein Lächeln hergewendet, ein seliges, das blendet und verschwendet, und alles war mir, wie atemloses blindes Spiel. Dann löschte ich das Video.

Eileen war länger weg, als sie angekündigt hatte. Ich begann mir Sorgen zu machen. Als das Telefon klingelte, fürchtete ich einen Moment lang, Eileen hätte vielleicht die Nummer vom Display abgeschrieben und überlegte mir, was ich sagen könne, damit sie mich nicht auf jener Nummer anrufen würde.

Aber es war Eileen. »Ich weiß, was wir mit dem Karussell machen, Markus! Ich habe so viel begriffen in den letzten Tagen. Aber zuerst will ich dir etwas Gutes tun.«

»Das wäre?«

»Du hast doch im Flugzeug gesagt, dass du auf dem Cape ein bisschen die Stadtluft vermisst und dass du gerne einmal nach New York fahren möchtest. Ich habe schon gebucht. Du kannst Morgen herkommen. Am Rockefeller Center steht auch schon die Schlittschuhbahn.«

Ich hatte schon für den zweiten Tag in New York ein Treffen mit Eileen ausgemacht und überlegte mir, wie ich die andere Eileen für einige Stunden alleine in die Stadt schicken könnte. Dies war umso schwieriger, da sie ja so lange fort gewesen war und dies gewissermaßen zu einem Neuanfang werden sollte. »Ich brauch dich doch, Markus!«

Aber alles sollte anders kommen, als ich nach New York ging.

»Ich mache jetzt einen Anruf. Ich habe mit Rachel und Megan darüber gesprochen. Sie finden die Idee einfach großartig.«

»Wovon sprichst du?«

»Ach du Dummerchen«, sagte sie in dem Ton, der noch nie zu ihr passte – und ich wunderte mich einen Moment lang darüber, ob Jonathan das auch bemerkt hatte, dass sie wie verwandelt war, sooft sie mit Rachel und Megan verkehrt hatte – »Du bist vielleicht ein Scherzbold. Ich habe eine Lösung für das Karussell. Ich weiß genau, was wir machen müssen. Jetzt mache ich den Anruf, dann wirst du schon sehen. Es ist einfach reizend.«

»Da bin ich gespannt«, sagte ich.

»Hallo, Herr Bleiski, guten Tag. Eileen Gourant. Ja. Hat alles geklappt. Wir sind zu einem Entschluss bezüglich des Karussells meines Mannes gekommen. Ja, genau. Wir möchten es kaufen und restaurieren. Bis wir es restauriert haben, stellen wir den Kindern, ach diesen süßen, armen Kindern, ein anderes zur Verfügung. Und wenn es fertig ist, sollen sie zwei haben. Und einen zweiten Traktor kaufen wir dem Waisenhaus noch gleich dazu. Ja. Ist das nicht wunderbar? Vielen Dank. Ja, besprechen Sie das. Vielen Dank. Auf Wiederhören!«

Nachdem sie den Hörer aufgelegt hatte, wollte ich sie fragen, wozu sie das tue. Wenn doch das Karussell ohnehin nur ein Kollateralumstand in der Liebesbeweisaktivität zwischen ihr und Jonathan war. Wenn doch #81 nur beiläufig, gewissermaßen Kulisse war, wozu nun dies?

Und dann sagte ich: »Eileen, ich kann mit dir keine Karussells restaurieren. Ich helfe dir nicht, die Kinder glücklich zu machen. Ich liebe eine andere Frau. Sie ist hier in New York. Es geht nicht.« Später am Abend hatten wir noch ein weiteres Gespräch. Es war unser letztes. Dann blickte ich vom sechsundvierzigsten Stock hinab auf die Eisfläche und suchte sie.

Klingspiel

I Domestiziertes Vorspiel

Sie war in einem sehr kleinen Ort am Neckar aufgewachsen. Er hatte sie während einer Geschäftsreise kennengelernt. Es war sein erster Termin in Vertretung seiner Bank gewesen. Sie hatten den Klienten schon als Verlust abgeschrieben und wollten die Sache wieder an die regionale Zweigniederlassung zurückgeben, die sie verbockt hatte. Dann entschied sich der Chef von Jens anders, der Fall blieb in der Zentrale und Jens wurde damit beauftragt. Es war eine Prüfung, ein Lehrstück. Aber die Entscheidung seines Chefs schien ihm etwas willkürlich. Jens hatte das Gefühl, man traue ihm nichts zu. Die gesamte Autofahrt zum Klienten dachte Jens darüber nach und ärgerte sich.

Es dauerte lange bis er den Ort erreichte. Jens hatte das Navi vergessen, sich während der letzten 30 Kilometer der Strecke fünf Mal verfahren und sich dadurch um eine halbe Stunde verspätet. Der Klient, ein Zulieferer einer Möbelfabrik, verhielt sich im Gegenzug nicht sehr kooperativ – als wollte er ihn für die Verspätung bestrafen. Er blockierte viele Anfragen, die Jens machte, wich seinen Aufforderungen aus, verschleppte Entscheidungen, hielt Dokumente zurück.

Als Jens am Abend frustriert und erschöpft ins Bett der kleinen Pension des Ortes fiel, hatte er Bauchschmerzen, die sich zur Nacht hin verschlimmerten. Um halb drei hielt er es kaum noch aus, versuchte aus dem Bett aufzustehen, konnte sich aber vor Krämpfen kaum gerade aufrichten. Um fünf Uhr rief er einen Krankenwagen, um halb sechs wurde ihm der Blinddarm entfernt und um acht Uhr brachte ihm Louise das Frühstück. Sie erzählte ununterbrochen vom Fest, das der Ort jetzt drei Tage lang feiern würde, während sie den Rentner im Krankenbett neben ihm wusch. Gegen halb neun fragte Jens, ohne zu wissen warum, ob Louise ihn am Abend zum Fest begleiten würde. Er verließ das Krankenhaus um neun Uhr, um zehn hatte er sich umgezogen, um elf stellte er seinem Klienten die Bedingungen der Bank und sagte ihm, wenn der Tag so vergehe, wie der Tag zuvor, würde er sofort abreisen und die angeforderten Hilfskredite der Bank seien geplatzt. Jens wusste aber, dass er nicht abreisen würde, auch wenn der Kunde sich ihm erneut völlig versagen würde.

Louise war an einem kleinen Ort am Neckar aufgewachsen. Dies hatte zur Folge, dass sie seltsame Gewohnheiten und noch seltsamere Vorstellungen hatte. Diese behielt sie auch bei, als sie zu ihm an den Main gezogen war. Jens aber liebte diese Vorstellungen. Zum Beispiel glaubte Louise, dass der amerikanische Bundestaat Indiana ein Reservat sei, in dem alle übriggebliebenen Indianer Amerikas lebten, Glücksspiel betrieben und dabei reich wurden. Oder sie kaufte Bilderrahmen und hängte sie an die Wand, ohne die von der Manufaktur eingelegten Beispieldrucke austauschen, weil ihr die klischeehaften Aufnahmen der Golden Gate Bridge oder des Taj Mahal gefielen. Diese Dinge liebte Jens an Louise so sehr, wie sie ihn auch erschreckten. Aber es verwunderte ihn auch, dass sie nur einmal in der Woche ihre E-Mails prüfte oder dass das Handy, das er für sie gekauft hatte, als sie zu ihm gezogen war, ihr erstes war. Es war ihr sogar ein bisschen peinlich ein Mobiltelefon zu besitzen: Sie brauche es nur, damit ihre Geschwister und ihre Freundin Kathi immer anrufen könnten. Sooft einer von ihnen dann darauf anrief, sagte Louise in einem kurzen und bestimmten Ton: »Ruf dich gleich zurück.« Und dann etwas schneller: »Ich leg jetzt auf, okay?« Dann legte sie das billige Prepaid Nokia zur Seite und wählte die Nummer des Anrufers auf dem Festnetztelefon. Auch, dass Louise so lange überlegte, ihn so viel fragte, ehe sie aus ihrem Dorf fortzog, hatte Jens erschreckt. Wie war es möglich, hatte er sich gefragt, dass sie nicht froh war, aus dem Nest rauszukommen? Bevor sie umzog, fragte sie Jens wie prüfend, Fragen, die ihm unerheblich schienen.

»Wie viele Leute wohnen noch in deinem Haus?«

»Weiß ich nicht? Hab noch nie die Namen auf der Klingeltafel gezählt.«

»Sind es mehr als zehn?«

»Bestimmt, vielleicht dreißig.«

»Wohnst du in einem Hochhaus?«

»Nein.«

»Wie viele Stockwerke hat dein Haus?«

»Zwölf, glaube ich.«

»In welchem wohnst du?«

»Im achten.«

»Im achten Stock! Bist du da nicht außer Atem, wenn du an der Wohnungstür bist?«

»Nö. Es gibt einen Aufzug.«

»Und wenn er kaputt ist?«

Jens sagte ihr, das sei noch nie passiert, seit er in dem Haus wohne. Dann fragte sie, ob er viel mit den Nachbarn unternehme, wie man auf die Straßenebene komme im Falle eines Feuers, woher er wisse, dass sich niemand im Haus herumtreibe, der dort nichts zu suchen hätte. Als sie den Entschluss endlich gefasst hatte, erstaunte ihn, wie bestimmt und detailliert, auch wie bedachtsam ihre Fragen wurden.

»Ich packe gerade meine Bettwäsche ein.«

»Ach wirklich,« sagte er verschmitzt. Er stellte sich Louise einen Augenblick in Reizwäsche vor, verwarf aber den Gedanken gleich wieder.

»Grün. Ich habe vier Kissenbezüge, zwei Federbettbezüge aus Baumwolle, einige Spannbettbezüge und eine Tagesdecke. Die Tagesdecke ist aus Seide, aber meine Schwester hat sie nicht mehr im selben Grün bekommen.«

Als sie endlich eingezogen war, zeigte ihr Jens die ganze Stadt. Er hatte alles zuvor recherchiert und merkte dabei, dass er selbst kaum mehr als ein Fünftel der Stadt wirklich gut kannte. Sie war in diesen ersten Tagen häufig nervös, stieg vorsichtig ein, als die U-Bahn an der Plattform hielt, zählte die Münzen genau und umständlich ab, als sie im Bus eine Fahrkarte löste. Und wenn sie dann abends zurückkamen, erzählte Louise ihrer Freundin Kathi am Telefon mit aufgeregter und rasch sprechender Stimme, was sie erlebt und gesehen hatte. Sobald sie aufgelegt hatte, kam sie zu Jens ins Arbeitszimmer, küsste ihn, indem sie ihm die Zunge fast etwas grob in den Mund schob. Im Gegensatz zu anderen Frauen, die Jens gekannt hatte, streichelte und kuschelte und küsste Louise viel mehr herum. Er wusste nicht, ob er sich damit anfreunden könnte, dachte aber dann, dass es sich von alleine ändern werde. Und wieder verwarf er die Vorstellung, sie in Strapsen vor sich zu sehen.

Die Möglichkeit, jemanden glücklich zu machen, mit allem, was er zum Glücklichmachen hatte, machte Jens für Dinge empfänglich, die er zuvor nie beachtet hatte. Zugleich war Louise fähig in ihm eine ungestüme, fast wahnsinnige Angst zu erregen. Sooft er bemerkte, wie sie sich über die Organisation und Umgang mit den Patienten in dem Krankenhaus, in dem sie jetzt arbeitete, ärgerte, fühlte er sich schuldig. Er fühlte sich, als ob er es war, der sie diesen Umständen aussetzte. Dann drehte er sich zu ihr um, strich ihr das Haar zur Seite und flüsterte etwas Unanständiges in ihr

Ohr, über das sie sich jedes Mal neu empörte, das sie erröten ließ; aber nur kurz, denn dann erschreckte sie ihn, als sie ihn mit einer Bestimmtheit anblickte und ihm die Zunge wieder grob in den Mund schob. Louise war eben am Oberlauf des Neckars geboren, fern von Mündungsgebieten.

Irgendwann im Herbst wurde sie schwanger und jetzt begann sich Jens noch mehr Sorgen um sie zu machen. Er rief sie vier Mal am Tag vom Büro aus an, schlich sich abends, wenn er später nach Hause kam, zu ihr ins Bett, um sie nicht zu wecken. Er ließ sie keine schweren Taschen tragen und bat sie oft, sich zu setzen und sich auszuruhen. Und abends, sooft er leise neben ihr lag und nachdachte, wurde er stolz darauf, dass das Kind ihre Augen haben würde, ihr festes, schwarzes Haar, ihre langen Wimpern, ihre Grübchen und ihren Körper. Und dann erschreckte ihn ein bisschen, dass es auch Sprechen lernen würde mit den Klängen des Neckars. Aber das Erschrecken wich. Wir machen es schon nicht schlechter als alle anderen, dachte er oft. Wir schaffen es. Es wird schön sein. Es wird deine Augen haben, dein festes, schwarzes Haar, deine langen Wimpern, die Grübchen, dein Lächeln und deine Freude. Deine Güte wird es haben, Louise, wird haben dein Wissen von der Unschuld.

II   Russian Railways

Der Mann saß ihm gegenüber. Der Waggon war schlecht gedämmt und Jens hatte es kaum gehört, als jener versucht hatte, ihm etwas zu sagen. Das schwere Rollen dröhnte wie ein Bass, während sich die Eisenbahn auf den Gleisen vorwärts schob. Und der andere Fahrgast hatte schon mehrere Dinge gesagt, ohne dass Jens es bemerkt hatte.

Jetzt verstand er, was der Mann meinte und gab ihm eine knappe Antwort. Als kein Gespräch zustande kam, drehten sich beide wieder dem Fenster zu. Draußen zog schon seit Stunden der Rand eines Fichtenwaldes vorbei. Die Bäume, deren Äste vom Schnee schwer in Richtung Boden hingen, schienen etwas zu bewachen. Es war möglich, die erste, gelegentlich auch die zweite Baumreihe zu sehen, was dahinter lag, war verborgen. Wenn man das Abteil verließ und auf dem schmalen Gang aus dem Fenster der anderen Seite des Waggons blickte, war der Anblick der gleiche. Ihr Zug fuhr auf einem weißen Streifen, einem Korridor, den Namenlose und Niegekannte durch diese dichte baumdunkle Welt gerodet hatten.

Später neigte ihm sein Gegenüber nochmals den Kopf zu und wiederholte, was er zuvor schon wiederholt hatte: »Wohin soll's denn gehen mit der Reise, junger Mann?«

Der Schweizer war jetzt weit nach vorne gelehnt und mit beiden Händen erwartungsvoll auf den Knien aufgestützt. Wohin. Die Stimme versetzte Jens in einen Schrecken. Er hatte seit zwei Wochen mit niemandem mehr gesprochen und war überrascht, dass ihn gerade jetzt jemand auf Deutsch ansprach. Die schweizerische Stimme hatte eine schwerfällige Neugier: »Wohin soll's denn gehen?« und dann auch noch dieses »junger Mann«. Sie sahen einander an.

Jens wich aus. Sekundenlang gingen seine Augen über das Gesicht des Fremden, der seine Muttersprache sprach. Und er erkannte nichts.

Endlich murmelte er: »Fort.« Auch dies eine Wiederholung.

Und wieder wandten sich beide dem Fenster zu. Jens beobachtete den kahlen Kopf des Schweizers, der sich im Fenster spiegelte und über der Landschaft schwebte wie ein Gespenst. Plötzlich war der Kopf verschwunden und Jens hörte, wie der Schweizer sich an seinem Gepäck zu schaffen machte. Jens ließ seine Hand tiefer in die Hosentasche rutschen, bis er den Griff der Pistole mit der Fingerspitze spürte. Sie war noch da. Auch dies erschreckte Jens, obschon er sich augenblicklich sicherer fühlte.

»Was interessiert Sie das eigentlich?«

»Es wird«, kam eine Antwort, »noch sehr lange dauern, bis wir die nächste Station erreichen. Es wird dämmern und die Nacht wird kommen, um zu verschwinden. In der Früh sind wir dann dort. Das wissen Sie, nicht wahr?«

»Das ist, glaube ich, jedem in diesem Zug hier mehr oder weniger klar.« Die Langsamkeit des Schweizers beim Sprechen reizte Jens so sehr, dass er aufstehen und in ein anderes Abteil wechseln wollte.

»Wissen Sie, die Landschaft wechselt hier nur sehr langsam. Aber jetzt ist es noch Nadelwald und Schnee, aber in der Früh wird es Sand sein und dürres Gebüsch.« Während er dies sagte, war der kahlköpfige Eidgenosse immer noch mit seinem Gepäck beschäftigt, den er auf dem Sitz neben sich geöffnet hatte. Schließlich schlug er den Deckel des Koffers zu und wandte sich wieder an Jens, indem er ein Stückchen näher ans Fenster rückte. Er streckte die Hand vor sich und machte im Sitzen eine undeutliche Bewegung. Jens zog die Pistole zur Hälfte aus der Tasche und drückte seinen Körper in den harten Sitz. Als aber der Schweizer seine linke Hand, die auf dem Tischchen zwischen ihnen lag, berührte, war Jens seltsam entwaffnet und ließ die Pistole heimlich wieder verschwinden.

»Was wollen Sie?«

»Ach, junger Mann, seien Sie nicht so besorgt. Ihre Besorgnis wird uns beiden noch sehr schaden, wenn Sie nicht von ihr lassen. Ich will Ihnen nur sagen, dass Sie in der langen Dunkelheit, die später kommen wird, weder aus dem Fenster noch in Ihre Bücher schauen können.«

»Dann schlafe ich eben.«

»Hören Sie das.«

»Was?«

»Diese Eisenbahn. Hören Sie nicht ihr Klappern, merken Sie nicht, wie sie klappert und alles an ihr klimpert und schleift. Es ist zwecklos, den Schlaf zu suchen in diesem Gefährt. Es könnte auch gefährlich werden, unwachsam zu sein. Wir sind nicht mehr in Europa, wie sie wissen.«

Jens kam sich lächerlich vor, als er versuchte, Gegen- und Ausreden zu finden, die das Gesagte entkräften könnten. »Dann höre ich Musik. Mein iPod hat Musik für acht Wochen.«

»Ah, Musik. Ja. Jetzt kommen wir der Sache schon etwas näher.«

Jens gingen die Geschichten über Psychopathen, die er in seinem Leben gehört hatte, durch den Sinn; und er dachte, jener sei ein Psychopath, ganz bestimmt; und dann: Ich werde ihn erschießen müssen; und wieder: Aber wer bin ich schon, wenn ich ihn einen Psychopath nennen möchte, nur weil er wie ein Psychopath mit mir spricht? Das ist ein Scheiß, dachte Jens, ein großer, verfickter Scheiß.

»Lassen Sie mich Ihnen etwas zeigen«, ging es weiter. Er hielt einen kleinen, würfelähnlichen Gegenstand über die Tischplatte, der in einem Seide-Säckchen eingewickelt war.

»Sehen Sie, man muss solche Dinge sorgsam einpacken. Sie sind empfindlich, nicht wahr?«

»Wovon sprechen Sie?«

»Nun, hiervon.« Er enthüllte eine lackierte Schachtel, legte den Beutel wie eine Decke auf den Tisch und stellte die Schachtel darauf.

»Es ist aus Kirschholz gemacht. Man muss den Baum früh im Winter schlagen. Es ist auch gut, wenn das Holz feinjährig und harzarm ist, wenn die Ringe dicht beieinander liegen.«

Der Gegenstand war tatsächlich sehr schön. Auf seinem Deckel, der höchstes eine Hand breit war, glänzte ein vorsichtig gearbeitetes Bild unter dem Lack hervor. Es zeigte einen offenen Käfig, der an einer goldenen Kette an einem laublosen Ast aufgehängt war. Um den Ast herum waren rosafarbene Wolken aufgetragen – leicht, wie ein Schleier. Sie machten den Ast fast unsichtbar.

»Haben Sie es schon entdeckt?«

»Was? Ja, es ist sehr schön. Danke.«

»Haben Sie es aber bemerkt, junger Mann? Dort auf dem Deckel. Sehen Sie es nicht?«

Jens prüfte den Deckel nochmals, sah den Ast, die Kette, den Käfig. Er prüfte drei, vier Mal, dann noch mal. In jenem Moment, da er die Lippen öffnete, um den Fremden zu fragen, was jener denn meine, sah er es plötzlich.

»Sie meinen den Vogel dort auf dem Ast?«

Eine Heiterkeit ergriff den Alten. Seine Bäckchen erhöhten sich. Eine seltsame Freude hatte sich in ihm ausgebreitet. Sie verjüngte ihn. »Sehr schön! Ich wusste doch, junger Mann, dass Sie zu denen gehören, die ihn sehen würden. Er versteckt sich, nicht wahr? Es ist nicht leicht zu sehen, dass er dort ist.«

»Ist das Motiv chinesisch?«, fragte Jens.

Doch bevor der Schweizer zu reagieren vermochte, betrat der Schaffner das Abteil. Jens hielt ihm seine Karte wortlos hin und hoffte, dass ihm keine unnötigen Fragen gestellt werden würden. Der Schaffner schob seine Mütze in den Nacken, rieb sich die Stirn, zog die Augenbrauen argwöhnisch nach oben und gab die Karte schließlich – wie enttäuscht – an Jens zurück. Dann nahm er den Fahrschein des Schweizers entgegen. Während er auch diesen prüfte, sprach der Schweizer auf Russisch mit ihm: Es klang, als versuchte er mit dem Schaffner zu scherzen. Doch dieser begegnete diesen Versuchen mit einer mürrischeren und strengeren Miene. Jens, von diesem Schauspiel angewidert, wandte sich dem Fenster zu und wartete darauf, die Unterhaltung über die Schatulle fortsetzen zu können.

Die Landschaft draußen begann, die Schatten zu verschlingen. Das Licht, das durch die Waggonfenster ins Weite floh, warf an den Ecken leicht gerundete gelbe Rechtecke auf den Schnee, der sich im Vorüberziehen unruhig und ruhig zugleich wölbte und senkte. Plötzlich begann der Schaffner zu brüllen und der Schweizer, nicht weniger aufgebracht, fing an, noch lauter zurückzuschreien. Jens verstand nicht, worum es ging, aber ihr Streit eskalierte und wurde heftiger. Der Schaffner rief mit dem Funkgerät einen Kollegen herbei. Als dieser wenige Minuten später das Abteil erreichte, forderten sie den Schweizer offenbar auf, mitzukommen. Dieser weigerte sich zunächst. Daraufhin schienen die beiden Russen ihm mit Konsequenzen zu drohen. Schließlich stand er auf, schob seinen Koffer an die Stelle, auf der er gesessen war, bedeutete Jens, dass er darauf aufzupassen habe und fügte sich den beiden Herren in der Uniform der Eisenbahngesellschaft. An der Tür drehte er sich um und sagte: »Junger Mann, ich überlasse Ihnen für eine kurze Zeit die Wachsamkeit über meine Habe.«

»Was soll denn der Aufruhr?«, fragte Jens höflich. »Kann ich Ihnen denn behilflich sein?« Seine plötzliche Bereitschaft, sich in die Geschicke dieses Fremden einzumischen, befremdete ihn selbst einen Augenblick lang.

»Sehr freundlich, sehr freundlich. Ein Missverständnis nur. Wachen Sie einen Moment über meine Dinge.« Die beiden Schaffner drängten. »Sie dürfen das Kästchen noch etwas bewundern. Aber öffnen Sie es auf keinen Fall, bis ich zurückkomme! Ein Missverständnis. Ist sicherlich sofort aufgeklärt. Mit diesen Tartaren muss man nur zu sprechen verstehen.« Als er draußen im Flur stand, packte ihn der hinzugekommene Schaffner grob am Oberarm und schob ihn vor sich her. Der erste starrte Jens nochmals an, verabschiedete sich mit einem Nicken und schloss die Glastür des Abteils. Eine Stunde verging.

Draußen war es nun völlig schwarz, nur die hellen Rechtecke aus Licht passierten den gerodeten Streifen. Es war schon spät. In zwei Stunden würde man die Lampen abstellen. Inzwischen hatte Jens aus Vorsicht das Kästchen wieder sorgfältig in dem Beutel verwahrt und es in den Koffer des Fremden gelegt. Eine weitere Stunde verging.

Die Strecke schien an Steigung zuzunehmen. Und Jens spürte im Warten die Erschöpfung der vergangenen Tage. Nicht eine Nacht, in der er tief geschlafen hatte, nicht ein Tag, an dem er hätte ruhen dürfen. Die Fahrt wurde unruhiger. Die Erschütterungen brachten ein Durcheinander an Klappergeräuschen hervor. Die Lampen verloren momentweise den Kontakt und das Abteil verfinsterte sich, dann wurde es wieder hell, nur um sich erneut zu verfinstern.

»Alles löst sich in Wohlgefallen auf, sobald man versteht, den richtigen Ton anzuschlagen. Auch diese groben Zeitgenossen haben gelegentlich Einsicht.«

»Sie sind wieder da. Ich habe nicht gehört ...«

Der Schweizer schien fröhlich, wie beschwipst. »Mein Lieber, Sie scheinen, entgegen meiner Vermutung, doch in der Lage zu sein, den Schlaf zu finden.«

Jens bezweifelte, dass er geschlafen hatte, unternahm aber keinen Versuch, dem Schweizer zu wiedersprechen. Er war wieder da und Jens war darüber ein bisschen froh. Sie saßen einige Minuten schweigend zusammen.

»Wo ist sie?«, fragte der Schweizer in einem strengen, fast aggressiven Ton. »Wer hat ...«

»In Ihrem Koffer. Ich hab sie wieder in Ihrem Koffer verstaut.«

Sofort verwandelte sich seine Miene. »Und?«

»Und, was?«

»Haben Sie?«, fragte der Schweizer erneut voller Neugier, fordernd.

»Was wollten die beiden Herren von Ihnen?«

»Lappalien. Sie begreifen nicht, dass sie nicht mehr einer Behörde angehören.« Als jener den Koffer öffnete, um das Kästchen wieder hervorzuholen, bemerkte Jens, dass seine Hand in einen weißen Lappen eingewickelt war. Am Handgelenkt war der Stoff von unten her dunkelrot eingefärbt.

»Haben Sie sich verletzt?«

»Ach, es ist nichts. Wie gesagt, man muss nur den richtigen Ton anschlagen, doch bevor es dazu kommt, ist es gelegentlich notwendig, die vielseitigen Verstimmungen auszuhalten.«

»Die Schaffner? Wieso …«

»Junger Mann, es ging uns doch um etwas anderes, bevor diese Tartaren uns störten. Ich möchte darauf wieder zurückkommen. Was sonst noch sein sollte, na ja, davon muss man nicht reden, mein Lieber. Es ist wohl geschehen. Man darf in dieser kalten Gegend nicht dieselbe Herzlichkeit erwarten, wie sie uns von Europa her vertraut ist.«

»Sind wir in Gefahr?« Jens wunderte sich, weshalb er sie *beide* für bedroht hielt. Dann dachte Jens, dass es den Schaffner nicht entgangen sein konnte, dass sie sich auf Deutsch unterhalten hatten.

Er konnte es nicht vermeiden; seine Hand rutschte erneut tiefer und hielt sich wie ängstlich am Griff der Pistole fest.

»So! Schauen Sie her!« Der Schweizer stellte die Schatulle wieder auf dem Tisch auf, umständlich mit einer Hand nur.

»Wir wurden unterbrochen. Lassen Sie uns an der alten Unterhaltung anknüpfen. Das Licht wird uns ja sicherlich noch eine halbe Stunde leuchten.« Obwohl Jens es, als er allein mit dem Gegenstand war, genau betrachtet hatte, bemerkte er erst jetzt die links und rechts angebrachten Verschlüsse. Er versuchte sich zu erinnern an die kleinen goldenen Häkchen. Sie konnten ja nicht erst jetzt dort sein.

»Was stellt denn das Bild dort dar?«

»Es erzählt vom Inhalt.«

»Welcher wäre?«

»Was weiß ich, von der Vogelzucht.« Draußen ging der Schaffner vorüber, ohne beim Vorbeigehen ins Abteil zu blicken. Erst der eine, dann der andere. Beide waren jetzt bewaffnet. Erschrocken und ohne seiner Ratlosigkeit Worte zu geben, starrte Jens den Fremden wie fassungslos an. Diesen schien aber ihr Vorübergehen nicht zu interessieren; stattdessen rückte er das Kästchen näher an Jens heran. Nach einigen Sekunden stampften die beiden Schaffner draußen erneut vorüber. Sie gingen schneller als zuvor. Sie schienen jemanden zu suchen. Der Alte rückte das Kästchen abermals näher zu Jens und lehnte sich ruhig in seinem Sitz zurück. Beide schwiegen, als das Licht lange, mindestens zehn, fünfzehn Sekunden lang erlosch.

Als die Beleuchtung wieder anging, begann der Schweizer animiert und sichtlich aufgeregt zu sprechen: »Ich will Ihnen mitteilen, was man von diesem Objekt erzählt. Es ist nicht viel und keineswegs möchte ich für die Richtigkeit der wenigen mir bekannten Daten bürgen. Es gibt eine Geschichte, die zu diesem Objekt gehört.«

»Ach so«, murmelte Jens verwirrt.

»Ein Fürst hat dieses Kästchen einmal in Auftrag gegeben. Er verfügte nicht über außerordentliche Mittel, aber über außerordentliche Untergebene. Der Brief des Fürsten an den Handwerker, dem man die Fertigung dieses Gegenstands zuschreibt, begleitete ein Notenpapier, auf dem eine Melodie, ohne Angabe ihres Komponisten, in sorgfältiger Notierung niedergeschrieben war. Es handelte sich dabei um eine einstimmige, sehr einfache Melodie. Später erfuhr ich auch, dass sie eigentlich keine Erfindung, sondern lediglich eine Transkription darstellte.«

»Wovon denn? Lassen Sie sie mich doch einmal hören, ich verstehe etwas von Mu…«

»Seien Sie still. Sie wird Ihnen noch zu Ohr kommen. Lassen Sie mich Ihnen noch den Rest der Geschichte erzählen: Es war also eine Melodie aus dem Hause des Fürsten. Und zwar jene, die der Singvogel der jüngsten Tochter des Hauses täglich in der Früh gesungen haben soll. Das Tier war dazu bestimmt, das Geschenk der Großmutter an die Mutter zu sein, anlässlich der Geburt der ersten Enkelin. So war es seit jeher Tradition gewesen unter diesen Menschen. Der Vogel gehörte einer seltenen Art an. Er war aber durch viele Generationen der Zucht von der ursprünglichen Natur seiner Artgenossen entfremdet worden.«

Jens starrte während dieser Erzählung auf den Deckel der Schatulle und versuchte zu erkennen, von welcher Art der Vogel wohl war. Es gelang ihm aber nicht: Zum einen, weil er nichts von Vögeln wusste, kaum eine Amsel zu benennen vermochte, und zum anderen, weil der Vogel zu schematisch und undeutlich gemalt worden war. So phantastisch die Geschichte auch klang und so dubios ihm der Schweizer inzwischen geworden war, er glaubte ihm jedes Wort.

»Es begab sich aber, dass die Mutter vier Tage nach der Niederkunft im Kindsbett verstarb. Und eine Woche später starb auch die Großmutter. So ging das geflügelte Geschenk auf die Enkelin über. Die Jahre zogen übers Land. Im Kummer des Vaters aber wuchs das Mädchen als eine Freude des Hauses auf. Was eine Mutter bedeutete, was eine Mutter sein könnte, verstand das Mädchen nicht und brachte mit dem Wort Mutter, mit der Vorstellung einer Mutter, nur diesen Vogelgesang in Verbindung. Denn seit ihrer Geburt hatte es nicht einen Tag gegeben, da sie das Singen des Tieres versäumt hätte. Diese Melodie war beständiger und reizvoller und liebevoller als alle Balladen der Ammen und das Musizieren des Vaters in das Kind eingegangen. Während das Mädchen heranwuchs, zeigte sich – aber nur langsam und allmählich – dass in seine Augen kein Licht fiel. Es war blind. Doch wie es auch mit denen ist, die seit den ersten

Tagen lahm oder buckelig leben, schien auch dieses Wesen unbekümmert an seiner Dunkelheit teilzunehmen. Sein Lachen und Kichern brachte eine neue Freude in das Haus des Fürsten, die sich umso ausgelassener und seliger zeigte, desto animierter das Vögelchen sang. Als der Fürst seine Tochter im Scherz fragte, wovon denn ihr Freund singe, so soll sie gesagt haben: ›Es singt und mit ihm singen die droben. Ich hör sie singen, woher das Warme aufs Gesicht fällt. Und da weiß ich, dass sie mich lieb haben und dass ich hier bei uns die Menschen lieb haben kann, obwohl sie nicht da sind und es mir manchmal weh tut, drin im Herzen.‹ Doch als das vierzehnte Jahr des Mädchens angebrochen war, fand sie einmal den Tag still und das Vöglein tot. Was dann geschah, können Sie sich ja vorstellen. Oder vielmehr, das Resultat dieser Stille steht hier vor Ihnen.«

»Und was geschah mit dem Mädchen?« Die Geschichte hatte Jens so sehr berührt, dass ihm Tränen in den Augen standen. Als er es merkte, schämte er sich dafür. »Na ja. Das ist ja ein bisschen kitschig, oder?« Er sagte es in einer abweisenden Härte, die überhaupt nicht zu dem gebannten Zuhören passte.

»Ach, das ist eine alte Geschichte. Außerdem muss man den Leuten etwas erzählen, Geschichten sind gut fürs Geschäft. Nachdem das Kästchen fertiggestellt worden war, soll das Mädchen es oft aufgezogen haben. Beim Zuhören aber wirkte es zunehmend enttäuscht. Bald blieb das Kästchen erst einen Tag lang verschlossen, dann weiteten sich die Abstände, in denen das klangvolle Innere im Licht des Tages mit der drehenden Walze funkelte – und schließlich blieb es lange, lange Jahre ganz verschlossen und geriet in eine stumme Vergessenheit.«

»Wie alt ist es?«

»Schwer zu sagen. Nicht sehr alt. Vielleicht aus der Mitte des neunzehnten Jahrhunderts. Ich erstand es vor einigen

Jahren von einem spanischen Dirigenten in Rabat. Jener hatte mir erzählt, es hätte zuvor einem Türken gehört und davor einem anderen dieses Volkes. Wie es in den Besitz dieser Türken gekommen war, konnte er nicht sagen.«

»Was haben Sie damit vor?«

»Ich werde es bei unserer Ankunft an jemanden veräußern.«

»An wen?«

Er gab keine Antwort. Jens streichelte über den schon etwas matt gewordenen Deckel. Es überraschte ihn, dass seine Oberfläche keineswegs glatt war, sondern deutlich Konturen spüren ließ. Er bat darum, es öffnen zu dürfen. Er wollte die Melodie hören. Der Schweizer stand auf und prüfte den Gang. Nachdem er sich wieder gesetzt hatte, sagte er amüsiert: »Nur zu! Das Gewinde ist angezogen.«

Jens löste das eine Häkchen und dann das andre. Er war im Begriff es zu öffnen, da legte der Alte seine Hand auf den Deckel, ganz ernst und drohend: »Aber seien Sie sich dessen gewahr, junger Mann: Dieses Kästchen birgt und verwahrt das Leid eines trauernden Geschöpfs. Es mag auch sein, dass darin ein seltsamer Balsam aufgespart ist. Ich habe sie nicht darum angefleht, es zu öffnen. Sie wollen es allein.«

»Woher wissen Sie, dass die Melodie trauert?« Keine Antwort. Der Schweizer zog seine Hand zurück und der verschmitzte Blick kehrte wieder in sein Gesicht. Jens zögerte einen Moment lang und spielte an dem linken Häkchen. Doch bevor er den Deckel zu heben vermochte, wurde im Waggon der Strom abgestellt und die Lampen gingen aus.

III Diabolische Symbolik

Es knackte kurz, wie der Lauf einer Pistole, nur leiser und zarter. Unter das Klappern des Zuges schob sich ein neues

Geräusch, das Geräusch einer Ordnung, die sich nach und nach zusammenfindet. Während sich die kleine Walze unsichtbar langsam drehte, gingen erst einzelne Klänge hin, wie das zerplatzen der Sterne, die winzig scheinen und deren Geschehnisse von weither gedämpft zu uns knistern. Das blaue Kästchen verlieh dieser Melodie eine bemerkenswerte Resonanz, und das Lied des Vogels erwachte Ton um Ton an den kleinen Zünglein: schwermütig in seinem Frohsinn und froh in seiner Schwermut. Die Melodie klang zunehmend in Jens nach, wie ein Medikament, das erst allmählich vom Körper absorbiert wird.

Bald war auch die Reise still und ins Dunkel des Abteils traten Bilder, gegen die sich Jens lange, eine lange Reise hindurch abgeschottet glaubte. Die Stadt, in der er gelebt hatte, und in die er jetzt nicht mehr zurück konnte, stand vor ihm. Die Straße, worin sich seine Wohnung befand, erschien, und dann die kleine Dachwohnung selbst, die jetzt trotz ihrer Kleinheit zu groß für Louise sein würde.

»Aber vielleicht zieht sie zurück in ihr Dorf«, sagte Jens im Delirium des Zuhörens und des Halbschlafs.

»Nein. Sie wird bleiben. Wo ist denn ihre Heimat?«

Bevor Jens eine Antwort geben konnte, entstand ein Sog und die Bilder gingen wirr ineinander. In die Melodie woben sich Louises bestürzte Schluchzer, die brüchigen Silben ihres Flehens, die hilflosen, atemlosen, atemberaubten, atemsuchenden, fassungslosen Wortfetzen ihrer Bitten. Sie beschwor ihn wie im Wahn, verzweifelt, verloren, unendlich verletzt.

»Wieso? Wieso? Es war doch nicht so schlimm. Wieso?« oder: »Was machst du da?«

Sie kümmerte sich nicht darum, dass Jens ihr die Pistole hinhielt, kümmerte sich nicht darum, dass er tatsächlich abdrücken wollte.

Sie klagte nur: »Wieso? Es war doch nicht … Wieso?«

Und Jens spürte seinen ausgestreckten Arm, spürte den heißen Griff der Waffe, spürte den Widerstand ihrer Brust, auf die er den Lauf gedrückt hielt. Er sah sich und sah sie, sah, wie er ihr in die Augen blickte, starr und voller Angst davor, die Augen von ihr abwenden zu müssen und das Grausame zu erblicken.

»Niemand wird sie am Neckar so aufnehmen, wie zuvor. Sie ist jemand anderes geworden.«

»Wodurch?«

»Durch mich.«

In der Wiege lag das entstellte Kind. Die weißen Deckchen waren wie zerfetzt und vollgesogen mit weinrotem Blut. Einige, dachte es in ihm, sind ganz durchgegangen, waren glatte Durchschüsse. Und wieder ging sein Blick zu Louise: ratlos in seinem Irrsinn, ratlos in ihrem Unverständnis. Und Jens spürte das zögernde Wollen in seinem Finger.

»Beenden. Ich hätte alles beenden können.«

»Warum haben Sie es nicht getan?«

Er wollte abdrücken, auch sie hinmorden und sich. Aber auf dem Gipfel seines Rasens war ein Moment vollkommener Klarheit. Jens nahm die Waffe von ihr. Es war der Moment, da er Louise allein neben der Wiege stehen ließ, da er ins Schlafzimmer eilte, da er hastig Hemden und Hosen in einen Rucksack packte.

»Es war noch so viel unerledigt.«

»Das ist kein gutes Motiv.«

»Noch so viel möglich.«

Als er die Wohnungstür etwas später zuschlug, sah er, dass Louise noch immer neben der Wiege stand, hineinstarrte, etwas vor sich her stammelte und sich nicht mehr bewegte. Das war der Moment. Das war die Stunde, da er ging. Dann knackte es wieder und die Melodie hörte auf, irgendwo.

IV   Die Fäden der Moiren

Ein jäher Ruck und ein Gewirr von Stimmen weckten ihn. Die Schaffner zankten sich erneut mit dem Schweizer draußen im Gang, grober und entschlossener als zuvor. Schließlich führten sie ihn ab. Er saß alleine da. Das Kästchen stand noch immer vor ihm, noch immer offen. Das Innere des Gegenstands war ebenso bläulich emailliert wie sein Äußeres. Rasch verschloss er es, hüllte es in dem Beutel ein und verwahrte es in seinem Rucksack.

Als er draußen ins Gewühl der Aussteigenden eintauchte, hielt Jens kurz Ausschau, doch der Alte war nirgends zu sehen. Jens entschloss sich erst in gemessenen Schritten, dann immer rascher vom Bahnhof weg in die kleine Provinzmetropole, die lediglich ein Zwischenstopp auf der langen Reise der Eisenbahn darstellte, zu verschwinden.

Die verrußten Fassaden der Häuser reihten sich entlang der Hauptstraße wie Jahrmarktbuden. Obwohl sich relativ starker Verkehr zur Morgenstunde in dem Städtchen tummelte, lag der Schnee knietief auf den schmalen Gehwegen. Jens ging noch immer gehetzt, diebisch und unruhig. Er irrte bis spät in den Nachmittag hinein in den Straßen umher, ging zunächst ins Zentrum und dann, aus Angst entdeckt und gestellt zu werden – als Dieb, als Mörder – verließ er die Hauptstraßen. Er ging in Gassen, in denen der Schnee schmutzig, braun und grau war. Die Häuser waren dort noch in einem schlechteren Zustand. Vielen fehlten Fensterscheiben, die Löcher, in denen wohl einst in einer wohlhabenderen Zeit diese eingefasst waren, bedeckten unregelmäßige Bretter, Wellblech, verdreckte Stoffe, aus den Dachrinnen wuchsen schon kleine Bäume. Die Menschen, die ihm dort entgegen kamen, schienen ebenso ziellos und verloren umher zu irren wie er selbst.

Nach einer Stunde erreichte er den äußeren Rand der Stadt, dort hörten die geteerten Straßen auf und gingen in festgefahrene Wege über. Es wohnten dort auch Menschen, in runden wie Kuchen aussehenden braunen Zelten, aus denen weißgrauer Qualm müde und trist hervorquoll. Die Zeltbewohner musterten ihn, bösartig, und als er wegging, starrten sie ihm nach. Die Stadt war umgeben von baum- und sträucherlosem Flachland, nur fern am Horizont erhoben sich im Dunst die Hügel eines Mittelgebirges. Die Sonne begann sich schon wieder zu senken, und er fürchtete die Dunkelheit ohne Obdach, so machte er kehrt. Zurück durch die Gassen, zurück zu den festeren Hauptstraßen.

Auf einem dreieckigen Platz angekommen, sah er eine Reihe von Häusern, die zur Straße hin Geschäfte beherbergten. In einem befand sich eine Kneipe. Auf eine Unterkunft hoffend betrat er das Haus. Drin saßen um einfache Holztische gedrängt Arbeiter. Sie hatten freundliche, aber nichtssagende Gesichter. Ihr Gespräch, wenn eines stattfand, klang sachlich und öd. Der Wirt verstand kein Englisch, und Jens hatte große Mühe, seinem Wunsch nach einem Nachtlager Verständnis zu verschaffen. Aus Verzweiflung, sich nicht verständlich machen zu können, sagte er, ohne ernstlich zu hoffen, es würde ihm mehr helfen als auf Englisch zu sprechen: »Deutsch?«

»Teitsch?«

»Ja. Deutsch.«

»Deidsch?« Das Gesicht des Wirts wurde heiter, was Jens verblüffte. Er dachte, er mache sich über ihn lustig. Der wuchtige Mann bewegte sich schwerfällig in einen anderen Raum. Als er nach wenigen Minuten zurückkam, begleitete ihn eine kleine, sehr alte Frau.

Er deutete auf sie und sagte: »Mama! Mitter, Mitter! Deidsch!«

Die Frau trat zu Jens und blickte ihn ängstlich an.

»Sie sprechen deutsch?«, fragte er sie.

»Oh großer Gott, schon lange nicht mehr, Söhnchen, schon so lange nicht mehr. Was willst du hier?«

»Ich brauche eine Unterkunft. Einen Platz zum Schlafen.« Die alte Dame übersetzte seinen Wunsch. Der Besitzer lachte laut und ließ fragen, ob er etwas essen möge.

Als Jens ablehnte, holte der Wirt einen Schlüssel und gab ihn der alten Frau.

»Folgen Sie mir!«, und er stieg hinter ihr eine Treppe hoch.

»Sie müssen sich nicht die Stufen hinaufquälen«, sagte er verlegen, dass die Greisin seinethalben die Mühe sich machen musste und die steilen Stufen auf sich nahm.

Endlich vor dem Raum angekommen, gab er ihr mehr Rubel als nötig und versprach ihr noch mehr, wenn sie dafür sorge, dass niemand von seinem Aufenthalt erfahre. Dann fiel ihm ein, dass aber gerade dieser Wunsch ihn verdächtig mache. Das Zimmer blickte auf den Platz hinaus. Es war unbeheizt und drinnen wie draußen hingen vom oberen Fensterrand milchige Eiszapfen herab. Er legte seine Dinge ab, nahm die Decke vom Bett und rückte den Stuhl zum Fenster hin. Eingehüllt glotzte er unschlüssig hinaus. Es dunkelte und der farblose Platz ergraute noch weiter.

Jens war auf der Flucht, ohne zu wissen, wie man flüchtet. Erschöpft vom Umhergehen befand er sich in einem Halbzustand; zu erregt, fest zu schlafen, zu müde, etwas zu unternehmen. Gegen zehn Uhr hörte er Stimmen draußen, die Stiege knarzte, Männer näherten sich. Er sprang rasch auf, nahm seine Pistole aus der Tasche und wartete hinter der Türe. Doch nichts geschah. Es waren offensichtlich weitere Gäste. Im Zimmer nebenan vernahm er das Verrücken von Gegenständen.

Am nächsten Morgen bat er die Alte mit ihm in die Geschäfte zu gehen, um einige Dinge zu kaufen. Es wunderte ihn, dass sie kaum sprach, dass sie keine Fragen stellte, ihm zwar in allen Dingen half, aber nichts über ihn wissen wollte.

»Wie lange sind Sie denn schon hier?«

»Seit dem Krieg.« Sie sprach einen eigenartigen Dialekt, den er als deutsch verstand, aber keiner Gegend zuzuweisen vermochte.

»Vermissen Sie Ihre Heimat denn nicht?«

»Nein.«

»Es gibt jetzt die Möglichkeit für Vertriebene …«

»Ich habe schon lange mit Deutschland abgeschlossen. Sehen Sie denn nicht, dass ich eine alte Frau bin?«

»Ich wollte nur …«

Sie gingen einige Minuten schweigend nebeneinander. Jens nahm seinen Mut zusammen und ging nochmals auf sie zu. Warum sie nie zurückgekehrt war, war ihm so schleierhaft. Er meinte, dunkel Verständnis dafür zu haben. Er musste es wissen, als würde sein Schicksal davon abhängen.

»Warum sind Sie nicht zurückgekehrt?«

»Es ist alles so verwirrt.«

»War alles, was Sie kannten zerstört worden?«

»Das ist nicht der Grund.«

»Es ist mühevoll, alles wieder aufzubauen.«

»Die Zerstörung ist nicht das Schlimmste.«

»Was ist es dann?«

»Dass wir als Menschen dort wieder anfangen müssen, wo wir aufgehört haben.«

»Im Krieg ist aber vieles verzeihlich.«

»Nicht alle Leiden entspringen aber dem Krieg. Diese machen es schwerer wieder anzufangen, noch schwerer und unmöglicher als all die Bomben und alles Töten.«

Vor der Mittagszeit kehrten sie zurück und die Alte verschwand sofort in der Küche. Jens ging auf sein Zimmer.

Was tun? Weiterzugehen und einfach zu bleiben schien ihm einerlei. Er öffnete die Flasche Schnaps, die ihm vor drei Wochen in Tallinn ein Student überlassen hatte. Der junge Mann schien ihm sehr sympathisch zu sein, stellte kaum Fragen wie die anderen Menschen, denen er begegnet war und durch die er immer nur verstand, dass er noch nicht weit genug weggekommen war. Der Alkohol erheiterte ihn. Jens erinnerte sich wieder an das blaue Kästchen. Er zog es auf, öffnete es und lauschte abermals.

Es kamen Bilder aus Deutschland. Jens sah die Polizei irgendwelche Spuren in seiner Wohnung sicherstellen, einen unbedeutenden Artikel in der Lokalzeitung. Er sah Louise, während sie vor einem Bankautomaten feststellte, dass er ihr gemeinsames Konto geleert hatte, jeweils die Höchstsumme an einem Bankautomaten in München, in Frankfurt, in Köln abgehoben hatte. Er sah seine Reiseroute. Vielleicht hatten sie ihn nicht gefasst, weil er keinen Plan hatte, weil er erratisch eine Station nach der anderen wählte: einen Richtungswechsel nach Berlin, eine unschlüssige Fahrt nach Leipzig und dann die Busfahrt nach Danzig. Dort hatte er sich seines Telefons entledigt und allem, was er sonst noch für lästig und unnötig hielt. Zu keiner Zeit dachte er daran, die Waffe zu entsorgen. Sie verlieh ihm eine sonderbare Macht. Als Jens schließlich Tallinn erreicht hatte, beschloss er einige Tage zu bleiben, deckte sich mit Landkarten ein, kaufte Brot und Käse, aß zum ersten Mal seit Tagen wieder etwas. Er begriff jetzt, dass es dort war, da er begonnen hatte, seine Schritte sorgfältiger zu planen.

Er bildete sich ein, dass die Möglichkeit eines Neuanfangs – der völlige Bruch – real existierte. Er sah sich in Sankt Petersburg nachts beim Zechen mit den Bauarbeitern, und dann sah er auch dort sein Fort- und Weitergehen: das glutartige Pulsieren der Vorstädte Moskaus. Dann stieg er abermals um. Das Klingspiel knackte und verstummte. Er zog es

wieder auf, voller Gier auf die Erinnerungen, die es heraus-
lockte aus ihm.

V   The Best of Possible Worlds

Es war wieder jener Abend. Er saß am Schreibtisch, das Kind
war endlich eingeschlafen, sodass er sich seiner Arbeit wid-
men konnte. Dann klingelte das Telefon zweimal, einfach so
und alles war wach – grundlos. Aus der Wiege schrie es.
Louise warnte ihn davor, das Kind herauszunehmen, man
müsse es daran gewöhnen. Woran? An die Schienen.

Er versuchte die japanischen E-Mails an den Architekten
zu verfassen. Doch es ging nicht. Das Geschrei hatte eine
Verzweiflung erreicht, die ihm weh tat und ihn zugleich
unhaltbar und ebenso ansteigend erzürnte. In der Früh wür-
de er eine Konferenz verpassen und am nächsten Tag eine
weitere. Er würde früher aufstehen müssen, um seine Post
vorher noch abzuholen, bevor sie wieder ins Krankenhaus
fahren mussten.

Stattdessen griff er in die Schublade, stellte sich neben die
Wiege und drückte mehrmals ab. Es war sofort still. Der ers-
te Schuss durch den Kopf war ganz durchgeschlagen und
funkte kurz auf den Steinfließen unter Wiege auf. Er blickte
auf das entstellte Wesen, bis Louise hereinstürzte. Er glaubte
eine Sekunde lang, sie verstand die Tat. Einen Moment lang
glaubte er, sie könnte begreifen, obwohl sie kreischend »Wie-
so?« zu rufen begann und »Wir hätten es doch gekonnt.«

»Wieso?«, schrie sie. »Wieso?«

Obwohl sie es erkannte, eine spontane Sympathie hatte;
und doch. Als er den Rückstoß der Pistole im Arm beben
spürte, spürte er sogleich auch eine Erleichterung, wie beim
Niederlegen eines Gewichts.

Jens wollte Louise ebenda mehr als sonst in seinem Leben sagen, dass er sie liebe. Es existierte auch einen Moment in diesen vier, fünf Minuten, da er glaubte, sich auch von Teresa zu erlösen, auch sie von sich selbst zu erlösen – sie alle zu beseitigen, hinzurichten, weil dies zu tun in diesem Moment eine furchtbare Rationalität besaß, eine innere Richtigkeit, die ihm unabweisbar schien. Es gibt Leben, das nicht sein soll, dachte er, das wussten alle. Doch hatten sie es in der Wiege liegen. Und der Gesang des Vogels durchzog all diese Erinnerungen, wie die Hintergrundmusik eines Spielfilms, die Musik, die man beim Träumen hört, dicht und traulich.

Er schloss das Kästchen und starrte aus dem Fenster. Er saß, stand auf, ging auf, ging ab. Schließlich packte er seine Jacke und stürzte in die Stadt. Er suchte in den Straßen etwas, suchte für die Kraft, die in ihn gefahren war, etwas zum Heben. So vergingen erst Tage, dann zwei Wochen.

Kein Tag verging, ohne dass er nun an Louise dachte. Er konnte sich kaum vorstellen, was sie tat. Er konnte sich ihr Leben ohne ihn nicht vorstellen. Oder: Er konnte sich nicht vorstellen, wie jemand, nachdem so etwas geschehen war, weiterleben konnte. Jens machte sich Sorgen, dass sie sich ums Leben bringe. Mehrere Male nahm er sich vor, sie anzurufen, ohne es zu tun. Er saß stundenlang allein und regungslos in seinem Zimmer, starrte vor sich hin, nahm gelegentlich das Kästchen hervor und tauchte in Bilder, die er gerade noch ertragen konnte.

»Junger Mann«, sprach es aus einem Winkel plötzlich, »es ist äußerst schimpflich, Reisende zu bestehlen.«

Das Licht blieb stumm. Jens blickte umher im duster gewordenen Raum und sah ihn nicht. Er wollte wieder hinaus, doch das Schloss war zugegangen.

»Hatten Sie denn wenigstens Freude daran? Es scheint ja diesmal unbeschadet geblieben zu sein. Kommen Sie näher. Es steht dort.«

Er trat vorsichtig näher zur Fensterbank hin, worauf das Kästchen gestanden hatte. Der Schweizer näherte sich auch. Der Schweizer hielt ihm die Pistole an den Hals, als wollte er von dort nach unten ins Herz schießen.

»Öffnen Sie es. Wir wollen noch einmal hinhören.« Seine Stimme hatte etwas Väterliches, Behütendes. Und doch war sich Jens sicher, der Schweizer würde ihn nun erschießen. Er hob den Deckel an und das Klingspiel begann. Jens schloss die Augen, erwartete den Schuss, erwartete sonst was, auf die Bilder hoffend.

Im Klingen stiegen neue und ältere Bilder auf. Louise und Jens saßen beisammen am Strand. Es war schon tiefe Nacht geworden. Draußen läppte der See. Seine Worte gingen zu ihr über. Er fragte ins leuchtende Dunkel ihres Beisammenseins, ob sie ihn heiraten möchte. Er sprach es wie ein ungeheuerliches, hoffendes Versprechen ins Künftige aus. Ihre Augen füllten sich, glänzten und gleißten mit dem See. Sie nahm seine Hand und küsste ihn.

Und plötzlich hörte sich Jens in der Kälte des Raums sagen: »Verzeih mir.«

»Sie haben es aber gewollt, nicht, junger Mann?«

Und es war ganz da, die Erleichterung des Schießens und Jens begann ihn anzuschreien »Sie haben es nicht erleben müssen! Sie haben es nicht gesehen! Sie haben es nicht auf sich nehmen müssen. Sie haben nicht gewirkt, Jahr um Jahr auf das Ziel hin. Tag um Tag das Wünschen und Hoffen. Sie haben nicht gesehen, wie viel Unschuld in ihr war. Sie haben sich nicht gewünscht … ihr dieses Glück zu geben. Dieses kranke blinde, taube Wesen, dieses entstellte idiotische Kind, auf das nichts wartet, das alle Mühe zu verschlingen drohte. Das jeden Tag neue vergebliche Termine und Untersuchungen wollte, nur um groß zu werden … für nichts … Sie haben es nicht gesehen … Sie haben die Nächte nicht gehört … wie es da lag … kreischend in der Wiege … kreischend fürs nichts, die Schmerzen nicht begreifend, die doch kein Kind haben soll ...«

»Das Übel ist unter Menschen üblich.« Die Stimme des Schweizers klang älter, klang heller.

»Es war dennoch notwendig! Dass ich es aus der Welt geschafft habe ... es war gut!«

»Sie haben es umgebracht.«

»Es hätte nicht leben sollen.«

»Die Ärzte wollten es retten.«

»Es hat uns verdammt.«

VI Anfänge im Ende

In der Früh erwachte Jens um sechs Uhr. Der vergangene Abend schien ihm wie ein Traum. Als er den Abdruck an seinem Hals im Spiegel und die Pistole auf der Fensterbank liegen sah, wusste er, dass es geschehen war. Er hatte das Kästchen mitgenommen.

Jens ging durch die Straßen der Stadt. Er verstand niemanden, noch wusste er, ob er ohne Genehmigung im Land bleiben dürfte. Es schien ihm alles verwittert und verkommen. Die Stadt stank. Es war ihm klar, dass seine Tochter in dieser Stadt nicht überlebt hätte. »Nur Starke überleben hier in diesem Elend und Einfache«, dachte er.

Am Nachmittag setzte er sich an den Tisch in seinem Zimmer. Er riss eine Seite aus seinem Schreibblock und schrieb nach langem Zögern einen Brief.

Meine liebe Louise,

du weißt, dass ich dich liebe. Ich bitte dich, zu mir zu kommen. Es gibt trotz allem Übel, das wir erfahren mussten und auch das, das ich angerichtet habe, die

Möglichkeit alles zu wenden. Unsere Liebe kann stärker sein. Aber du musst mir verzeihen, auch wenn es unverzeihlich scheint. Das Schreckliche ist ein Anfang, den wir gerade noch ertragen. Wo ich mich gerade aufhalte, ist das Leben mühevoller als bei uns, aber auch einfacher. Ich glaube, wir könnten hier glücklich werden.

meinwahnstraße

[Polixenes:] *We were as twinn'd lambs that did frisk i' th' sun,*
And bleat the one at th' other: what we chang'd
Was innocence for innocence: we knew not
The doctrine of ill-doing, nor dream'd
That any did. Had we pursu'd that life,
And our weak spirits ne'er been higher rear'd
With stronger blood, we should have answer'd
                                    heaven
Boldly not guilty, the imposition clear'd
Hereditary ours.
By this we gather
[Hermione:] *You have tipp'd since.*

(Shakespeare, The Winter's Tale, I.ii.67-76)

I   Brother, where art thou?

Der Beamte vom Grenzschutz hatte aufgedunsene Augen-
ränder. Seine blonde Kollegin schien von ihrem Job um die-
se Zeit aber eben sowenig angetan wie er. Es war zwanzig
nach fünf an einem Sonntagmorgen. Flughafen Frankfurt
am Main. Die Zeit: Es ging auf den Höhepunkt der fünften
Jahreszeit zu. Die beiden waren offenbar kurz vor ihrem
Dienst von irgendeiner Maskerade aus Mainz zurückge-
kommen und vielleicht direkt von der Kostümierung in die
Uniform geschlüpft. Obwohl ich versucht hatte, mich in die

Schlange einzuordnen, die bei der Blondine endete, war ich schließlich doch bei ihrem Kollegen gelandet. Ich reichte ihm den Pass, den ich in feuchten Händen hielt. Ich war verschlafen, vom langen Flug verspannt und nervös. Er hielt den Pass kurz unter ein Lesegerät, bestätigte etwas mittels der Tastatur, prüfte das Foto, prüfte mein Gesicht: »Willkommen zurück in Deutschland, Herr Khunrath.« Ich nickte ihm zu und rollte mit meinen Koffern davon.

Beim Versuch, sich ins öffentliche Wi-Fi einzuloggen, stürzte das Netbook mehrmals ab, und ich ärgerte mich wieder über ihn, weil er nie Updates installiert, nie etwas tut, was Dinge dazu bringt, dass sie funktionieren. Ich hatte die Passwörter auf die Rückseite einer Visitenkarte übertragen, die ich aber beim Packen verlegt hatte. Glücklicherweise hatte der Browser schon alle Zugangsdaten gespeichert, sodass ich nur noch bestätigen musste. Ich wollte sämtliche Infos aufarbeiten, bevor ich in Leipzig ankam.

Ich begann mit seinen geschäftlichen Kontakten. Es handelte sich um eine Menge Leute, die ich auch kannte. Beim Durchgehen der verschiedenen Mails und Posts merkte ich schnell, dass sie mit ihm wesentlich ausgelassener korrespondierten, ungezwungener, mit einer sonderbaren Vertrautheit. Und dies, obwohl ich täglich mit ihnen in Connecticut zusammenarbeitete und er ihnen meistens bloß von Leipzig aus Laborwerte, Aufzeichnungen und Ergebnisprotokolle mitteilte. Sie machten sexistische Witze und tauschten ironische Feststellungen über unsere Forschungsgegenstände aus.

Es stimmt, dachte ich, obwohl vielleicht wir je nur Variationen auf dieselbe Stimmung verkörperten, gab es manche, die zwischen ihm und mir eine Differenz behaupteten: Eine Differenz, die, wie ich inzwischen glaube, keine war. Beispielhaft dafür war schon unsere Ausbildung: Er ging Ende der 90er nach Leipzig um Biochemie zu studieren, während ich nach Heidelberg zog, um mich zum Mediziner auszubilden. Ein Artikel im *Journal of the American Medical Association* von 2010 feierte uns als eine »fraternity against cancer.« Jeder auf seine Weise. Wir arbeiteten nach vielen Umwegen zusammen in einer Forschungsgruppe: er in Leipzig, ich in Stanford. Natürlich bedachten wir diesen Umstand unserer Identität mit einem ironischen Zwinkern; und dennoch: Er konnte schon immer besser mit anderen Leuten, was weiß ich, mit der Welt. In seiner Aura fühlten sich andere wohl. Verstockte Laborratten tauten plötzlich auf und begannen von sich zu erzählen. Frauen standen ständig in einem engen Kreis um ihn herum und brachen sporadisch wie nach einer Zündung in lautes Gelächter auf, nachdem er eine Anekdote zum Besten gegeben hatte. Auch der Umstand, dass er bald heiratete und ich Junggeselle geblieben war, schien mir bezeichnend für diese eine Differenz, die keine war.

Aber ich hatte nun vor, diese Differenz zu begleichen. Während ich auf den Zug wartete, loggte ich mich bei *facebook* und *linkedin* ein. Ich blätterte die Pinnwände durch, verfolgte den einen oder anderen *tread*, sah Bildergalerien verschiedener Leute an, las seine Mails. Eine Stimme sagte über die Deckenlautsprecher die Uhrzeit an. Es war an der Zeit, Lilian anzurufen. Ich holte das Handy heraus, schaltete den Flugmodus aus und wählte ihren Leipziger Wohnungsanschluss. Es klingelte nicht. Als ich bei der Auskunft anrief, sagte man mir, der Anschluss sei abgemeldet worden. Ich bestellte noch einen Mojito. Nach einer halben Stunde versuchte ich es noch einmal. Ohne Erfolg. Bevor ich in den Zug stieg, schrieb ich ihr rasch eine Mail:

Schatz, der Flug war ganz hübsch, konnte dich nicht übers Telefon erreichen. Ich fahre jetzt mit dem Zug nach Leipzig, dürfte gegen 16:00 Uhr ankommen. Könntest du mich mit den Kindern am Bahnhof abholen? Der Zug hält auf Gleis 10.

Es wunderte mich, dass er kaum Mails mit Lilian austauschte. Während der Zugfahrt studierte ich meine gesamten Notizen. Ich hatte eine Datei mit Informationen und Fotos zu sämtlichen Bekannten zusammengestellt. Um die Sache aber konsequent durchzuziehen, dachte ich, war es unerlässlich, besonders im Detail authentisch zu sein. Schließlich arbeitete ich an der Liste von Sprüchen und Wendungen, die ich schon immer als typisch für Konstantin gehalten hatte. Er hatte auch eine besondere Weise, bestimmte Laute auszudrücken und hatte ein Gefallen an antiquierten Wörtern. Vielleicht aber war es auch, dass er den bayerischen Tonfall, der uns zwar beiden in die Wiege gelegt worden, aber immer blass geblieben war, zunehmend verstärkte, besonders seit oder weil er nach Leipzig gezogen war. Ich weiß es nicht. Jedenfalls vergegenwärtigte ich mir solche Eigenschaften seiner Ausdrucksart im Zug und versuchte sie zu imitieren, bis der Zug in den Leipziger Bahnhof einfuhr.

Niemand holte mich ab. Ich lief zwanzig Minuten am Bahnstieg neben Gleis 3 auf und ab, hielt Ausschau nach Lilian, aber sie tauchte nicht auf. Vermutlich hatte sie ihre Mails noch nicht gelesen. Konstantin hatte in Stanford häufig darüber geklagt, dass sie so nachlässig sei.

Lilian war im Bereich für Medizingeschichte der Nationalbibliothek tätig. Daneben hatte sie zunehmend die Versorgung der beiden Kinder übernommen, besonders da Konstantin häufig zwischen Leipzig und Connecticut pendelte. Es war äußerlich gesehen schwer zu sagen, ob die Ehe sie beide erfüllte. Bei Konstantin hatte ich gelegentlich das Gefühl, es sei nicht der Fall.

Ich nahm die Straßenbahn quer durch die Stadt und stand vor dem alten Haus aus der Gründerzeit, das sie seit einigen Jahren bewohnten und wo ich mit ihnen schon mehrmals Weihnachten verbracht hatte. Obwohl die Straße sich enorm entwickelt hatte, seitdem ich zuletzt hier entlang spazierte, wunderte mich, dass ihr Haus etwas heruntergekommen war und das einzige schäbige Haus in der gesamten Straße zu sein schien. Die alten Rollläden mit den Holzgliedern waren herabgelassen, der kleine Vorgarten völlig überwuchert, links und rechts von der Haustür hatte jemand zwei Graffiti angesprüht. Ich musterte die beiden Bilder, als ich mich den Treppenstufen näherte: Sie waren ziemlich dämlich, auch nicht sehr originell, und doch verblüffte mich, dass sie fast identisch waren – vermutlich waren sie mit Schablonen gesprüht worden. Mein Telefon klingelte, die Nummer war unbekannt.

Lilian: »Konstantin, ich lese deine Mail erst jetzt. Bist du schon da?«

Ich: »Ja, ich bin schon mit der Straßenbahn gefahren und stehe vor dem Haus. Machst du auf?«

Lilian: »Wieso bist du mit der Straßenbahn gefahren? Na ja, egal. Ich komme gleich runter.«

Ich wartete vor dem Haus, aber niemand kam. Konstantin und Lilian bewohnten den ersten Stock. So lange konnte das nicht dauern, aber niemand kam herunter. Beim Klingeln bemerkte ich zunächst nicht, dass alle Namensschilder entfernt worden waren. Als ich feststellte, dass das Haus leer war, erschrak ich heftig.

Nach einigen Minuten klingelte mein Telefon erneut: »Wo bleibst du denn?« Als ich ihr sagte, dass ich in der Brockhausstraße direkt vor dem Haus stehe, begann sie laut in den Hörer zu lachen. Der Schrecken durchfuhr mich noch mal, heftiger jetzt, so sehr, dass ich fast ohnmächtig geworden wäre.

Lilian: »Hallo ... bist du noch dran?«

Ich: »Ja. Weißt du ... ich ... wir haben ja die neue ... Ich war zu lange weg, meine Güte.«

Lilians Lachen schallte noch lauter aus dem Hörer: »Konstantin, du armer, du bist ganz schön gejetlagt und vermutlich hat dich dein Bruder in den USA völlig überarbeitet, der Schuft.«

Ich: »Ja. Pff, das kannst du mir glauben.«

Lilian: »Bleib, wo du bist. Ich hole dich mit dem Auto.«

II Lust trügt

Die Kinder waren übers Wochenende bei ihren Eltern in Hamburg. »Das trifft sich ja prima, da können wir …«, sie zwinkerte, »ein bisschen aufholen.« Lilian hörte während der Autofahrt nicht auf, zu erzählen. Ihr Redefluss strömte ununterbrochen, ohne Fragen, aber ungemein erregt. Ich beobachtete sie dabei vom Beifahrersitz aus: Den ruhigen, aufmerksamen Blick, den sie auf die Fahrbahn richtete und die bewegten Gestalten ihrer Mimik mochte ich sehr. Ihre Lippen glänzten und glitzerten dabei. Ich wünschte, hoffte sehr, sie zu küssen.

Die Fahrt schien mir unendlich lang; aber da ich so damit beschäftigt war, mich auf die alltäglichen Fakten zu konzentrieren, die sie unbekümmert herausplapperte, merkte ich erst, dass wir angekommen waren, als sie zum Einparken anhielt. Sie legte den Rückwärtsgang ein, drehte sich um und hielt sich an der Kopfstütze des Beifahrersitzes fest. Bevor sie zum Einparken ansetzte, strich sie mir von hinten durchs Haar und küsste mich. Ich bekam vor Erregung sofort einen Ständer.

»Wie war's eigentlich in Stanford?« Ehe ich antworten konnte, zog sie den Schlüssel aus dem Zündschloss und sprang aus dem Wagen, öffnete den Kofferraum und hob mein Gepäck auf den Gehweg. Ich stieg aus.

Lilian: »Oh, Konstantin, ich muss dir unbedingt die beiden Gemälde zeigen, die ich fürs Schlafzimmer gefunden habe. Bin gespannt, was du von ihnen hältst. Hier, ich nehme den hier, nimm du den. « Ich ließ ihr den Vortritt und folgte in den zweiten Stock eines kürzlich gebauten Hauses. Die Räume waren hell, weitläufig und minimalistisch möbliert. Die Wohnung machte einen angenehmen Eindruck auf mich. Dann umarmte mich Lilian und zog mich am Ärmel auf die Couch. »Ich hab dich sehr vermisst, Konstantin.« Als ich mit »Ich dich auch, Lilian.« antwortete, kam ich mir augenblicklich etwas mondän vor und hatte das Gefühl, schon 15 Jahre lang mit ihr verheiratet zu sein. Aber vielleicht war der Grund ein ganz anderer. Und dann griff sie fester nach mir. Lust atmete in mir auf wie ein Schrei, ein Schub. Ich weiß nicht, aber der Duft ihres Nackens, die sonderbar purpurnen Schatten ihrer Aureolen, die weiche Länge ihrer Beine – die intensive Tatsächlichkeit ihres Körpers, die unabweisbare Nähe ihres Verlangens lösten in mir plötzlich ein Gefühl völligen Einvernehmens aus. Womit? Dass es eine Lüge war, die plötzlich eine Richtigkeit besaß, die mir unheimlich wurde, die mich unheimlich erregte … doch wir vergaßen die Welt, alles Wirkliche trat zurück, war nur jenes Unbeschreibliche, war nur dieses, war das Lieben. »Konstantin, du zitterst ja«, flüsterte, sie als ich in sie ging. Als ich später aufwachte, lag sie auf dem Bauch neben mir und schlief. Ihre Nackenhaare waren von der warmen Decke etwas verschwitzt. Sie atmete ruhig.

Die Straßenlaternen waren auf der Höhe der Fenster und ihr orangenes Licht schimmerte herein; sooft ein Fahrzeug ins südliche Ende der Straße einbog, warf es eckige Klötze aus Licht in den Raum, die sich im Vorbeifahren wie Trapeze verzogen und schließlich verschwanden. Lilian saß mit einem grünen Trägerhemd, blauen Höschen und mit je einem roten und einem schwarzen Socken auf einem Hochstuhl in der Küche. Wir schlürften heiße Schokolade aus großen Tassen. Ihr Haar war offen. Alles Unterhalten schien mir bedeutsamvoll und alltäglich zugleich, und bis ich merkte, wie unachtsam ich redete, hatten wir schon stundenlang geplaudert. Es gab aber auch Schatten, Peinlichkeiten, Zorn, was ich mir nicht anmerken lassen durfte.

Lilian: »Und Konstantin, hat sich bei deinem Bruder was getan?«

Ich: »Was sollte sich denn da tun?«

Lilian: »Na ja, denkst du nicht, es wird Zeit, dass er sich mal ...«

Ich: »... warum denn, der scheint doch glücklich zu sein.«

Lilian: »Denkst du, der ist schwul?«

Ich: »Ausgeschlossen.« Ich öffnete das Netbook und begann einige Mails, die bei ihm eingegangen waren, zu beantworten. Dann postete ich ein paar Dinge auf *facebook*, was ich später bereute, und klickte auf die Profile einiger Leute, die Konstantin in Stanford kennengelernt hatte. Lilian schaute mir dabei neugierig über die Schulter, so stellte ich ihr einzelne Personen vor und erzählte ihr einige Geschichten, die mir dazu einfielen, sowie von Begebenheiten, die sich zwischen Konstantin und jenen in meiner Gegenwart zugetragen hatten.

Lilian: »Ah ja, das hast du mir vor drei Wochen am Telefon erzählt. Was hat Valentin davon gehalten?«

Ich: »Der hielt, glaube ich, nicht so viel von der Sekretärin, weil sie auch zu einfachen Aufgaben unfähig war. Und einmal hätte sie fast die gesamte Datenbank mit den Laboraufzeichnungen gelöscht, als sie nach einer Excel-Tabelle suchte. Die ging mir echt auf die Nerven.«

Lilian: »Wie, du mochtest sie auch nicht? Ich dachte, du hättest sie immer gegenüber Valentin verteidigt.«

Ich: »Ach so, na ja – anfangs.« Ich wechselte das Thema und äußerte einige Beobachtungen zu den Küchenmöbeln und sagte ihr, dass ich mich sehr darauf freue, mit ihr wieder zusammen zu kochen (mir fiel nichts anderes ein). Und dann begriff ich, dass ich das Wort ›wieder‹ benutzte, als sei ich tatsächlich Konstantin, als lebe ich tatsächlich sein Leben weiter.

Lilian: »Stell deine Tasse einfach in die Spüle. Ich muss hier eh noch aufräumen. Ehrlich gesagt hatte ich nicht damit gerechnet, dass du heute schon kommst. Ich dachte, du wolltest noch zwei Wochen lang mit Valentin wandern gehen ... Wo gleich noch mal? ... Warte, es fällt mir ein, du hattest es mir ja einmal am Telefon gesagt ... Es ist der große Bundesstaat da oben im Nordosten ... Vermont, nein, ah jetzt: Maine.«

Ich: »Wir sind auch gefahren, aber nach drei Tagen, wurde das Wetter zunehmend unruhig. Wir hatten viel Regen. Wir wollten ja etwas später auf unserer Route auch Bergsteigen ...«

Lilian: »Ja, das kann ziemlich gefährlich werden, wenn das Wetter ein Scheiß ist.«

Ich: »Eben. Und da schlug mir Valentin vor, einfach meinen Flug kurzfristig vorzuverlegen. So bin ich da.«

Lilian: »Hat es geklappt?«

Ich: »Was?«

Lilian: »Na ja, du hast doch gesagt, du wolltest durch den Outdoor Trip ein bisschen mit deinem Bruder Bruderschaft pflegen. Hat das geklappt?«

Ich wich aus: »Es war ja, wie gesagt, ein kurzer Trip. Schwer zu sagen.«

Lilian: »Aber denkst du nicht, du solltest zumindest versuchen, ein bisschen besser mit deinem Bruder ins Gespräch zu kommen, als ...«

Ich: »... wenn es um fachliche Dinge geht?«

Lilian: »Na ja, bei deinem Vater sieht es nicht so rosig aus. Gestern Nacht ist er wieder auf die Intensivstation gekommen. Lange geht das nicht mehr, das weißt du. Dann müsst ihr euch notwendig über eine ganze Menge Sachen verständigen. Ich meine, dein Vater hat ja nichts geregelt. Da wäre es doch gut, wenn du ein bisschen …«

Ich: »Wir werden das, was zu bereden ist, zu gegebener Zeit mit Valentin bereden können. Mach dir da keine Sorgen.«

Lilian: »Mache ich mir ja nicht. Er kann nur schwierig sein.«

Ich: »Wer?«

Lilian: »Na, Valentin. Du weißt doch, wie er vor drei Jahren am zweiten Weihnachtsfeiertag aus heiterem Himmel seine Pläne für die Immobilien deiner Eltern in der Meinwahnstraße ausgebreitet hat. Der kann schwierig sein, wenn es darauf ankommt. Das wird ein Irrsinn.«

Ich: »Was soll denn daran so irrsinnig sein?«

Lilian: »Sag mal, Konstantin, du hast es doch selbst gesagt, dass du Valentin für einen Spinner hältst. Man kann doch nicht drei Häuser grundsanieren, wenn man von emsiger Forschungsarbeit lebt. Du hast es doch die ganze Zeit gesagt, dass der Valentin spinnt. Außerdem ist er so jähzornig.«

Ich: »Valentin ist nicht jähzornig.«

Lilian: »Na ja, meine Güte, er ist halt ein bisschen kompliziert … musst ja nicht gleich so schreien, Konstantin. Man meint ja gerade …«

Ich fasste mich wieder und lächelte sie an. Einer ihrer Träger war von der Schulter gerutscht. Sooft ein Scheinwerferlicht ins Fenster fiel, glomm es kurz auf ihrer Haut. Es war wunderschön; es war, als ob ihre Haut von selbst glänzte. »Magst du ihn denn gar nicht, den Valentin?«

Lilian: »Ich finde ihn ziemlich *creepy*. Der hat doch noch nie eine Frau berührt. Und manchmal, da macht er mir einfach Angst.«

Ich rückte meinen Stuhl an sie heran; sie legte ihren Arm um mich; wir küssten und streichelten einander. Dann streckte ich meine Beine aus und schlüpfte von meinem Stuhl, fasste sie an der Hand und erinnerte sie daran, dass sie mir noch die Gemälde zeigen müsse, die sie fürs Schlafzimmer gefunden hatte. Eine Stunde später lagen wir nebeneinander im Bett und blickten zusammen aus dem Fenster. Mein Arm lag auf ihrem Bauch und meine Finger kreisten sanft um ihren Hüftknochen. Wir schwiegen, lange, dann flüsterte Lilian vor sich hin: »Weißt du, Konstantin, ich hab nichts gegen Valentin, es ist nur echt so, dass er mir manchmal Angst macht, wenn er zu Besuch ist.«

Ich drückte sie etwas fester und begann sie zu wiegen, dann flüsterte ich ihr ins Ohr: »Du brauchst keine Angst vor Valentin haben. Du wirst schon sehen, wenn er mal wieder hier ist, wirst du auch seine heitere Seite entdecken. Ganz bestimmt.«

Lilian schlief fast schon und murmelte nur noch: »Vergiss ihn jetzt. Ich bin nur froh, dich wieder zu haben, Konstantin. Übermorgen kommen Felix und Nicole wieder, dann sind wir komplett.«

III   Archäologie eines Brudermords

Als wir siebzehn waren, brachen Konstantin und ich einmal mit Rucksäcken auf. Unser Ziel war, die Alpen zu überqueren. Um die Strecke zu erschweren, beschlossen wir sie, vollkommen mittellos zu bewältigen. Vom Haus unserer Eltern aus wanderten wir mehrere Kilometer durch den Wald bis zu einem Rastplatz, der an einer Autobahn lag. Dort gingen wir zwischen den Lastwagen-Reihen hin und her und erzählten den Fernfahrern von unserem Vorhaben und baten sie, uns mit in Richtung Schweiz zu nehmen. Mir fiel es schwerer, unsere Reise interessant darzustellen; ich fürchtete mich eher vor den wuchtigen Männern, die ungepflegt und übersättigt in ihren Führerkabinen saßen und fernsahen. Sie baten mich, zu verschwinden oder gingen auf meine Worte gar nicht erst ein. Schon als ich nur zwei Schritte weiter gegangen war, hatten sie mich vermutlich völlig vergessen. Mir gelang es kaum, eine überzeugende oder packende Motivation für unser Vorhaben zu erfinden. Ich war ziemlich deprimiert. Nach drei Stunden winkte mich Konstantin zu sich und sagte, er hätte jemanden gefunden, der bereit sei, uns bis nach Basel mitzunehmen.

Von Basel trampten wir noch weiter, bis wir den Simplon-Pass erreichten, von dem aus wir nur noch zu laufen beabsichtigten. Ich erinnere mich an die intensiven Gefühle, während wir auf einer ziemlich unspektakulären Strecke wanderten. Ich war stolz darauf, dass wir es soweit geschafft hatten. Konstantin erzählte von William Wordsworth, der auch die Alpen überquert hatte. »Romantisches Jungfrauengewäsch in Vers, mein Lieber … nichts für starke Nerven. Eine kleine Neurasthenie ist da schon Pflicht. Davon sind wir, wie ich glaube, allerdings völlig frei. Gib mal die Kippe her. Lass mich nochmal ziehen.«

Nachdem wir einige Stunden gewandert waren, schaltete Konstantin das GPS ein, und wir jubelten, weil wir es geschafft hatten. Wir verbrachten die Nächte draußen. Leider hatten wir uns aber nicht ausreichend auf die nächtlichen Temperaturen vorbereitet. Als ich die dickeren Thermoschlafsäcke einpacken wollte, hatte mich Konstantin ausgelacht und als Weichei bezeichnet. In den Nächten froren und zitterten wir. An den Tagen des Heimwegs erschwerte uns seine Erkältung das Vorankommen. Ich verfluchte ihn. Am zweiten Tag unserer Rückreise machte Konstantin alberne Scherze, dabei stolperte er und verstauchte sich den Fuß. Während der ersten Stunde lächelte er, behauptete es sei nichts, ging weiter. Danach schwoll der Knöchel an. Es war unmöglich, weiterzugehen. Wir übernachteten in irgendeinem Schuppen. Die Nacht war extrem kalt gewesen und in der Früh brach bei Konstantin noch ein Fieber aus. Ich hatte mehr Zorn als Mitleid mit ihm. Selbst schuld, dachte ich … deine scheiß eigene Schuld. Schließlich rief ich unseren Vater an, der dann ins Auto stieg, fünfhundert Kilometer fuhr und seine beiden Söhne wie geschlagene Ritter aus der Gefangenschaft auslöste.

Dies sollte vorerst die einzige Wanderung, die ich mit meinem Bruder in Angriff genommen hatte, bleiben. Nach jenem Sommer begannen die Verbindungen zwischen ihm und mir kühler zu werden. Obschon wir uns verstanden, auch stark austauschten, löste sich unsere innere Bindung zunehmend. Ich glaube, was blieb, war mehr eine Verletzung als eine Kränkung.

IV   Arcadia

Als Konstantin zwei Wochen vor seiner Rückreise nach Leipzig vorschlug, einen Wanderausflug zu unternehmen, wich ich zunächst aus. »Wollen wir nicht einfach Essen gehen?« Er bestand darauf, schleppte Karten ins Labor und schwärmte ununterbrochen von Arcadia in Maine. Schließlich stimmte ich zu.

Die Autofahrt von Connecticut nach Bar Harbor stockte nur kurz um Boston, verlief aber sonst ruhig. Die amerikanischen Autofahrer schwebten in ihren riesigen Fahrzeugen wie Wolken, bewusstlos, ruhig, fast wie unbewegt in ihrer Fahrt über die Highways.

In Bar Harbor entluden wir den Wagen und ließen ihn auf einem Parkplatz des Nationalparks stehen. Am Tag nach unserer Ankunft blieben wir noch, um einen kurzen *trail* im Bar Harbor National Park zu bewandern. Es war ein mittelmäßiges Naturerlebnis.

Am nächsten Tag setzten wir mit der Fähre nach Nova Scotia über. In Yarmouth fuhren wir im Taxi von der besiedelten Gegend etwas weg, ließen uns absetzen und starteten unsere eigentliche Wanderung. Konstantin nahm eine Karte aus seinem Rucksack, deutete auf unser Ziel, Lake Rossignol, und legte einen Kompass daneben.

Ich: »Dieses Mal ohne GPS?«

Konstantin: »Jepp. Bloß mit Kompass und Karte. Wir sind älter geworden, mein Junge.«

Während er viermal wöchentlich trainierte, rauchte ich täglich zwanzig Zigaretten. Als die bewaldete Strecke steiler anhob, spürte ich jeden Schritt. Ich bat darum, häufiger Rast einzulegen, als wir geplant hatten. Konstantin war unheimlich zuvorkommend. Er lächelte und meinte, zu meiner Verwunderung, es komme nicht darauf an wie weit wir kämen, sondern darauf, dass wir als Brüder zusammen gingen. Ich glaube, in den ersten Tagen unseres Ausflugs überraschte mich am meisten die kompromissbereite Haltung an ihm, seine verständnisvollen Posen, die aggressive Art und Weise, durch die er versuchte, auf eine tiefere Ebene des Vertrauens zu kommen. Vielleicht hätte ich es fast geglaubt. Ich wollte es glauben. Aber es ging nicht. Jetzt begreife ich seine Strategie, ehedem hielt ich es für eine gewisse Nostalgie, eine späte Einsicht in unsere bis dahin eigentlich verspielte Bruderschaft.

Wir hatten Stunden heiterer Unterhaltungen – abends, als wir am Lagerfeuer wie Teenager Marshmallows rösteten und ich dabei eine halbe Schachtel Zigaretten rauchte. Wir erinnerten uns gegenseitig an unsere Schultage, unsere Ferien. Er erzählte Anekdoten über die ehemaligen Nachbarn unserer Eltern. Und in der vergnügten Liebenswürdigkeit, die in seinem Gerede lag, die ich oft mit Selbstgefälligkeit verwechselt hatte, erkannte ich plötzlich wieder, dass er es war. Und ich denke, wir wurden allmählich stolz darauf, Brüder zu sein.

Konstantin: »Du zündest ja schon wieder eine an, mein Lieber. Man denkt nicht, dass du einer der führenden Forscher der Onkologie bist, so wie du rauchst.«

Ich: »Vielleicht steht unsere Forschung im krasseren Wiederspruch zur Gesundheit als meine Nikotinsucht.«

Konstantin verstand mich. Insgeheim hatte er über die Jahre hin, in denen wir Medikamente erprobt und entwickelt, in denen wir Therapie-Modelle skizziert und klinisch durchgesetzt hatten, eben jenen Gedanken bestätigt gesehen, wonach politische Maßnahmen grundlegend mehr Krebserkrankungen vorbeugen könnten, als medizinische Therapien zu heilen im Stande wären.

Konstantin: »Wir entwickeln eine Chemo und *Kraft Foods* bringt fünf neue Erreger auf den Markt. Sag mal, Valentin, du glaubst nicht mehr richtig daran, oder?«

Ich: »An was?«

Konstantin: »The cure.«

Ich: »Nichts wird durch mich endgültig geheilt werden.«

Konstantin: »Weißt du noch, wen ich in meiner ersten Bude neben dem Bad-Spiegel aufgehängt hatte?«

Ich: »Dolly Buster? ... Ach nein, es war ein Franzose ... Wie hieß er gleich noch mal.«

Konstantin: »Champollion.«

Ich: »Ah genau, der alte Zeichenkrämer Jean-François Champollion. Der Typ mit den Hieroglyphen.«

Konstantin: »Ich hab mir lange vorgestellt, unsere Arbeit sei auch eine Art von Dechiffrierung. Dass uns die Lösung, wenn auch mit avancierteren Mitteln als der Steintafel von Rosette, unmittelbar bevorstünde, dass es eigentlich nur darum ging, durch mentalen Einsatz die Grammatik der Erkrankung zu knacken, die Dämonie seines Lexikons lesbar zu machen. Weißt du, was ich meine, Valentin.«

Ich: »Natürlich, dass wir es nicht finden können. Weil nicht das Undenkbare uns daran hindert, sondern das Unwollbare.«

Dann kamen beschwerlichere Tage. Das Wetter wechselte plötzlich. Dichte, tiefliegende Wolken zogen auf: Der Regen, den sie fallen ließen, war kalt. Konstantin machte zunächst Scherze darüber. Als er nicht aufhörte, als er nicht einsah, dass er es nicht schön reden könne, kochte in mir wieder alles. Wir waren ziemlich tief in den Wald gegangen, die nächste Siedlung war sicherlich mehr als 60 Meilen weit entfernt. Er hatte es wieder einmal herausgefordert und sich völlig übernommen, dachte ich. Was sollten wir tun, wenn das Wetter sich weiter verschlechterte? Die Karte war inzwischen auch völlig durchnässt.

Konstantin: »Ich habe sie einfach vergessen, Valentin. Sorry, okay? Die Stecken sind noch im Boden etwa dreizehn Meilen in die Richtung ... was soll ich jetzt tun?«

Er hatte beim Abbau des Zeltes aus Flüchtigkeit vergessen, alle Heringe einzusammeln. Als ich unmutig wurde, zog er sich auf die dämliche Ausrede zurück, dass es doch ein Klassiker sei, dieser Fehler, das Genie und das praktische Ungeschick. Ich drehte durch; schrie ihn an, warf ihm vor, dass er sich schon immer übernommen hatte, dass auch seine Gutachten und Hypothesen aus völliger Überheblichkeit gewonnen seien, dass er ein blasierter Charmeur sei. Ich vergaß mich völlig, schrie in den Wald, den Regen, in sein Gesicht – hörte erst auf, als ich den Hammer wie zur Drohung gehoben hatte und er einen Schritt zurück trat. Dann schwiegen wir und schämten uns.

Wir gingen einige Stunden schweigend nebeneinander her. Unsere Sachen waren durchnässt, aber der Regen hatte ausgesetzt. Ein kühler Wind ging zwischen den Baumstämmen durch. Der Waldboden wurde zunehmend steiniger und bald erreichten wir eine Gegend, wo rings die Felsen bis auf die moosigen Ansätze nackt und schwarzgrau empor ragten. Die Karte, ganz entfaltet, waberte vor Konstantins Gesicht.

Konstantin: »Wir müssten hier sein ... aber wir sind jetzt drei Stunden bergauf gelaufen und hier auf der Karte ist keine Elevation eingezeichnet. Vielleicht sind wir aber auch ...« Er drehte die Karte um. Wir beschlossen unter einem Felsvorsprung das Zelt soweit es ging aufzustellen und zu übernachten. Konstantin studierte die Karte ununterbrochen, als sei es ihm möglich, doch noch auszumachen, wo wir uns befanden.

Ich: »Du musst Koordinaten haben, irgendwelche markierten Stellen, um sie auf der Karte identifizieren können. Aber, gib's doch zu, wir irren schon seit drei Tagen in dieser scheiß Wildnis herum und wissen eigentlich nicht, wo wir sind. Scheiße, Konstantin. Scheiße. Das ist eine ziemlich große verfickte Scheiße.«

Konstantin zerknüllte die Karte vor meinen Augen und sah mich offen an. »Ich hab's vermasselt, Valentin. Ich hab's vermasselt. Okay? Bist du zufrieden?« Ich öffnete meinen Rucksack und zog die Marshmallows heraus. Konstantin blickte erst ins Feuer und dann umarmte er mich. »Gib schon einen her. Ich röste eins und kleb dir das Ding ins Haar, verfluchter Arsch.« Wir lachten.

Sobald jedoch die Sonne untergegangen war, setzte der Regen wieder ein. Die Nacht war elendig. Über den Felsvorsprung, den wir für einen wettergeschützten Unterschlupf hielten, entwickelte sich bei zunehmendem Niederschlag ein kleiner Wasserfall. Wir mussten mitten in der Nacht unsere Sachen packen und ein neues Lager ausfindig machen. In der Früh waren wir völlig erschöpft. Konstantin hatte Schnupfen und zitterte am ganzen Körper. Wir sammelten unsere Sachen und setzten uns in Bewegung.

Konstantin: »Irgendwie glaube ich, hab ich alles vermasselt.«

Ich: »Wir finden schon irgendjemanden. Jetzt fang nicht auch noch an zu jammern.«

Konstantin: »Nein, ich meine auch Zuhause. Ich hab es überall vermasselt und zerfahren!«

Ich: »Sag mal, schau dich mal um. Was siehst du?«

Konstantin: »Bäume.«

Ich: »Genau. Scheiß viele Bäume. Ist das der richtige Moment um mir deine Seele auszuschütten? Sieht das hier aus wie eine Psychiatrie?«

Konstantin: »Okay. Wenn du's nicht hören willst … ist gut.«

Ich: »Du bist ein verdammtes Arschloch, das wollte ich dir nur vorwegsagen. Jetzt schieß los.«

Konstantin: »Lilian und ich hatten in den letzten Wochen übers Telefon nur Streit. Sie warf mir vor, nur vage Vorstellungen von meiner beruflichen Zukunft zu haben …«

Ich: »Womit sie ja so Unrecht nicht hat …«

Konstantin: »… dass ich ohne Rückbesinnung auf meine Familie reise, Forschungsaufträge unternehme, ohne die privaten Kosten dafür in Anschlag zu nehmen.«

Ich: »Und, was hast du ihr gesagt? Sie ist eine wundervolle Frau, Konstantin. Das weißt du.«

Konstantin: »Ich hab sie vertröstet … aber wenn ich zurück nach Leipzig komme, werde ich ihr eine Scheidung vorschlagen.«

Und unbeschreiblicher Zorn fuhr plötzlich in mich. Aus einem Reflex packte ich ihn und schrie ihm ins Gesicht. »Das wirst du nicht!«, kreischte ich fünf, sieben, zehn Mal. Er sah mich völlig entsetzt an. Dann gingen wir wieder schweigend nebeneinander her.

Die Gegend wurde zunehmend zerklüfteter, der Boden feuchter, Konstantin entwickelte wieder ein ziemlich hohes Fieber. Wir entschlossen, Halt zu machen. Wir waren unterhalb eines Plateaus. Konstantin drängte uns hochzusteigen, um die Gegend besser übersehen zu können. Ich schlug vor, bis zum Morgen zu warten und eine ruhige Nacht zu verbringen. Als ich eine Feuerstelle abgrenzte, war Konstantin plötzlich verschwunden. Sein Rucksack stand neben meinem an einen Baum gelehnt. Dieser Vollidiot, dachte ich, und der Ausdruck kreiste während der drei Stunden, da ich auf ihn wartete, mit immer hasserfüllterer Intensität in mir. Auf mein Rufen antwortete nur ein schwaches Echo. Gegen Mitternacht hielt ich es nicht mehr aus.

»Dieser Vollidiot ... macht einen Scheiß aus seinem Leben ... macht einen verdammten Scheiß daraus und zieht alle mit ... dieser Vollidiot ... und Kinder hat er auch noch ... macht einen Scheiß daraus ... lässt sich mit jedem ein ... quatscht ihnen die Welt vor ... und dann ... ruiniert er sie noch mit ... einen Scheiß macht der aus seinem Leben ...«

Ich nahm die Taschenlampe aus Konstantins Rucksack und begann, nach ihm zu suchen. Der Boden war glitschig und da auch schon am Fuß der Anhöhe der Wind wie irre drückte, sodass ich mich mehrmals vertrat und umfiel, brach ich die Suche ab und kehrte zu unseren Sachen zurück. Am nächsten Morgen hatten sich die Wolken etwas gelichtet. Es wurde wärmer. Konstantin war noch immer nicht zurückgekehrt. Ich packte unsere Sachen zusammen und machte mich auf den Weg zum Plateau. Ich hatte einen unbeschreiblichen Zorn auf ihn. Ich wünschte ihm den Tod, schwor mir ihn zu töten, wenn ich ihn fände.

Und dann hörte ich ein Röcheln. Er war abgerutscht und steckte wie eingeklemmt in einer engen Spalte. Er blutete, atmete aber noch. Sein Bewusstsein war geschwunden. Als ich aus etwa vier Meter Entfernung auf ihn herab sah, überraschte mich das Entzücken, das ich verspürte, als ich sah, wie er gefallen war, dass, obzwar er in einer Notlage war, seine Position eine gewisse Eleganz hatte. Und dann ließ ich ihn liegen. Nur der Kanadier, der mich zwei Tage später am Rand einer Landstraße aufsammelte, wunderte sich darüber, dass ich beim Wandern zwei Rucksäcke dabei hatte.

Aber es konnte ihm egal sein. Und das war es auch. Es würde ihn niemand vermissen.

V   Maske und Kothurn, hauptsächlich Kothurn

Die ersten zwei Wochen vergingen wie im Flug. Nicole und Felix kehrten zurück und ich gab mich vollkommen jenem Leben hin, das Ibsen einmal eine Illusion genannt haben soll. Es war eine zärtliche Zeit. Ich glaube die Familie war selbst überrascht darüber. Lilian sagte einmal, als wir auf der Bank am Spielplatz saßen und uns vor Lachen krümmten: »Du bist wie verändert. Ich kenne dich ja gar nicht mehr … oder vielleicht sollte ich sagen, ich erkenne dich wieder.« Ich errötete und war um eine Antwort verlegen. Sie wartete. Sie hat so wunderbare Augen, dachte ich nur. Dann kam Felix gerannt und setzte sich zwischen uns, um vom Klettergerüst zu erzählen.

Drei Wochen danach erhielt zuerst Konstantin telefonisch und einige Stunden später ich per Mail die Nachricht, dass unser Vater gestorben war. Nicole und Felix saßen gerade auf der Couch und spielten *Mario Cart*. Ich legte auf, ging in Konstantins Arbeitszimmer und schloss die Tür ab. Ich wusste nicht, wie er reagiert hätte, im Grunde hatte ich seit langem keine Vorstellung darüber, wie Konstantin unserem Vater gegenüber eingestellt war. Was mich anbetraf, war die Sache ziemlich nüchtern zu sehen. Wir hatten ihn schon seit drei Jahren in einem Pflegeheim einquartiert, ihn selten besucht, und nun war er tot. Die Bewältigung seines Todes war vornehmlich ein administrativer Akt.

Lilian: »Hast du schon mit Valentin gesprochen?«

Ich: »Noch nicht. Er ist verreist und nicht zu erreichen.«

Lilian: »Das sieht deinem Bruder ähnlich. Ich habe dir ja schon oft gesagt, dass ihm die restliche Welt egal ist.«

Ich: »Hast du das nicht auch mal über mich gesagt? Vor ein oder zwei Monaten, am Telefon, als ich in Amerika war.«

Sie legte die Arme um mich und drückte ihre Stirn an meinen Hals. »Das ist doch alles vorbei, Konstantin. Du hast doch vorgestern selbst gesagt, dass du dich beruflich verändern willst.«

Wir fuhren tief in den Süden in die Stadt meines Vaters, die Geburtsstadt Konstantins, und die meine. Die Bestattung war eine sehr kleine Feier. Wir übernachteten in einem der Häuser in der Meinwahnstraße. Ich liebte diese Häuser. Sie hatten eine klare Identität, waren nicht so beliebig gebaut worden wie die Gebäude der 50er und 60er Jahre. Sie hatten auch viel überstanden.

Zwei Wochen später fuhr ich abermals in die Meinwahnstraße, ohne Lilian und die Kinder. Ich hatte zwei verschiedene Anzüge eingepackt und war bereit, am Montag als Konstantin und am Mittwoch als Valentin, die beiden Erben des späten Herrn Khunrath, dem Testamentsvollstrecker zu begegnen. Natürlich war den beiden Brüdern bedauerlicherweise keine andere Terminregelung möglich. Am Donnerstag fuhr ich zurück nach Leipzig.

Lilian: »Ich dachte, du bringst vielleicht den Valentin mit.«

Ich: »Der musste gleich wieder weiter.«

Lilian: »Da bin ich ja froh. Ich hatte nicht sonderlich große Lust mit ihm den Abend zu verbringen?«

Ich: »Komm schon, so schlimm ist er doch auch nicht. Findest du denn gar nichts sympathisch an ihm.«

Lilian: »Lass mich mal überlegen, Konstantin ... nein, es fällt mir nichts ein. Ich finde deinen Bruder durch und durch abschreckend. Er ist verschlossen, undurchsichtig, hat keinerlei Sensibilität für seine Mitmenschen.«

Nicole, die daneben stand und ihrer Mutter zuhörte, sagte zu meinem Entsetzten: »Der Onkel Valentin ist ein Langweiler, stimmt's, Mama? Der Felix hat auch mal gesagt, dass es immer total doof wird, wenn der Onkel Valentin kommt.«

Ich schrie auf, fasste mich aber im zweiten Satz wieder: »Er ist mein Bruder. Er hat viele gute Seiten, okay.«

Lilian lachte laut auf und strich mir durchs Haar: »Konstantin, das höre ich aber jetzt zum ersten Mal von dir ... aber lass uns jetzt das Abendessen vorbereiten.« Sie küsste mich auf die Wange, nahm Nicoles Hand und ging Richtung Küche. Ich folgte ihr. Am Abend erzählte ich Geschichten. Ich bemühte mich immer fanatischer darum, dass die Kinder Gefallen an ihrem Vater hatten.

VI   Die Wahrheit tut weh

Ich schlug Lilian vor, ihren Job in Leipzig niederzulegen und umzuziehen. Im Hintergrund war es nicht leicht gewesen, meine Angelegenheiten zu regeln. Das Institut in Stanford schrieb Dr. Valentin Khunrath mehrere Mails, die sich nach dem Verbleib ihres Projektleiters erkundigten. Ich vertröstete sie zunächst. Nach dem Tod meines Vaters kündigte ich die Stelle auf und wies eine Firma an, die Sachen in meinem amerikanischen Appartment einzulagern. Indessen arbeitete ich in Konstantins Labor in Leipzig.

Im April verließen wir Leipzig und zogen in meine Geburtsstadt. Konstantin hatte in einem halben Jahr die Aussicht auf eine Dozentur an einer Universität, die nur eine Stunde von dort entfernt war. Die Häuser in der Meinwahnstraße waren alt. Sie bedurften einer dringenden Grundsanierung. Es überraschte Lilian, dass ich plötzlich mit dem fortfahren wollte, was Konstantin als Valentins Irrtum noch vor einem halben Jahr abgetan hatte.

Lilian: »Willst du jetzt tatsächlich deinem beknackten Bruder nachgeben? Wo ist der denn überhaupt, lässt sich nicht einmal blicken und du sollst für ihn organisieren, wogegen du dich schon immer ausgesprochen hattest.«

Ich: »Vielleicht war seine Idee gar nicht so blöd. Ein Teil des Erbes zur Instandsetzung der Häuser zu verwenden.«

Lilian: »Dein Bruder versteht doch von Finanzen so viel wie du von Origami-Falten.«

Ich versuchte die Sache zu entspannen: »Nur weil ich vom Papierfalten nichts kapiere, heißt das doch noch lange nicht, dass die Idee von Valentin dämlich ist. Außerdem hat er mir gesagt, dass er wenig Interesse an all diesen Sachen hat und mir erst mal alles überlassen wollte.«

Lilian: »So. Jetzt ist der Valentin nicht nur idiotisch, sondern obendrein auch noch gleichgültig. Na, meinetwegen. Tu, was du für richtig hältst.«

Der permanente Widerwille gegen mich seitens der Kinder, seitens Lilian wurde immer zynischer. Ich verstand nicht, wie sie mich liebten, wenn ich Konstantins Kleider anzog und nach seinem Aftersave roch. Dass sie mich als Konstantin noch mehr liebten als sie vielleicht Konstantin als Konstantin hätten lieben können.

Eines Tages besuchte uns eine alte Dame aus der Nachbarschaft. Sie hieß Maia Kennegger. Sie hatte schon vor dem zweiten Weltkrieg in der Meinwahnstraße gewohnt und unsere Familie gut gekannt. Felix öffnete die Türe. Und sie stand schon im Flur, als ich aus dem Wohnzimmer kam.

Maia Kennegger: »Ah da ist ja der Valentin! Ein Mannsbild ist er worden. Und du wie heißt du?«

Felix antwortete ihr. Ich erschrak, als Lilian nach ihr zur Tür hereinkam. Kennegger: »Valentin, oh, ich hab's nicht gekonnt. Die haben ihn so schnell beerdigt ... deinen Vater.«

Ich: »Der Valentin ist in Amerika. Ich bin der Konstantin.«

Die alte Dame lud sich zum Tee ein. Sie erzählte eine Fülle an Geschichten aus der Kindheit meines Vaters, aus meiner Kindheit und der meines Bruders. Maia Kennegger: »Ihr wart immer so zum Verwechseln. Die ganze Straße hat euch verwechselt. Sogar der Teufel hätte euch verwechselt.«

Nachdem sie gegangen war, blieben Lilian und ich noch lange wach. Die Tatsache, dass man meinen Bruder und mich früher häufig verwechselt hätte, beschäftigte sie noch sehr. Sie sagte, dass es natürlich nahe liege; natürlich, bei Zwillingen sei es ja unvermeidlich, doch sei es ihr noch nie in den Sinn gekommen, dass sie uns verwechseln könne. Sie behauptete, unsere Unterschiede seien viel zu gravierend, als dass dies geschehen könne. Dann machte sie wieder zynische Bemerkungen über Valentin. Es war deutlich, dass sie mich hasste, den sie als Konstantin liebte. Diese Haltung ging mir sehr nah. Einen Augenblick lang spielte ich mit dem Gedanken, ihr zu sagen, dass Konstantin in Nova Soctia umgekommen sei, dass es aber nichts ausmache, weil er nur zurückgenommen wäre, um eine Scheidung abzuwickeln, und sie so oder so verlassen hätte.

Lilian: »Was schaust du denn so, Konstantin? Guckst ja ganz erschrocken.«

Ich: »Ich habe dir nur eben zugehört, wie du über Valentin geredet hast. Da hatte ich so einen Gedanken, wie schrecklich die Wahrheit sein kann. Vielleicht wird er es auch einmal zu spüren bekommen. Aber lassen wir das, komm, wir gehen ins Bett. Du siehst heute Abend besonders hübsch aus. Ich habe große Lust auf dich.« Dann gingen wir ins Schlafzimmer. Wir hatten ihre Gemälde in Leipzig wieder verkauft. In der Meinwahnstraße hingen im Schlafzimmer große Spiegel, die um die Jahrhundertwende in Wien gemacht worden waren.

Die Prozedur

I   911

Irgendetwas musste mit mir nicht stimmen, denn ohne dass ich mich unwohl gefühlt hätte, wurde ich eines Morgens ins Krankenhaus gebracht. Als ich in meinem Bett wieder zu Bewusstsein kam, stand das Schlafzimmer voll mit fremden Menschen, die ein bisschen wie Müllmänner aussahen, nur etwas hygienischer wirkten oder taten. Als ich mich in meinem Bett aufstützen wollte, merkte ich, dass ich gar keine Kleider anhatte.

»Bitte bleiben Sie liegen. Sie dürfen sich jetzt nicht bewegen.«

»Mir fehlt nichts. Ich möchte aufstehen«, sagte ich, um die ernste Miene des Mannes zu beruhigen, der mich musterte.

Er beruhigte sich aber nicht, weil er vermutlich etwas wusste, wovon ich noch nichts spürte: »Bleiben Sie bitte liegen!«

»Mir geht es gut, ehrlich.«

Ein anderer Mann mit Gummihandschuhen kam näher, lächelte sehr freundlich und ergriff mein Handgelenk. »Sie hatten einen Anfall. Wir stellen nur die Grundversorgung sicher. Ist noch nichts Schlimmes passiert.« Dann fügte er – noch immer mir zugewandt, aber jemand anders ansprechend – hinzu: »Person ist orientiert.«

Er streckte meinen Arm behutsam in seine Richtung aus: »Es wird jetzt ein bisschen pieken«, sagte er dann verständnisvoll lächelnd. »Aber das geht sofort vorüber.« Er stach mir mit einer Nadel in die Armbeuge. Das Blut floss erst zögerlich, dann aber immer rascher, sodass sich zwei daumendicke Röhrchen damit auffüllten. Diese reichte der Mann mit den Gummihandschuhen an seinen Assistenten weiter, der sie verschraubte und aufrecht in ein Körbchen stellte.

»Wollen Sie«, rief ich dem Assistenten etwas besorgt zu, »die Röhrchen nicht beschriften?«

»Was sollten wir denn darauf schreiben?«, sagte er heiter.

»Ich weiß ja nicht, vielleicht meinen Namen«, antwortete ich – etwas überrascht von seiner Heiterkeit. Aber sobald ich zum zweiten Mal sagte, sie könnten vielleicht meinen Namen auf die beiden oder wenigstens eines der beiden Röhrchen schreiben, grinste der Assistent in die Runde seiner Kollegen, rollte mit den Augen und alle begannen laut zu lachen. Dann chargierte die große Menschenansammlung in meinem ziemlich engen Schlafzimmer herum, wie in einem Puppenspiel.

Weil ich offenkundig vor diesen Spezialisten etwas Dummes oder Unsinniges gesagt hatte, erklärte ich daraufhin leise: »Na ja. Damit im Labor keine Verwechselung geschieht.«

Und wieder lachte die Runde der orangefarben- und weißgekleideten Männer laut auf. Und ein dicker Typ, der die ganze Zeit im Hintergrund gestanden war, wo er laut mit einem Handy telefonierte, hörte, was ich auf dem Bett geflüstert hatte, und rief: »Im Labor wird doch immer etwas verwechselt! Da helfen auch keine Namen, mein Lieber.« Und alle lachten erneut.

Die ganze Situation fing an, mich zu verärgern, und dies umso mehr da ich keinerlei Schmerzen hatte. Mir war weder übel, noch tat mir der Kopf oder der Bauch oder sonst etwas weh; ich hatte auch keine Verletzungen, jedenfalls keine, die ich erkennen konnte; um mich herum war kein Blut oder

Erbrochenes. Es fühlte sich alles trocken an, nur im Nacken war ich noch vom Kissen etwas verschwitzt.

Bei einem weiteren Versuch mich im Bett aufzurichten, drückte mich der Mann mit den Gummihandschuhen wieder hinunter. Er drückte sanft. Dabei blickte er wie angewidert flüchtig auf mein Geschlecht und drückte mit der Hand etwas bestimmter auf meine Schulter, damit ich ganz zurück ins Kissen ging.

»Wer hat Sie denn überhaupt gerufen und in meine Wohnung gelassen?«, verlangte ich zu wissen.

Daraufhin brachte man ein junges Mädchen, das sechzehn, höchstens siebzehn Jahre alt war an den Kopf des Betts. Sie hatte sich meinen Bademantel umgelegt. Ein weiterer Mann, der ein Beatmungsgerät in der Hand hielt, erklärte nach einer unnötig langen Stille: »Die hier.«

Ich kannte das Mädchen nicht. Sie war nicht sehr schön. Ich musterte ihr Gesicht. Ihr Blick war, so lange sie am Fuß des Betts vor mir stand, auf den Boden gerichtet. Kurz blickte sie auf, sah auf meinen Penis, dann in meine Augen, lächelte verstohlen und blickte wieder auf den Boden. Während ich sie eindringlicher und genauer betrachtete, gingen undeutliche Erinnerungen durch mich hindurch.

Ich war am Vorabend mit Arbeitskollegen unterwegs gewesen. Ich erinnerte mich an unser Vorhaben, aus dem Unternehmen auszusteigen und eine eigene Firma zu gründen. Dieses Vorhaben sollte jetzt, da wichtige Verhandlungen bevorstanden, in die entscheidende Phase gehen. Dann überlegte ich, ob sie mich noch zum Partner nehmen würden, wenn sie wüssten, dass mit meiner Gesundheit vielleicht etwas nicht stimmte. Ich versuchte mich an den Moment zu erinnern, da wir uns verabschiedeten. Ich war ziemlich betrunken, meine Kollegen dagegen hatten nicht einen Tropfen Alkohol angerührt. *Ob sie dies auch ungünstig gegen mich stimmen würde?*, dachte ich.

Es war noch nicht sehr spät gewesen, und ich wollte den Abend nicht alleine in meiner Wohnung verbringen. Ich glaube, ich hatte sogar etwas Angst davor, mich alleine in meiner Wohnung vorzufinden. Und ging irgendwohin und tanzte sogar – jedenfalls hatte ich eine Diskokugel und Stroboblitzer in Erinnerung. Genau, ging es mir durch den Kopf: Ich war tanzen gegangen und wie ein Irrer herumgehüpft. Deshalb hatte es in meinen Waden gezogen, als ich versuchte mich aufzurichten. Ich hatte Muskelkater. Natürlich, ich war tanzen gegangen, wie ein Irrer herumgehüpft und hatte dort dieses Mädchen kennengelernt.

Während sich die Menschen neu im Raum aufstellten, um einen großen Gegenstand ins Zimmer zu schieben, versuchte ich noch nähere Details der vergangen Nacht zu rekonstruieren. Aber ich spürte nichts als intensive Gefühle beim Rückerinneren, ohne diese an konkrete Orte, Stimmen, Gesichter festmachen zu können. Diese Gefühle waren von solcher Art, wie man sie bei der Berührung der nackten Haut eines anderen Menschen bekommt. Sie glichen einer Aufruhr, einem starken unwiderstehlichen Impuls, einem Taifun.

Ich sah eine Trickfilmillustration einer Supernova in mir vorübergehen: Licht, das sich erst ballt, weiter ballt, noch mehr komprimiert und dann in alle Richtungen explodiert. Wimpern, Lippen, Nippel, Fingerbeeren, klammes Haar, glühender Atem und tizianrote Wangen, die von Anstrengung zeugen.

»Hier, nehmen Sie dieses Tuch,« sagte der Mann mit dem Beatmungsgerät und warf mir ein Handtuch zu und deutete mit den Augen diskret auf meinen Unterleib, wo sich in Folge meiner Rekonstruktionsbemühungen etwas geregt hatte.

»Wir werden Sie jetzt aus dem Bett heben und auf diese Pritsche legen, damit wir sie hinuntertragen und in den Krankenwagen verladen können.«

»Aber mir fehlt nichts. Ich kann doch selbst hinunter zum Krankenwagen gehen.«

»Nein. Sie hatten einen Anfall. Es ist in Ihrem Interesse, dass sie nicht die Stufen selbst hinabsteigen. Vielleicht wird Ihnen plötzlich übel und sie stürzen und verletzen sich. Wer soll denn dafür die Verantwortung tragen?«

»Und wenn Sie mich fallen lassen?«

»Dagegen sind wir versichert. Jetzt halten Sie still. Es dauert nur einen Moment. Wir rollen ein Tuch unter Ihren Körper und heben Sie dann aus dem Bett.«

Ein weiterer versuchte zu scherzen, um die Situation zu lockern: »Sie kennen es vielleicht vom *Discovery Channel*; wenn Leute gestrandete Wale retten.«

»Ich will aber selbst aufstehen«, schrie ich so laut in den Raum, dass alle Versammelten einen Schritt zurück machten. Der dicke Mann, der telefonierte, drückte sich sogar gegen die Wand, damit die anderen weiter zurücktreten konnten. Auch der Mann, der gerade eben die Kanüle in meiner Armbeuge mit einem Klebeverband befestigt hatte, hüpfte erschrocken zurück und fiel dabei auf seinen Hintern. Das tat mir leid, und ich machte mir Sorgen, dass er meinetwegen aufs Steißbein gefallen war. Als ich diese Reaktion des medizinischen Personals wahrnahm, das schließlich gerufen war, um mir zu helfen, schämte ich mich ein bisschen dafür, dass ich so überreagierte und unwillig war. Ich fasste mich und beschloss, mit den Männern nun stärker zu kooperieren, um es wieder gut zu machen und nicht lächerlich zu wirken. Ich würde alles mit oder zumindest an mir machen lassen, damit die Männer, die gekommen waren, um mich zu retten, sähen, dass ich ihre Humanität schätzte.

»Also, es geht doch«, sagte einer, nachdem ich genickt hatte und ihnen damit signalisierte: Ich sei nun einverstanden, auf der Pritsche die Treppe hinab befördert und in den Krankenwagen verladen zu werden.

»Aber ich verstehe immer noch nicht«, erklärte ich, »warum Sie mich tragen wollen. Was denken Sie denn, was ich habe?«

»Das wissen wir noch nicht. Das kann Ihnen nur in der Klinik mit Bestimmtheit gesagt werden, nachdem Sie vollständig untersucht worden sind.«

Sie hoben mich umständlich auf die Pritsche. Ich hielt dabei die ganze Zeit das Handtuch über mein Geschlecht bzw. drückte es mit dem Handtuch nieder, um nicht alle noch mehr in Verlegenheit zu bringen. Während zwei Männer mich vorsichtig herunter trugen, hörte ich über mir, dass das Mädchen, das per Notruf diese Versammlung einberufen hatte und vermutlich die Nacht bei mir verbracht hatte, ohne dass wir Kleider im Bett trugen, dass ebendieses Mädchen kicherte. Ganz bestimmt, dachte ich: Das Mädchen kichert.

Als wir unten angekommen waren, hatte sich hinter dem Krankenwagen ein langer Stau von Autos in der Straße angesammelt. Das Fahrzeug stand mit Warnblinkern mitten in der Straße. Um die Pritsche, auf der ich lag, hinten in den Wagen zu bekommen, mussten einige Autos zurückdirigiert werden. Ihre Fahrer schienen darüber überhaupt nicht begeistert zu sein. Einer begann zu hupen, ein zweiter lies das Fenster runter und fluchte irgendetwas, noch einer, der wie jemand aussah, der in meiner Firma beim Reinigungspersonal war, war beim Zurückfahren etwas unachtsam, sodass er auf seinen Hintermann auffuhr. Sie stiegen beide aus und begannen heftig miteinander zu streiten.

Die Sanitäter verfrachteten mich indessen in den Krankenwagen, warfen die Türen zu, fixierten die Pritsche und fuhren mit heulenden Sirenen los. Ich fragte einen der beiden, die mit mir hinten im Krankenwagen saßen, ob einer meine Wohnung abgeschlossen hätte. Aber sie waren zu beschäftigt, um mir eine Antwort zu geben.

»Hallo!« Ich schnipste mit dem Finger. »Hallo! Habt ihr mich nicht gehört? Hat jemand meine Wohnung abgeschlossen? Meine ganzen Sachen sind doch dort.« Sie blickten einander an, als ob sie mich nicht verstanden – oder vielmehr sie blickten einander an, als träfen sich ihre Blicke nur zufällig und sie hätten überhaupt nicht gehört, dass ich etwas gesagt hatte. Ich schnipste noch heftiger und schrie meine Frage nochmal in den Krankenwagen.

Plötzlich schob der Notarzt, der vorne saß, das kleine Zwischenfenster auf, deutete besorgt auf mich und gab dem linken Sanitäter irgendwelche Anweisungen, die ich nicht hören konnte. Ich schrie jetzt, da er wieder auf mich deutete, meine Frage nochmals, aber er schob nur das Fensterchen zu und drehte sich wieder um. Der Sanitäter machte nun seinen Gurt los und stand vorsichtig in dem schaukelnden Wagen auf. Er öffnete einen der Schränke, schwankte dabei ziemlich unbeholfen und griff nach einem Beutel, in dem sich eine klare Flüssigkeit befand, sowie nach einem langen Schlauch. Diesen schloss er jetzt an die Kanüle an, die noch immer in meiner Armbeuge steckte, hängte den Beutel über mich und lies die Flüssigkeit langsam rinnen. Ich spürte wie die kühle Flüssigkeit in meine Ader floss. Während der gesamten Prozedur hatte ich Angst, meine Frage nochmals zu wiederholen, damit er nicht abgelenkt werden würde und etwas Falsches machte. Und schließlich fühlte es sich gut an in meinem Arm. Es machte mich aber auch schläfrig, sodass ich meine Frage erst richtig stellen konnte, nachdem wir – nach einer Fahrt, die mir übermäßig lange schien – die Notfallambulanz des Krankenhauses erreichten.

II Ambulanz

»Das Mädchen hat die Schlüssel und wird sie Ihnen sicherlich bald bringen,« sagte der Arzt, der mich in der Notfallambulanz aufnahm, auf mein Gesuch hin.

»Was habe ich?«, war meine nächste Frage.

»Jetzt beruhigen Sie sich. Sie müssen sich nicht fürchten. Der Kollege vom Rettungsdienst sagte, Sie hätten im Krankenwagen herumgebrüllt. Das war nicht notwendig.«

»Und wenn ich schlimme Schmerzen gehabt habe?«, sagte ich triumphierend.

»Dann müssen wir diesen Dingen jetzt gründlich nachgehen. Der Bericht der Kollegen deutet auf einen Anfall hin. Haben sie Schmerzen im Brustbereich?«

»Nein?«

Er kam ein bisschen näher und bohrte einen Finger in meine Brust.

»Aua!«, schrie ich.

»Patient beklagt sich über Schmerzen im Brustbereich. Hast du das, Mathilde?«

»Ja, Herr Doktor. Habs schon aufgeschrieben.« Erst jetzt bemerkte ich das in einer weißen Uniform gekleidete Mädchen. Sie saß seitlich vom Eingang, rechts von dem Bett.

»Haben Sie Kopfschmerzen?«

»Ja, aber keine starken.« Bevor ich noch hinzufügen konnte, dass ich diese erst in Folge der unruhigen Fahrt mit dem Krankenwagen verspürte und dass meine Kopfschmerzen auch der Infusion – oder vielmehr der Substanz –, die man mir währenddessen zugeführt hatte, zuzuschreiben seien, schlug der Arzt hastig meine Akte zu und stand so rasch auf, dass das kleine Stühlchen, worauf sein enormer Körper Platz genommen hatte, mit einem lauten Krachen in den Schrank hinter ihm rollte und dabei fast umfiel.

»So, das reicht dann. Es ist ja eindeutig«, sagte er als er schon fast die Behandlungskabine verlassen hatte und rief, die Tür schon schließend:»Mathilde, mach doch bitte noch ein EKG, nur für alle Fälle. Sobald Dr. Haupt im Hause ist, schicken wir ihn hoch in die Neuro.« Und er verschwand mit quietschenden Fußtritten.

So blieb ich dann mit dem Mädchen alleine im Raum. Sie legte das Heft, in die sie alles geschrieben hatte, was ihr der Arzt über mich diktiert hatte, zur Seite, ging an ein niedrighängendes Waschbecken, wusch sich die Hände pietätvoll und kam herüber zu mir. Im Krankenwagen hatte man mir eine Decke gegeben, damit ich nicht friere. Diese nahm die Krankenschwester nun von mir. Sie war sehr vorsichtig dabei, fast zärtlich, so als ob ich Verbrennungen darunter hätte. Als sie die Decke weggenommen hatte, lächelte sie. Sie nahm oder zerrte vielmehr das Handtuch, an dem ich festzuhalten versuchte, von mir und warf es auf das Stühlchen, worauf der Arzt gesessen hatte. Als nächstes rollte sie das EKG-Gerät neben das Bett, nahm einige Elektroden in die Hand und begann diese um meine linke Brust herum auf mich aufzukleben. Dabei drückte sie sich fest gegen das Bett. Sie roch nach Pfefferminze und Desinfektionsmittel. Ich versuchte die ganze Zeit über die Decke anzuschauen, doch einmal beugte sie sich so tief über mich, dass ihre Brüste mir ganz nah waren:»So jetzt bitte nicht atmen.«

»Oh, du hast nicht stillgehalten«, prustete sie enttäuscht, als sie den rosa EKG-Ausdruck musterte.

»Du musst ganz still halten, sonst wird es nichts. Ich will doch wissen, was dein Herz macht.« Auch der zweite Versuch scheiterte. Die Krankenschwester griff zu einer weiteren Elektrode und befestigte es an meinem Glied. Ihre Hand war ganz warm. Die Maßnahme verwirrte mich so sehr, dass die aufgeklebte Elektrode sofort spannte. Sie schloss ein Kabel daran an, lächelte und sagte: »So und jetzt ganz still halten. Ich horche jetzt dein Herz aus.«

Während die Maschine den Ausdruck herausließ, stürmte ein junger Famulus, ohne zu klopfen, ins Zimmer. Er ging auf das Mädchen zu, packte sie mit der rechten Hand am Hintern und flüsterte ihr etwas ins Ohr. Daraufhin verabschiedete sie sich mit einer undeutlichen Geste und ging aus dem Zimmer.

»So, mal sehen, was die Schwester hinbekommen hat«, sagte er, als wollte er unverzüglich und nahtlos fortfahren.

»Wo musste sie denn auf einmal hin?«, fragte ich. »Und Sie sind?«

»Oje!«, sprach er wie zu sich selbst. »Das EKG sieht gar nicht gut aus.«

»Wer sind Sie? Ich hätte gerne sofort eine Antwort!«

»Hätte gerne, hätte gerne! Was haben Sie denn für Sorgen? Ihr EKG sieht gar nicht gut aus!«

»Sind Sie Arzt?«

»Noch nicht. Aber ich weiß, was ich tue.«

»Was ist mit dem EKG?«

Er ließ seinen Blick über meinen Torso schweifen und musterte die Elektroden. »Hm, die sitzen alle richtig. Das ist wirklich ernst«, sagte er wieder im Soliloquium. Dann entdeckte er die Elektrode an meinem Glied. Sein Gesicht verzog sich unangenehm. Er wandte sich einem der Hängeschränke zu, öffnete erst ein Abteil, suchte darin, schloss es wieder, öffnete ein nächstes, fand noch immer nicht, was er wollte, und riss dann etwas übermütig eine Schublade auf. »Ah! Da. Und wie man die Dinge richtig anordnet, wissen die hier scheinbar auch nicht. In diesem Krankenhaus geht es drunter und drüber.«

»Wie bitte?«

Er nahm zwei Gummihandschuhe aus einer kleinen Schachtel, zog sie sich über, spreizte die Finger und kam wieder zu mir ans Bett. »So, das brauchen wir nicht!« Mit einem Ruck riss er die Elektrode von meinem Glied. Ich schrie auf, brüllte vor Wut und als ich aus dem Bett springen wollte, um ihn am Kittel zu packen, merkte ich, dass ich noch immer festgeschnallt war.

»Ganz ruhig! Beruhigen Sie sich! Hier.« Er hatte plötzlich eine Spritze mit einer langen dünnen Nadel, die er ohne Vorwarnung in meinen Oberarm rammte. Ein Gefühl von Glück durchströmte mich. Ich wollte ihn vor Freude küssen.

»So jetzt nochmal still halten!« Aus dem EKG-Gerät schob sich abermals eine auf Millimeterpapier gedruckte Aufzeichnung meiner Herzaktivität.

»Nee. Sieht nicht gut aus. Haben Sie eine Vorgeschichte?«

»Wie?«

»Hatten Sie jemals Beschwerden mit dem Herzen?« Als er dies sagte, hörten wir beide plötzlich eigenartige Geräusche aus dem Behandlungsraum neben uns. Es klang, als ob Metall zu Boden gefallen sei, dann als ob ein schweres Möbelstück verrückt würde. Er wiederholte seine Frage, ohne auf den Lärm einzugehen: »Hatten Sie jemals Beschwerden mit dem Herzen?«

»Nein.«

»Keinen Herzinfarkt, Bluthochdruck, Herzrhythmusstörungen?«

»Nein.«

»Nicht einmal Seitenstechen?« Die Geräusche im Nebenzimmer nahmen zu. Sie hatten etwas rhythmisches, sogar Gedrängtes. Der Famulus lächelte wie im stillen Geheimnis. »Also kein Seitenstechen, eh?«

»Nein.«

»Sie hatten noch nie Seitenstechen? Noch nie in Ihrem Leben!«

»Nein.«

»Auch nicht nach dem Sport?«

»Nein.«

»Sie sind also unsportlich?«

»Gänzlich.«

»Aha.« Er notierte alles in das Heft, das ihm die Krankenschwester zurückgelassen hatte. Und während er notierte, drängten sich zwischen die schwerfälligen Geräusche auch Laute menschlichen Atmens, ein Kichern, dann etwas, das wie ein Schmerzensschrei klang, dann wieder das Kichern und kurz danach ein Grunzen.

»Wollen Sie nicht nachsehen, ob jemand im Nebenzimmer ärztliche Hilfe benötigt?«, fragte ich.

»Der Arzt ist drüben schon bei der Arbeit.«, lächelte er mir zu, ohne weiter auf die Umstände dieser Geräusche einzugehen.

»Könnten Sie mir noch eine Spritze geben«, sagte ich plötzlich zu meiner eigenen Überraschung.

»Natürlich«, entgegnete mir der Famulus sachlich.

Und wieder ging ein gewaltiger Stoß von Glück wie ein elektrischer Impuls durch meine Glieder, bis er schließlich jede Faser meines Körpers erreicht hatte.

Der Famulus rollte den kleinen Hocker heran und ließ sich darauf nieder, sodass er sich mit mir auf Augenhöhe befand. Ich dachte, er wünschte etwas mit mir zu verhandeln.

»Angesichts der Befunde halte ich es für ratsam, Sie hier für ein paar Tage einzuweisen, vielleicht bis zum Wochenende. Wenn es bis dahin nicht besser geht, können wir Sie gegebenenfalls auch länger da behalten.«

»Das geht nicht«, schrie ich. Die Wirkung der beiden Injektionen war plötzlich weg, stattdessen ging eine große Furcht durch mich. »Ich muss«, fuhr ich besorgt fort, »kommende Woche nach New York fliegen … Nein, schon morgen.«

»Das können Sie sich abschminken. Ihr EKG ist wirklich nicht berauschend. Ich will ja ganz offen mit Ihnen reden.«

»Dann wissen Sie, was ich habe?«

»Nein. Wir wissen nur, dass Ihr EKG anormal ist. Wir müssen aber noch einige Untersuchungen bei Ihnen durchführen. Dafür ist es notwendig, dass Sie hier bei uns bleiben. Heute Nachmittag schon wird ja unser Neurologe, Dr. Haupt, sich Ihrer annehmen. Ich denke, der lässt ein EEG machen, vielleicht müssen wir sogar ein CT machen. Und wegen Ihres Herzens müssten wir Sie in die kardiologische Abteilung überweisen. Die haben im Moment aber so viele Notfälle, die sogar noch schlimmer sind als Ihr Fall, dass sie sicherlich einige Tage warten müssen, bis wir dort einen Termin für Sie bekommen.«

»Nein. Ich bleibe nicht.«

»Das ist nicht ratsam.«

»Es geht nicht. Ich werde nicht bleiben.« Ich versuchte wieder aufzustehen, aber der Gurt hielt mich zurück. Ich öffnete ihn und stand auf. Das Linoleum des Zimmers fühlte sich schmierig an und kalt. Der Famulus war entsetzt, sprang auf und glotzte mich mit großen Augen an. Er war in der Tat so erschrocken, dass er bloß noch dazu in der Lage war, mechanisch nach dem kleinen Handtuch zu greifen und es mir voller Scham reichte, als ob er dadurch meine Revolte schon ein bisschen eingedämmt hätte. Plötzlich ging die Tür auf. Die Krankenschwester trat ein. Sie schien viel lebendiger als zuvor, aber auch sie erschrak, als sie sah, dass ich mit beiden Füßen auf dem Linoleum stand und nicht im Bett lag.

»Der Patient möchte sich nicht einweisen lassen«, entschuldigte sich der Famulus.

Ihr Blick füllte sich mit einer Art Verlockung, die aber einer Maske glich: »Gefällt es dir bei uns nicht?«

»Ich möchte gehen. Ich habe genug. Ich kann nicht bleiben. Außerdem fühle ich mich keineswegs krank. Im Gegenteil: Ich habe mich selten so wohl gefühlt!«

Der Famulus machte eine verärgerte, peremptorische Bewegung: »Gut. Warten Sie hier!« Er ging zur Tür hinaus, und ich befand mich erneut allein mit der Krankenschwester. Wir musterten einander, ohne zu sprechen, dabei bewegten wir uns unmerklich langsam aufeinander zu. Ich sah, dass ihr Lippenstift etwas verschmiert war, und auch dass der obere Kragenknopf ihrer weißen Uniform noch offenstand, sodass ich die gerundete, straffe Haut ihres Busens sehen konnte.

Bevor wir uns so nah waren, dass sich unsere Fingerspitzen hätten berühren können, wenn wir unsere Arme ausgestreckt hätten, trat der Famulus mit einigen Formularen wieder ein.

»So. Sie müssen unterschreiben, dass wir Sie über alle Risiken einer Behandlungsverweigerung aufgeklärt haben.« Er hielt mir die Dokumente hin. Die Schwester nahm einen Stift – einen sehr langen Stift – aus der Kitteltasche und hielt ihn mir hin.

»Sie müssen mir aber versprechen«, nörgelte der Famulus, »dass Sie im Laufe der nächsten Tage einen Facharzt aufsuchen werden. Am besten aber ist es, wenn Sie hier in die Klinik kommen. Das müssen Sie mir versprechen, egal, was Sie da jetzt unterschreiben!« Ich wunderte mich über den altväterlichen Ton, den der junge Mann plötzlich anklingen ließ und nickte mit geheucheltem Ernst dazu.

»Bring ihm doch eine Schürze, Mathilde. So kann er ja nicht auf die Straße.«

Erst als ich im Taxi saß, fiel mir ein, dass ich keinen Schlüssel zu meiner Wohnung hatte. Vielleicht, dachte ich einen Moment lang, war es ein Fehler, das Krankenhaus zu verlassen. Was, wenn das Mädchen, dem meine Wohnungsschlüssel zugefallen waren, mich besuchen wollte?

Gerade als ich aus dem Fahrzeug ausstieg, eilte einer der Sanitäter, der am Morgen dabei gewesen war, aus dem Gebäude heraus, in dem sich meine Wohnung befand.

»Hey, was machen Sie denn noch hier?«

»Hab den Koffer mit dem Beatmungsgerät vergessen.« Und schnell rannte er in ein anderes Haus.

Ich ging, obschon verärgert über den Fremden, der sich anmaßte, einfach meine Wohnung zu betreten, ins Haus und stieg die Treppe rauf. Die letzten Stufen noch nicht erklommen, sah ich, dass meine Wohnungstür weit offen stand. Aus einer Unachtsamkeit oder Benommenheit oder Dummheit stolperte ich auf der letzten Stufe und fiel mit dem Schienbein auf die Kante. Es tat höllisch weh. Wieder aufgerichtet, trat ich in meine Wohnung, doch es war niemand da. Das Mädchen, dachte ich, ist vielleicht nach Hause gegangen, vielleicht hat sie ihren Eltern alles erzählt. Dass ich mich über die ganze Sache sehr schämen müsste, begriff ich erst jetzt, ohne mich jedoch tatsächlich zu schämen. Woher sollte ich denn wissen, dass ich einen Anfall haben würde? Ich nahm meinen Ersatzschlüssel, meinen Geldbeutel, humpelte die Treppe hinunter und bezahlte den Taxifahrer. Den restlichen Tag wartete ich darauf, dass das Mädchen zurückkommen würde, zumindest um mir meinen Schlüssel wiederzugeben. Am Abend hielt ich es nicht mehr aus und rief im Krankenhaus an, um mich zu erkundigen, ob sie vielleicht dort vorbeigekommen war. Die Antwort war enttäuschend.

III   NYC

Als ich am Montag im Flughafen die Sicherheitskontrollen passierte, fühlte ich wegen der vergangenen Ereignisse eine ziemliche Anspannung in mir. Ich bemühte mich jedoch, mir nichts anmerken zu lassen. Vielleicht, dachte ich, wirft sie ja den Schlüssel in den Briefkasten.

Während der Besprechungen mit den Amerikanern war es wichtig, dass ich sehr konzentriert war. Dies gelang mir allerdings nur bedingt. Ich fühlte mich schläfrig und aufgebracht zugleich. Nachdem wir unsere Geschäfte erledigt hatten, schlug einer meiner Partner vor, Squash zu spielen. Leider schmerzte das Bein, auf das ich am Vortag gestürzt war, noch so sehr, dass ich unter einem Vorwand sagte, ich werde in der Zwischenzeit schwimmen und anschließend in die Sauna gehen. Richard und Paul kamen nach ihrem Spiel später dazu.

»Was hast du denn da an der Brust?«, fragte mich Paul.

»Was soll denn da sein?«

»Da sind graue Flecken.«

»Hat dir da jemand etwas aufgeklebt?«

Die EKG-Elektroden hatten klebrige Streifen hinterlassen, auf denen sich allerlei Fusel festgeklebt hatten.

»Keine Ahnung«, sagte ich lachend, »Ich habe ein Eis gegessen, nachdem ich ein paar Bahnen geschwommen war. Kann einfach nicht aufpassen.«

Ich wechselte das Thema und sprach unnötig viel. Es war notwendig, abzulenken, dachte ich. Wir waren in dem Vertrag, den wir mit den amerikanischen Geschäftspartnern verhandelt hatten, einige Risiken eingegangen. Das neue Büro in den nächsten Jahren zu etablieren, würde eine Menge Einsatz verlangen. Das war uns allen dreien sehr klar. Wir mussten voll da sein. Was würden sie denken, wenn ich ihnen nun in der Sauna des Marriott-Hotels sagen würde, dass ich den halben Sonntag in einer Notaufnahme verbracht hatte; dass man mich sogar mit dem Krankenwagen dahin gebracht hatte, weil ein Mädchen, das wesentlich jünger als ich, vielleicht sogar sträflich jünger war als ich, deren Namen ich nicht einmal wusste und die noch im Besitz des

Schlüssels zu meiner Wohnung war, ohne dass ich eine Möglichkeit hatte, sie zu kontaktieren, einen Notruf vermutlich mit meinem Handy gemacht hatte; was würden meine neuen Geschäftspartner, mit denen ich vor einigen Stunden einen bedeutenden und verpflichtenden Vertrag unterschrieben hatte, von mir denken, wenn ich ihnen gesagt hätte, dass man mich sogar einbehalten wollte, dass man mir geraten hatte, wenn auch nur vorsorglich und um weitere Untersuchungen durchzuführen, nicht nach New York zu fliegen?

»Mir hat«, erzählte Richard, »einer erzählt, dass sich der Hauptanteilhaber von denen im vergangenen Jahr ein neues Herz hat einsetzen lassen.«

»Der ist doch schon über achtzig«, sagte Paul argwöhnisch. »Aber echt fit. Der war echt fit heute bei den Verhandlungen.«

»Es soll ... also, das Herz soll von einem fünfundzwanzigjährigen Ghanaer sein.«

»Hatte der einen Unfall oder so etwas?«, fragte ich.

»Nein. Das ist es ja. Dieser Typ, also Mr. Stanton, hat den Ghanaer gekauft.«

»Du spinnst doch.«

»Nein, im Ernst, das hat mir die Frau von dem Chirurgen erzählt, der die Operation in Boston durchgeführt hat. Die Familie soll dafür eine Summe erhalten haben, die sie mir nur ganz verlegen und im Flüstern genannt hat.«

»Du willst mir also erzählen, dass Mr. Stanton einen kerngesunden Ghanaer gekauft hat, um ihm das Herz zu entnehmen? Und dass dieser Junge das auch noch gemacht hat, um seine Familie zu retten? Das ist doch illegal. Bist du sicher, dass es das Herz war? Vielleicht war es ja nur eine Niere, die bekommt man ja billig, da habe ich auch einen Kontakt, falls einer von euch mal Bedarf hat.« Wir lachten alle und machten einen weiteren Aufguss.

Dann schweigen wir eine Weile, etwas peinlich berührt darüber, dass wir nach einer so wichtigen Verhandlung so offenkundig absurden Gerüchten nachsannen.

»Zwanzig Millionen Dollar. Das ist keine Niere, Paul«

»Zwanzig Millionen Dollar, Richard. Jetzt lass den Scheiß.«

Ich schlug vor, zu duschen und den Vertrag nochmals durchzuarbeiten, um sicher zu gehen, dass unser Konzept auch alle Punkte umzusetzen vermochte. Weder Richard noch Paul hatten darauf Lust. Sie waren von der Sache überzeugt, hielten unsere Vorarbeiten für solide und wollten sich nun amüsieren.

»Was willst du denn jetzt noch mal im Konzept rumfummeln?«, sagte dann Paul etwas irritiert. »Wir müssen uns ein bisschen entspannen und morgen nur noch das offizielle Zeug durchstehen. Die richtige Arbeit kommt ja eh erst, wenn wir zurück sind.«

Dann duschten wir und gingen in die Hotelbar. Nach einiger Zeit kam Paul ins Gespräch mit zwei Frauen aus der Schweiz. Die eine war eine Yogalehrerin, die in New York ein Seminar halten sollte; die andere sagte, sie sei Malerin. Richard und mir gelang es nicht, uns in die Unterhaltung einzuschalten. Ich hätte gerne mit der Braunhaarigen gesprochen, aber sie ging, kurz nachdem sie merkte, dass Paul eher mit ihrer Freundin sprechen wollte. Plötzlich saßen nur noch Richard und ich an der Bar.

»Los, wir machen noch was«, sagte Richard verschwörerisch. »Ich kenne einen Laden in Haarlem, der wird dir gefallen.«

»In Haarlem?«

»Na klar, mein Lieber. Wir machen noch einen drauf. Oder willst du dich morgen den gesamten Rückflug über Pauls dämliches Lächeln ärgern?«

Richard verstand den Grund meines Zögerns nicht: »Ich

will morgen früh nicht neben einer fremden Frau aufwachen. Dazu bin ich nicht in der Stimmung, Richard. Sorry.«

»Wer spricht denn davon, die ganze Nacht bei einer Frau zu verbringen. Jetzt hör mal gut zu. Schau mal auf die Uhr. Es ist elf Uhr. PM! Weißt du, was das heißt?«

»Was?«

»Das heißt, dass es viel zu spät geworden ist, um noch ein paar Stunden auf irgendeine Fotze einzuquatschen bis sie Lust aufs Vögeln hat. Kapiert?«

Als wir aus dem Taxi stiegen, standen wir vor einem kleinen Haus aus geschwärzten Ziegelsteinen mit nicht mehr als zehn Stockwerken. Richard zeigte auf einen kleinen Weg, der zwischen dem Gebäude und einem Parkplatz entlang führte. Die Idee gefiel mir immer weniger. Sobald wir aber dann ins Gebäude traten, merkte ich, dass Richard nicht nur ein guter Analyst war. Wir gingen einige Etagen durch und schauten uns die Mädchen an.

»Jetzt gehen wir auf den V-Floor!«

»V-Floor?«

»Venezuela, Vietnam und Vermont.«

»Vermont?«

»Wegen den Indianerinnen, die ihr scheiß Reservat leid sind. Oder Vegans oder Virgins oder was weiß ich. Denk dir was.«

Richard verschwand im V-Floor in irgendeiner Kabine. Ich schaute mich um, lächelte ein paar der Mädchen zu, streichelte die ein oder andere und entschloss mich, noch eine Etage höher zu gehen, dann noch eine. Auf der obersten Etage gab es nur vier Kabinen mit einem gänzlich anderen Typ Frau. Von dem besonders dichten Parfüm- und Latexduft ging mir in einer seltsamen Assoziation das Bild des fettleibigen Arztes vom Wochenende durch den Kopf. Und bevor ich es merkte, hatte ich wohl schon einige Zeit lang auf eine fast blass wirkende Mulattin geglotzt, die unglaublich drall, ja unglaublich weich aussah. Ich war angezogen von ihrem Körper, stellte mir vor, wie es wäre, wenn ich sie lange drücke und es noch immer weich bliebe, als ob sie ein wirbelloses Tier sei. Ich drückte ihr 100 Dollar in die Hand und schloss die Tür hinter mir zu.

Als ich wieder auf die Straßenebene kam, schien Richard bereits etwas besorgt. »Sag mal, hast du den ganzen Stall gevögelt, oder was?«

»Nein. Aber eine doppelte Portion war es bestimmt.«

Auf dem Rückflug verspürte ich allerlei Beschwerden. Zuerst dachte ich, dass ich tatsächlich Schmerzen in der Brust hätte, dann tat mir das Bein weh, als nächstes bekam ich Ohrensausen und dann heftige Kopfschmerzen – oder glaubte zumindest, sie seien heftig. Als wir landeten, waren aber alle Beschwerden verschwunden.

IV   Remission

Eine Woche nach unserer Rückkehr ging ich zurück ins Krankenhaus. Bloß, sagte ich mir, um herauszufinden, ob das Mädchen sich nach mir erkundigt hatte.

»Ah. Sie haben ja doch Vernunft angenommen!«, rief der beleibte Arzt mir zu, als ich unschlüssig durch die Gänge der Notaufnahme schlenderte.

»Ich wollte . . .«

»Melden Sie sich gleich im achten Stock bei der Neurologie. Beeilen Sie sich, die haben gerade etwas Zeit.«

»Was soll ich denn . . .«

»Nun machen Sie schon. Wenn Sie Glück haben, nimmt Sie Dr. Haupt gleich noch dran.«

»Da war doch auch etwas mit meinem EK . . .«

»Ah, völlig gegenstandslos. Ihr Herz ist kerngesund, alter Junge. Achter Stock. Los, stehen Sie nicht so herum! Die haben nicht den ganzen Tag Zeit. Oder wollen Sie etwa zu einem dieser unfähigen niedergelassenen Fachärzte? Achter Stock, dritte Tür links, Zimmer 8.503.«

Ich war ziemlich genervt von diesem Typen und vermochte nur an die schöne Krankenschwester zu denken, während ich auf den dicken Bauchlappen starrte, der unter seinem Kittel über den Gürtel hing.

Ich lief ein Stückchen neben ihm her, bis ich vor dem Aufzug stand. »Los, drücken Sie schon. Und alles Gute!«

Die Stockwerksnummerierungen im Aufzug waren vom vielen Drücken verschlissen, sodass ich von unten nach oben acht Knöpfe abzählte. Der Aufzug brummte seltsam während der Fahrt. Es klingelte einige Male. Irgendwann blieb er stehen und die Türen öffneten sich. In jenem Stockwerk angekommen, ging ich nach links und trat ohne zu klopfen ins dritte Zimmer, da die Tür offenstand.

»Ah. Da sind Sie ja schon. Wir haben Sie schon erwartet. Hier. Ich nehme Ihnen die Jacke ab. Dort drüben durch gehen, in der Kabine bitte freimachen und dann durch die zweite Tür hindurch.«

Ich tat, was die feiste grauhaarige Frau von mir verlangte. Es fiel mir schwer, ihren resoluten Anweisungen irgendetwas entgegenzusetzen. In der Umkleidekabine wusste ich nicht, wie viel ich ausziehen sollte. Als ich mit freiem Oberkörper in der Kabine stand, schien es mir unnötig, auch die Hose auszuziehen, wenn man nur meinen Kopf untersuchen wollte. Allerdings war mir nicht ganz klar, was genau man alles unter Neurologie zusammenfasste, sodass ich dann doch meine Hose auszog und aufhängte. Auch die Socken? Vielleicht besser. Ich trat durch die zweite Tür in einen fensterlosen Raum, in dem nur ein Apparat mit vielen verschiebbaren und verstellbaren Teilen und Flächen stand. Eine weitere Türe, die ich erst nicht bemerkt hatte, öffnete sich und die alte Frau trat herein. Sie schien mir plötzlich viel kleiner als in dem anderen Zimmer. Sie blickte mich skeptisch an.

»Na, das Höschen auch. Keine Angst, junger Mann, ich gucke Ihnen schon nichts weg.« Und als ich dann umständlich meine Unterhose ausgezogen hatte und völlig nackt dastand, fügte sie hinzu: »Schon ganz andere Sachen gesehen.« Ich schämte mich ein bisschen, Sie zu fragen, wohin ich meine Unterhose legen sollte und genierte mich, sie ihr einfach in die Hand zu geben.

»Her damit. Ah, ein ganz warmer, eh. So, jetzt stellen Sie sich bitte da an die Platte. Vorsichtig, ist ein bisschen kalt. Ja, ganz gerade. So.« Sie war trollartig klein und musste die Arme weit nach oben strecken, um mich zum Fixieren an den Schultern zu packen. »So noch ein bisschen zurück, gut, jetzt noch ein Tick nach rechts, schön. Stehen bleiben!« Als nächstes schwenkte sie ein weiteres Element der Apparatur vor mich. Ein Licht ging an und projizierte ein Fadenkreuz auf meinen Torso. Auch diesen richtete sie aus. Ich fand es merkwürdig, dass sie das Gerät nicht auf Kopfhöhe justierte, getraute mich aber nicht nachzufragen. »So. Jetzt stehen bleiben!« Sie ging in einen kleinen Raum, der sich erhellte, sobald sie die Tür dazu öffnete. Als diese sich schloss und ich alleine dastand, sah ich, dass sie in eine Art geschützte Kammer gegangen war. Mich juckte es etwas am Oberschenkel, doch sobald ich versuchte, daran zu kratzen, hörte ich ihre Stimme durch einen Lautsprecher zu mir sprechen.

»Ganz still halten. Nicht atmen.«

Ein elektrisches Summen durchfuhr den Raum. Und die Alte kam wieder aus der gesicherten Kammer heraus, um mich in eine andere Position gegenüber der Apparatur zu bringen. Dann wiederholte sich die Prozedur und dann in einer weiteren Position noch mal.

»So. Hier ist Ihr Höschen. Anziehen und bitte draußen im Gang Platz nehmen. Dr. Kaffelroth wird Sie rufen lassen.«

»Ich dachte, Dr. Haupt.«

»Nein. Dr. Kaffelroth. Gehen Sie ruhig. Sie werden gerufen, wenn es soweit ist.«

Ich kehrte in die kleine Zwischenkammer zurück, zog mich wieder an und nahm draußen im Flur einen Stuhl. Ich musste aufs Klo, hatte aber Angst, dass ich meinen Aufruf verpassen würde. Eine halbe Stunde verging, dann eine weitere. Schließlich hielt ich es nicht aus und suchte eine Toilette. Ich beeilte mich dabei so sehr, dass ich abermals stolperte und wieder auf das Bein fiel, das vom letzten Sturz immer noch schmerzte. Es war aber nicht die Zeit, sich um solche Lappalien zu kümmern. Nun war die Zeit auszutreten und wieder an meinen Platz zum Warten zu kommen.

Vier Stunden lang passierte nichts. Es war auch scheinbar sonst niemand auf diesem Flur. Denn bei allen Türen, an denen ich anklopfte, bekam ich keine Antwort. Mit jeder Stunde, die verstrich, war es schwerer für mich, einfach zu gehen und die verlorene Zeit preiszugeben, ohne dafür eine Rückmeldung zu meiner Untersuchung zu erhalten. Als es draußen schon dunkel wurde, kam ein hagerer Herr in Zivilkleidung aus einem der Zimmer. Er hatte einen kurzgeschorenen Gamsbart, der spitz übers Kinn hinauswuchs.

»Sind Sie Dr. Kaffelroth?«, fragte ich ihn, vom langen Warten etwas eingeschüchtert.

»Ja. Bitte kommen Sie mit mir mit.«

Er führte mich in einen Raum, der mit der weiten leuchtenden Tafelan der Wand ein bisschen wie ein Klassenzimmer aussah. Dort stand noch ein weiterer Mann. An der Tafel hingen drei Röntgenbilder.

»Setzen Sie sich.«

Ich ärgerte mich darüber, dass Ihnen offenkundig ein Fehler unterlaufen war, denn die Röntgenbilder, wie ich sah, zeigten meinen Torso, nicht meinen Kopf. Ich ärgerte mich insgeheim über die trollartige Frau, übers lange Warten, über den Notruf, den das Mädchen gemacht hatte, über die ganze Prozedur, in die ich dadurch verwickelt worden war.

Dr. Kaffelroth und der wesentlich jüngere, aber etwas bedrückt aussehende Assistenzarzt setzten sich auf ihre Hocker und rollten in meine Nähe.

»Das sind Sie!«, sagte Kaffelroth und machte dabei eine weite Armbewegung Richtung Tafel, die wie die eines Zauberers wirkte und ein bisschen lächerlich schien. Der andere nickte betrübt.

»Wir haben Ihre Röntgenaufnahmen sehr genau untersucht.«

Der Assistenzarzt nickte abermals und wirkte noch betrübter, versuchte dies aber durch ein freundliches Lächeln zu überspielen.

»Manchmal, wenn wir solche genauen Untersuchungen machen und nicht diese gezielten, isolierten Untersuchungen, wie sie in der spezialisierten Medizin heute üblich sind, sondern wirklich Untersuchungen, die nicht einem kleinen Verdacht nachgehen, sondern prüfen, ob alles so abgebildet ist, wie es sein sollte, dann entdecken wir manchmal Dinge, die wir nicht erwartet hätten. Es sind sozusagen Kollateralbefunde.«

Das Gesicht des Assistenzarztes wurde immer bedrückter, schließlich hielt er sich die Hand flach über die Augen.

»Also, wir haben ein Röntgenbild von Ihnen gemacht, wie Sie ja wissen, um zu sehen, ob bei Ihnen tatsächlich eine Rippe fehlt, wie es ihr Hausarzt ja vermutete.«

Der Assistenzart begann den Kopf zu schütteln und sah von Augenblick zu Augenblick resignierter und deprimierter aus.

»Nun. Die gute Nachricht ist. Sie sind nicht Adam. Ihnen fehlt keine Rippe.« Niemand lachte. »Aber aus dem Paradies hat man Sie doch vertrieben.«

Plötzlich brach der Assistenzarzt in ein entsetzliches

Wimmern und Jammern aus. Er schluchzte so laut, dass Dr. Kaffelroth nicht mit seinem Befund fortfahren konnte. Der Assistenzarzt schrie, ruckte und riss an seinem Kittel und weinte verzweifelt in den Raum hinein. Wir blickten ihn beide gefasst an.

Auf einmal sprach der Assistenzarzt aus, was er die gesamte Zeit über unterdrückte, aber zu sagen nicht seine Befugnis war: »Wir müssen Ihnen einen Lungenflügel entfernen. Einen halben Lungenflügel! Es ist so schlimm. Die Lunge! Oh, der Lungenflügel! Es ist eine Schande. Es tut mir so leid. Es tut mir so leid. Wir waren schon fertig und dann habe ich noch mal auf Ihre Aufnahmen geschaut und habe es doch noch entdeckt. Oh, hätte ich es einfach weggesteckt. Ein halber Lungenflügel wird Ihnen entfernt werden müssen.«

Mir war auf einmal auch zum Weinen. Ich erschrak, fasste mir an die Brust, tastete mich ab, ohne zu wissen, wonach ich suchen sollte. Dann stand ich auf und ging zu den Röntgenaufnahmen hin. Es fiel mir schwer, das Skelett meiner Person zuzuordnen. Dr. Kaffelroth stand hinter mir und begann zu erklären.

»So, sehen Sie diesen Schatten hier? Das ist Ihr Herz. Hier sind die Rippen, alle, wie gesagt, vollständig. Also keineswegs so, wie Ihr Hausarzt meinte. Ihre Rippen sind alle da. Das können Sie ihm auch noch mal persönlich sagen, auch wenn wir ihm den Befund schicken, sagen Sie es ihm ruhig noch mal. Das hätte er beim Abtasten schon wissen können, dass da keine Rippe fehlt. Nur hier, sehen Sie, da lässt sich erkennen, dass Sie wohl einmal die zweite Rippe gebrochen hatten. Scheint aber gut verheilt zu sein. Nun gut. Es geht ja um diesen Bereich hier unten, hier an der Spitze Ihres linken Lungenflügels. Da ist ein Tumor.«

»Das ist unmöglich«, sagte ich. »Es liegt ein gewaltiger Fehler vor.«

»Nein, nein, leider nein«, wimmerte der Assistenzarzt der nun auch neben mir stand und seine Hand auf meine Schulter legte. »Sie müssen es akzeptieren.«

»Hören Sie. Ich habe mir noch nie in meinem Leben eine Rippe gebrochen.«

»Vielleicht war sie nur angebrochen. Und es ist von alleine geheilt. Aber sehen Sie, es ist notwendig, dass Sie diesen Befund sehr ernst nehmen.«

»Nein«, schrie ich, »Es ist notwendig, dass Sie ihr verdammtes Krankenhaus in Ordnung bringen. Erst werde ich ohne Beschwerden hier eingeliefert, da will man mich wegen des Herzens einweisen, dann ist doch nichts am Herzen und man schickt mich zum Neurologen.«

»Zum Neurologen?«

»Ganz recht. Es ist eine Verwechselung. Es ist ein Fehler. Sie haben meine Brust geröntgt, wo ich nichts habe und vermutlich am Kopf auch nichts habe. Und jetzt sagen Sie mir auch noch, ich hätte einen Tumor. Das ist doch lächerlich.«

»Wir müssen ohnehin«, sagte Kaffelroth einlenkend, »noch weitere Untersuchungen vornehmen. Dann können wir alle Fehler ausschließen. Bis dahin müssen Sie sich aber zusammenreißen und akzeptieren, dass es notwendig ist, diesen Befund so ernst wie möglich zu nehmen. Es geht schließlich um Ihr Leben. Damit sollte man nicht scherzen.«

»Sehen Sie denn nicht, dass dies ein Witz ist? Dass ich das nicht bin, nicht sein kann, dass Sie sich irren.«

»Jetzt kriegen Sie sich wieder ein! Schauen Sie doch, ist das Ihr Skelett oder nicht. Sie müssen zunächst akzeptieren, dass Sie in den nächsten Wochen mit uns kooperieren müssen. Sollte ein Fehler – und dies bezweifele ich angesichts des Befundes – vorliegen, wird er im Lauf der Prozedur herauskommen, bis dahin aber …«

»Bis dahin aber können Sie mich mal!«, schrie ich, riss mich von den beiden los und ging. Als ich den Flur hinab hastete, merkte ich den Schmerz, den die Stürze aufs Bein bewirkt hatten, ließ mich aber davon nicht abhalten. Der Assistenzarzt eilte mir nach, schrie, wimmerte, klagte, flehte.

»Bitte bleiben Sie. Es ist entsetzlich, so entsetzlich, aber ...«

Ich verschwand im Aufzug, stürmte aus der Klinikpforte, nahm ein Taxi und fuhr völlig außer Fassung nach Hause.

V Schlüsseldienst

Ich schloss meine Wohnungstür auf und fand im Wohnzimmer ein weinendes Mädchen. Ich hatte ihr Gesicht nicht mehr ganz in Erinnerung, aber es schien mir nun sogar noch unerträglicher als am Morgen, da ich sie mit Restalkohol gesehen hatte, aber abtransportiert worden war.

»Da bist du ja endlich! Kannst du mir endlich mal den Hausschlüssel zurückgeben. Fällt dir ja ganz schön spät ein. Weißt du eigentlich, was du mir mit deinem dämlichen Notfallanruf eingebrockt hast? Hey!«

Sie blickte mich wie ein verschrecktes Tier an, dann vergrub sie ihr Gesicht wieder in ihren Händen und fing an, heftig zu wimmern.

»Na ja. So habe ich das nicht gemeint«, lenkte ich ein, um sie zu trösten. Ich glaube, ich war ziemlich angespannt und obwohl ich eigentlich wimmernde Menschen an jenem Tag etwas leid war, versuchte ich doch ihr gegenüber einen letzten Funken Humanität an den Tag zu bringen. »Ist ja alles nicht so schlimm. Alles zwar ein bisschen umständlich und frustrierend, aber halb so schlimm.« Ich nahm sie in den Arm. »Na komm, alles nicht so schlimm.«

Sie riss sich los, hüpfte auf und schrie: »Doch, es ist alles so schlimm und sogar noch viel schlimmer.« Dann löste sie die Schnalle ihrer Tasche hastig und ungeschickt, brachte meinen Schlüssel daraus hervor und warf ihn vor mir auf den Boden. »Da hast du deinen Schlüssel. Dass du keine anderen Sorgen hast, als deinen blöden Schlüssel!«

»Was soll das denn? Was ist mit dir?«

»Schwanger bin ich, das ist mit mir.« Dann fummelte sie weiter in ihrer Tasche und holte einen Schwangerschaftstest hervor: »Hier, da steht's.« Ich nahm den Befund in die Hand. Das Blatt zitterte zwischen meinen Fingern. Es war klar wie der Tag. Dann sah ich aber in der Kopfzeile des Schreibens den Namen des Krankenhauses, das ich inzwischen gut kannte. Ich konnte mir nicht helfen, aber ich brach in schallendes Gelächter aus.

»Das Schreiben hier kannst du an die Vögel verfüttern. Die könnten doch nicht einmal einen Schnupfen therapieren. Weißt du, was die mir heute gesagt haben ...«

»Es ist mir egal, was sie dir gesagt haben!«, schrie sie vor Wut. Sie kramte abermals in ihrer Tasche und brachte ein Päckchen hervor, das sie wohl vor Kurzem in einer Apotheke gekauft hatte. »Ich habe mir schon gedacht, dass du so reagierst, dass du sagen würdest, ›Nein, du bist nicht schwanger‹ oder sonst irgendetwas Bescheuertes. Aber wir können den Befund ja noch einmal verifizieren. Wir können es gleich hier noch nachprüfen. Kannst auch gerne mit ins Bad kommen, damit du siehst, dass es nicht mit Kräutern zugeht.«

Ich dachte *dass-es-nicht-mit-Kräutern-zugeht* sei ein ziemlich ungewöhnlicher Begriff für ein so junges Mädchen, aber folgte ihr wortlos. Wir testeten und der Befund des Krankenhauses bestätigte sich. Wir schwiegen ziemlich lange. Ich ging in die Küche und holte ein Bier.

»Was willst du denn mit einem Kind, bist doch erst siebzehn Jahre alt!«, sagte ich unschlüssig.

»Fünfzehn!«

»Wie?«

»Ich bin fünfzehn Jahre alt. Und, ja, ich weiß nicht, was wir mit einem Kind wollen.«

»Wir?«, sagte ich, als ob dieses Pronomen für die Beziehung, die ich mit ihr hatte, überhaupt nicht in Frage kommen könnte.

»Ganz genau. Du und ich. Wir. Was wir damit wollen weiß ich nicht. Aber wir müssen es haben.«

»Na ja, also Mädel«, mir war der Name noch immer nicht in Erinnerung gekommen, »also schau her: Du bist erst fünfzehn Jahre alt. Mein Gott. Was willst du denn da machen? Du verbaust dir doch ...«

»Das hätten wir uns vorher überlegen sollen.«

»Also, jetzt sei doch nicht so. Du weißt doch genau, wie es war, da war doch Denken das Letzte, was wir ...«

»Kind bleibt. Du bist der Papa.«

»Ich könnte dein ... nein. Hör doch mal zu. Nein.« Ich sprang auf. »Nein, es geht nicht. Es geht nicht. Weißt du warum? Ich bekomme einen Lungenflügel entfernt. Dein Papa hat Krebs. Das müssen wir uns gut überlegen. Vielleicht bin ich im nächsten Frühjahr schon tot, vielleicht bin ich jetzt schon voller Metastasen, vielleicht glückt auch die Operation nicht und ich bin ganz schnell tot. Dann bist du alleine mit dem Kind. Ich habe einen Tumor in der Lunge. Das haben sie im selben Krankenhaus ermittelt, wo sie auch herausgefunden haben, dass du schwanger bist. Meine Güte, du hast vermutlich, ohne es zu wollen natürlich, mir das Leben um ein paar Monate verlängert.«

Sie schwieg.

»Aber sterben muss ich doch ... und vermutlich schon bald.« Einen Moment lang ging ein fast unerträgliches Bedauern durch mich und erschütterte mich bis ins Mark. Ich glaubte tatsächlich, dass es kein Irrtum war. So offenkundig mir der Befund – mein Befund – fehlerhaft, ja absurd war, so sehr bedauerte ich mich nun, bald unter dem Messer zu liegen, bald mit nur einer halben Lunge einige mühevoll erkämpfte Lebensmonate unter Qualen durchstehen zu müssen, ehe ich endgültig von der Erde schied.

Sie weinte. Ich nahm sie in den Arm und erzählte ihr, dass es notwendig sei, jetzt gleich zurück ins Krankenhaus zu fahren, damit wir gleich noch Dr. Kaffelroth aufsuchen könnten, um die traurige Nachricht meines Ablebens zu affirmieren. Und während wir doch schon da waren, dachte ich düster, könnten wir uns auch schon einmal Optionen anhören, die in unser beider Interesse angesichts dieser dramatischen Situation stünden. Im nächsten Moment ergriff mich eine Angst. Ich fürchtete, dass man vielleicht doch schon bemerkt haben könnte, dass der Radiologie ein Fehler unterlaufen war.

Ich eilte in die Küche und rief im Krankenhaus an, erreichte aber Dr. Kaffelroth nicht mehr. Die Dame an der Rezeption konnte mir nur seine Mailadresse übermitteln. Ich schrieb sofort eine Nachricht, in der ich schilderte, dass ich tatsächlich als Jugendlicher einmal gefallen war und mir dabei, wie er sehr gut auf meinem Röntgenbild erkannt hatte, eine Rippe gebrochen haben könnte. Ich bat um eine möglichst baldige Antwort, da ich jetzt langsam verstehe, wie sehr er um mich besorgt gewesen sei und richtete meinen Dank auch an seinen mitfühlenden Assistenzarzt. Ich bat um Verständnis dafür, dass ich diese neue Situation, in die mein Leben nun käme und durch die es womöglich in einem erhöhten Maße bedroht werde, erst für mich oder lieber bei mir, nein, in mir annehmen musste.

Als ich zurück ins Wohnzimmer kam, war das Mädchen verschwunden.

Gespenster

I   Ritualmord

Es irrt seit einiger Zeit ein älterer Mann durch die Straßen der Stadt, in der ich aufgewachsen bin; d.h. seit einigen Jahrzehnten. Er hat seither – oder besser: seit je – die Angewohnheit, in einem milchigen Regenmantel oder einem Zellophanumhang zwischen Dom und Hauptbahnhof hin und her zu gehen. Dabei hält er die Arme in einem Winkel von etwa 15 Grad von seinem Körper entfernt. Seine Finger sind gespreizt. Er trägt Sneakers und weiße Samthandschuhe. Er sieht exakt wie einer aus, der aus einer Anstalt geflohen ist und nun etwas verwirrt, etwas empört, etwas teilnahmslos durch die Straßen einer Welt wandert, die er sowenig begreift wie diese ihn. Als Schüler tauften wir ihn auf den Namen Einstein. Ich sehe ihn ziemlich häufig, stets zufällig, unregelmäßig, an unterschiedlichen Orten, immer im Freien, allerdings sah ich ihn noch nie im Park. Sooft ich ihn sehe wie er irgendwo einbiegt oder vorübergeht oder entlangläuft – er läuft immer –, denke ich einige Minuten lang über ihn nach und vergesse ihn wieder ... bis zum nächsten Mal. Zunehmend merke ich, dass ich ihn mit einer gewissen Genugtuung zur Kenntnis nehme, als sei zwischen ihm und mir eine unausgesprochene Vertrautheit. Gelegentlich, wenn sich bei unseren zufälligen und unregelmäßigen Begegnungen unsere Augen treffen, habe ich auch das Gefühl, er erkennt mich. Oder ich habe den Eindruck, dass er sich zumindest daran erinnert, mich auch schon einmal gesehen zu haben. Er hat ein karges Gesicht, das – von der spitzen Nase mit den kleinen Flügeln abgesehen – ziemlich ausdruckslos ist. Seine schwärzlich grauen Haare scheinen immer, auch im Winter, nass zu sein und stehen teils ab und kleben teils auf der Stirn. Vielleicht gibt es eine ziemlich einfache Erklärung für seine Lebensform, die viele kennen, nur ich nicht. Sein Äußeres ist immer gleich: angespannt und apathisch zugleich. Die Außenwelt scheint ihm gleichgültig zu sein, sei es dass stets neue Jahreswagen über die Straßen fahren, iPhones vermarktet, das Zollamt, die alten Bahnanlagen abgerissen werden, dass sich die Stadt vollkommen wandelt. Es scheint ihn nicht zu bewegen. Ich bin geneigt zu behaupten, er sei ein Gespenst. Ob aber seine Menschlichkeit gespenstig, oder seine Gespenstigkeit menschlich sei, darum soll es mir jetzt nicht gehen.

Er war mir auch eben begegnet, flüchtig, wie ein Halbschatten. Er bog nach links ein, als ich gerade meine Hand auf die Eingangstüre des Lokals gelegt hatte, das unterhalb meiner Wohnung war und den Namen *Einstein* trägt. Ich treffe mich gelegentlich in diesem Café mit Pitt Moreati. Moreati und ich hatten uns während der Ausgrabungen am Theaterplatz kennengelernt. Ich hatte ihm, um es abzukürzen, einige Male gestattet, einige der Funde unter der Hand in meiner Praxis zu röntgen, ehe er sie an ein archäologisches Labor weiterreichte. Es war ein Privatvergnügen, und ich rechnete die Durchleuchtungen dann an die Krankenkasse ab, um an der Sache etwas zu verdienen, da ich von Archäologie so gut wie nichts verstand. Er war das erste Mal etwas verschlagen und spitzbübisch in meiner Praxis aufgetaucht; täuschte eine Verletzung vor, die er sich zugezogen haben wollte, als er am Theaterplatz in drei Meter Tiefe im Sandsteinstaub umherkrochen war. Als ich ihn etwas ironisch darauf hinwies, dass die Beschreibung seines Unfalls und sein fast unbeschadeter Gang nicht ganz zusammenpassen wollten, nahm er einen seltsamen Gegenstand aus seinem Rucksack.

Er zeigte ihn mir und sagte: »Ich möchte auch nicht, dass Sie meinen verdammten Knöchel röntgen, sondern das hier.«

Aus einer vagen Lust heraus stimmte ich zu und wies ihn an, später am Abend wieder zu kommen, nachdem die Sprechstundenhilfen gegangen waren. Wir machten mehrere Aufnahmen von jenem Gegenstand, und ich muss zugeben, es hatte mir eine Menge Freude bereitet etwas zu röntgen, das schon vor einigen Jahrhunderten zerbrochen und zersplittert war. Moreati plapperte so gut wie die gesamte Zeit hindurch von irgendwelchen Hypothesen über die erste Besiedlung der Flussauen, warum die Gegend um das Benediktinerkloster von solch archäologischer Bedeutung sei, was es eigentlich bedeutete, zum Zweck eines Parkhausbaus mit Baggern in einen Grund zu graben, der seit Jahrtausenden Stätte menschlicher Kultur gewesen sei … und so weiter. Eine Woche später erschien er wieder, dieses Mal wollte er den Arm gebrochen haben. Die Zeit, die wir nach meinen Sprechstunden und dem Arbeitsschluss an der Ausgrabungsstelle gemeinsam zubrachten, nahm zu: Bald wurden aus ein paar veruntreuten Röntgenaufnahmen intensivere anatomische Studien, will sagen: wir verliebten uns. Und ein Jahr nach seinem ersten Besuch bei mir in der Praxis, heirateten wir.

Unsere Ehe ist allerdings nicht das Motiv, aus dem heraus ich mich jetzt mit Moreati hier im *Einstein* treffe, denn diese Ehe ist amtlich gelöst und annulliert. Ich hatte seit dem Medizinstudium einige seltsame, zugegebenermaßen romantische Phantasien über menschliche Beziehungen kultiviert, dazu gehörte auch eine ganzheitliche Vorstellung von einem Eheleben. Für den Archäologen Pitt Moreati ähnelte die Welt einer Tonscherbe, einem Fragment, ein Snapshot aus der Vorzeit, die man zuordnen, interpretieren, nie ganz begreifen konnte. Diese fragmentarische Weltsicht ging nicht so gut mit meinem ehelichen Holismus zusammen. Moreati und ich verstanden uns jedoch noch immer ausgezeichnet, sodass wir uns gelegentlich im *Einstein* zusammenfanden, um einen Gin Fizz und einen Espresso zu trinken, wonach wir dann zu mir gingen, um miteinander zu schlafen. Diese Regelung gefiel mir nach unserer Scheidung ausnehmend, da ich ihn noch gelegentlich um mich und in mir haben konnte, ohne ihn täglich mehrere Abendstunden lang über frühmittelalterliche Fingernagelreste quatschen zu hören.

Ich blickte noch einmal kurz in den Spiegel hinter der Eingangstüre, richtete meinen Chignon, und trat die Stufen hinauf ins Lokal. Moreati hockte zeitunglesend rechts in einem der Korbstühle. Er stand auf und ging mir entgegen.

»Ah! Grüß dich, Helena, meine Liebe!« Ich weiß nicht, ob er es schon ahnte, aber seine Gesichtszüge zogen sich einen Moment lang zu einem forschenden Ausdruck zusammen und er fügte hinzu: »Meine Güte, Helena, du siehst ja aus, als ob du gerade ein Gespenst gesehen hättest!«

Dann lachte er und bat mich mit einer übertrieben formalen Geste darum, im anderen Korbstuhl Platz zu nehmen (er ist ziemlich paternalistisch drauf). Ich erzählte ihm, dass ich drei Patienten mit komplizierten Brüchen hatte röntgen müssen, dass mir die zunehmende Immobilität meiner älteren Patienten beim Röntgen zu schaffen macht. Er nickte zu all meinen Ausführungen verständnisvoll. Sein Kopf war irritierend leicht zurück gelehnt, sodass er mir praktisch über den Nasenrücken hin zuzuhören schien. Und doch: Er hatte den Sommer im Freien zugebracht, zwar mit einer großen Zahl an Pinseln und hingekniet wie ein Fliesenleger, doch hatte er sich während den Ausgrabungen irgendwo am Limes einen charmanten Teint geholt.

»Ach so, dann ist der Frau Doktor mit dem Röntgenblick die Undurchschaubarkeit der menschlichen Leiden ein klein wenig zu viel dieser Tage, was?«

Ich nickte nun auch und lächelte in sein herrliches Gesicht. Er blätterte die lokale Zeitung auf und wies mich auf einen Artikel hin.

»Hier, hast du das schon gehört? Irre. Man will es nicht glauben, aber es ist doch immer wieder die Provinz, die neu staunen lässt.« Er las vor: »›Eine junge Frau tot aufgefunden. Am Samstag, den 1. August, entdeckte ein pensionierter Postbeamter (73) in der alten Klosterruine beim morgendlichen Spaziergang gegen 7:30 Uhr im Park die Leiche einer polnischen Frau, die die Polizei später als Gabriela Zapolska identifizierte. Zunächst sei dem Rentner aufgefallen, dass das Eingangstörchen zur Landschaftsruine offen stand. Der Zugang zur Ruine, der von Wasser umgebenen mittelalterlichen Klosteranlage ist aus Gründen des Denkmalschutzes nur Mitarbeitern des Grünflächenamts gestattet, bestätigte ein Sprecher der Stadt gegenüber diesem Blatt. Als der ältere Bürger zunächst aus Neugier kurz einen Blick in die offene Türe tat, erkannte er eine nackte menschliche Hand und beim näheren Herantreten etwas davon entfernt den restlichen Körper der Frau. Nach polizeilichen Angaben sei dieser Mord schon der dritte in einer Serie. Der Täter gehe immer nach einem ähnlichen Muster vor. Seine Opfer seien stets ausländische Haushaltshilfen. Er tötete bisher ausschließlich Frauen, die für einige Monate aus ihrer Heimat kämen, um in Altenheimen oder Sozialstationen aushilfsweise zu arbeiten. Der Täter gehe äußerst brutal vor. Seine genauen Motive seien jedoch nicht klar, da die bisherigen Opfer noch …‹«

Moreati blickte auf und glotzte mich amüsiert an: »Da geht einer in der Stadt herum und bringt irgendwelche polnischen Mietzen um.«

Ich sagte daraufhin, dass ich nicht verstehe, weshalb die Zeitung den Fall so mystifiziere. Der Täter hätte offensichtlich ein Problem damit, dass Ausländerinnen unsere schwerfälligen und gebrechlichen Greise fütterten und deren Hintern abputzten.

»Aber in der Klosterruine da drüben«, Moreati wies in Richtung Park, wo sich diese Anlage in circa 30 Meter von unserem braunen Kaffeetisch befand, »Helena, dazu gehört Stil. Ich meine, okay, schlimm genug, der Spinner kann diese Schnecken nicht ausstehen, aber anstatt sie einfach hinzumetzeln, bringt er sie an einen historischen Ort und legt sie dort um. Und die Abtrennung von Körperteilen, einfach klasse!«

Moreati litt seit jeher – und vermutlich ist das auch ein Grund, weshalb er Archäologe geworden war – an einem massiven Maskulinitätskomplex, der gelegentlich auch daran zu erkennen war, dass er einem morbiden Chauvinismus frönte und einen gekünstelten Enthusiasmus fürs Brutale und erotisch Skurrile entwickelt hatte.

Ich schlug ihm vor, wir sollten den Espresso überspringen. Ich wohnte direkt hinter dem *Einstein*. Mein Schlafzimmerfenster überblickte den Biergarten und man sah auf vereinzelte Baumwipfel des Parks. Wir gingen aber nicht gleich zu mir, sondern beschlossen zunächst eine kleine Runde durch den Park zu drehen. Ich versuchte es Moreati auszureden, er bestand aber darauf, an der Ruine vorbeizulaufen.

Als wir durch den Rundbogen hindurch in den Park eintraten, glaubte ich einen Moment lang, am anderen Ende des Parks, rechts, wo zwei weite Treppen hinab direkt vor die Sandkirche führen, den Regenmantel-Typen zu erkennen. Als wir aber rechts den Weg am Wasser entlang gingen und uns jenem Zugang zum Park näherten, erwies sich meine wohl etwas phobische Beobachtung als falsch. Es handelte sich um eine alte Dame, die (gegen die Vorschriften) die Entchen am Teich mit trockenen Brotresten fütterte. Ich lehnte mich an Moreati und hakelte mich bei ihm ein. An der efeubewachsenen Mauer, die sich im Wasser spiegelte, saß einer der Pfaue und schien völlig teilnahmslos die Passanten dabei zu beobachten, wie sie auf dem Weg entlang knirschten. Die beiden Pfaue, die die Stadt in diesem romantischen Landschaftspark hielt, schienen mir schon immer verschwiegene Hüter ruinöser Geheimnisse zu sein; Geheimnisse, die aber plötzlich markerschütternd aufzuschreien vermögen.

Moreati begann, während wir die Stufen der Treppe hinabstiegen, eine Abhandlung über die symmetrischen und perspektischen Beziehungen einiger Gebäude der Stadt, die mich nicht besonders anregte.

»... und deshalb steht das Schloss leicht, ganz leicht in die Richtung ausgerichtet, die ... und hinten von der Terrasse Saint-Germaine, da blicken die weißen Satyrn nicht nur der sinkenden Sonne entgegen, sondern – wenn man sich als menschlicher Beobachter etwas über die Brüstung lehnt – auch ...«

Auf einmal eilte der Alte im Zellophanumhang tatsächlich an uns vorbei. Seine Schritte waren gleichmäßig, aber etwas gehetzt. Und es geschah, dass er mich anblickte. Sein Blick, klein und schwarz, drang in mich, wie wissend. Es war mir, als wisse er, als wisse er alles über mich. Ich zerrte Moreati leicht am Ärmel und bewegte ihn dazu, die Abkürzung durch die Platanenallee zu nehmen und dann unseren Spaziergang um der Lust willen zu beenden.

Kurz bevor wir die Haustüre erreichten, kam uns ein Rentner entgegen. In seiner Rechten führte er einen Stock, links ging ein kaum zwanzigjähriges Mädchen mit ihm. Sie hatte eine blasse, fast weiße, sommersprossige Haut, strohblondes Haar, und ein Gesicht mit scharfen, aber feinen

Zügen, die es wie eine raffiniert gearbeitete Miniatur aussehen ließen.

Im Vorübergehen hörte ich sie dem Alten auf altmütterliche Weise sagen: »Neeeiiin Heer Eeewaltt gieben Si mi enfach es.« Ein seltsamer Ekel begann in meinem Inneren wie unabweisbar zu gären. Ich war augenblicklich verstimmt.

Als ich meine Schlüssel aus meiner Handtasche fummelte, fielen sie mir aus der Hand. Ich gebe zu, die Aussicht auf gediegene sexuelle Aktivität mit Moreati machte mich auf eine seltsame Weise an. Ich war etwas erregt und kribbelig. Wir standen vor dem Zugang zu meinem Wohnhaus. Ich beugte mich hinab, um den Schlüsselbund aufzuheben. Beim Niederbeugen bemerkte ich, dass Moreati dieselben Turnschuhe trug wie der Alte. Ich seufzte erschrocken auf und fiel fast rückwärts um. Unmöglich. Moreati war doch, was seine Garderobe betraf, ein Spießer. Er war eigentlich der Archetyp eines Spießers. Ich richtete mich wieder auf, schob den Schlüssel ins Schloss, lächelte ihm zu, und wir betraten das Treppenhaus. Als wir im Aufzug standen, blickte ich im Spiegel nochmal nach unten. Und Moreati hatte braune Lederschuhe an. Auf einmal musste ich lachen, erst leicht und eher hauchend und dann zunehmend hysterischer, in heftigen Stößen, dass Moreati nur amüsiert glotzte. Beim Eintreten in meine Wohnung packte er mich von hinten, stieß die Türe mit einem Bein zu und warf mich aufs Bett. Wir verloren keine Zeit.

Etwas später öffnete ich das Fenster meines Schlafzimmers, das ein Stück des Roßmarkts überblickt und zündete mir eine Zigarette an. Moreati lag noch auf dem Bett, ein Bein unter der Decke und spielte mit seinem Schwengel. Wir blickten uns lange wie prüfend in die Augen, dann richtete ich meinen Blick wieder in Richtung Roßmarkt, dann wieder auf ihn. Es war ein Spiel, ein Nachspiel sozusagen. Ich zündete mir gleich eine zweite Zigarette an und ließ meinen

Blick wieder über die Straße gehen, die sich jetzt ziemlich mit Passanten gefüllt hatte. Ich schaute die Menschen an, die mit Einkaufstaschen, händehaltend, hinter Kinderwägen, in Gruppen, hinter Rollatoren, an Stöcken, an Krücken gingen. Und dann tat ich etwas, was mir noch nie in den Sinn gekommen war: Ich suchte nach ihm.

Was mein Leben lang durch Zufall geschehen war, versuchte ich plötzlich zu erzwingen. Ich wollte ihn sehen, ihn beobachten können, wollte wissen, was er wollte, warum er ging, warum er lief, immer lief. Ob er es gesehen hatte? Ich schlug Moreati vor, noch einen Spaziergang durch die Stadt zu unternehmen. Sobald ich es allerdings ausgesprochen hatte, öffneten sich draußen die Regenschirme wie wandernde Pilze. Er war nicht zu bewegen, machte mit seinem Gelehrtenkörper seltsam absurde, schwerfällige, laszive Anspielungen. Ich stieg auf das Bett und kroch auf ihn zu, küsste seinen Bauchnabel, seinen Rachen, dann die Ohrläppchen und flüsterte: »Ich glaube, ich will den Espresso noch nachholen! Komm, lass uns noch mal runter ins *Einstein* gehen, bitte.«

»Du hast doch gerade«, jammerte er etwas bockig, »eine neue Espressomaschine gekauft.«

»Na und? Ich will eben etwas unter Leuten sein«, sagte ich wieder bettelnd und griff ihn sanft am Gemächt. »Komm schon! Wir kommen schon noch mal *hoch* ...« Er willigte ein und begann sich, noch immer etwas pseudo-empört-gekränkt, anzuziehen. Wenn ich mich nur daran erinnern könnte, ob er es gesehen hatte.

Ich konnte ihn auch noch, oh unendliche List, dazu bringen, mit mir zur Buchhandlung zu gehen, bevor wir im *Einstein* das Abendessen zu uns nahmen. Der Regen hatte glücklicherweise schnell wieder nachgelassen, sodass man ohne Schirm gehen konnte. Ich wählte den umständlichsten Weg. Ich hörte Moreati, der unentwegt redete, kaum zu und hielt Ausschau nach ihm, doch er war nirgends zu sehen. War ich ihm während des Tages schon einige Male (eine erschreckend hohe Zahl von Malen) begegnet, konnte ich ihn jetzt, da ich ihn sehen wollte, da ich ihn zu stellen, ihm nachzugehen, ihn aufzuspüren wünschte, nirgends sehen. Einmal meinte ich, ihn zwischen den an Ständern ausgestellten Handtaschen bei dem Ledergeschäft entdeckt zu haben. Dann einmal noch, kurz danach, meinte ich, dass er gegenüber des P&Cs in eine Seitenstraße einbog, doch jedes Mal war es jemand anders. Meine Sinne begannen mich zu betrügen. Aber ich musste ihn sehen.

Endlich bei der Buchhandlung angekommen, ging Moreati wie fremdgesteuert gleich in den hinteren Bereich, wo die historischen und biographischen Abhandlungen stehen, um wie ein ereiferter Erstsemestler zwischen den Büchern zu stöbern. Ich, da ich eigentlich die Buchhandlung nur als Vorwand für einen Spaziergang als Ziel angegeben hatte, blätterte fadenscheinig den einen oder anderen Bestseller durch, las das Cover eines Hörbuchs, beobachtete durch das Schaufenster die Straße. Dabei hörte ich zwei Frauen mittleren Alters, vermutlich Sozialarbeiterinnen, die über den Vorfall im Park redeten. Die etwas jüngere widersprach ihrer Gesprächspartnerin ziemlich zickig.

»Nee, gar nicht, er, also der Täter, der hat ja gar nichts sonst gemacht. Der Gerichtsmediziner soll keinerlei Hinweise auf einen sexuellen Übergriff festgestellt haben. Der, also der Täter, hat die Mädchen nur umbringen wollen. Er wollte sie nur tot haben.«

Ich konnte Moreati ausreden, den Stoß Bücher zu kaufen, den er mir entgegen schleppte. Wir gingen schließlich ins Lokal. Ich wählte, unter den Vorwand nochmals zur Bank gehen zu müssen, einen Umweg über die Stadthalle und wir liefen eine unnötige Strecke. Immer noch war er wie vom Erdboden verschluckt und nirgends zu sehen.

Wir saßen kaum im *Einstein*, da hatte Moreati schon ein Stück vom russischen Zupfkuchen bestellt. »Sibirien ist nicht nur für Paläontologen und historisch interessierte Zoologen interessant. Auch dort gibt es Spuren von Kultur ... « Nachdem er den Kuchen in sich gestopft hatte, brachte uns die Bedienung zwei Flammkuchen und stellte das Besteck auf einem silbernen Tablett zwischen mich und Moreati. Moreati machte irgendwelche Bemerkungen über die Art, in der Messer und Gabel von einer Serviette umschlungen waren. Ich hatte den Alten vorübergehend, zugunsten eines Flammkuchens vergessen. Doch da sah ich ihn durch den Spiegel die Eingangstüre öffnen. Er kam herein, ohne jemanden wahrzunehmen, ging zur Theke, schrieb dem Kellner etwas auf einen Zettel, woraufhin jener nickte und in unsere Richtung, also etwas links von uns, auf den türlosen Durchgang wies, der zu den Tischen im ersten Stock führte, aber auch über die sich wie eine Schlinge drehende Treppe zu den Toiletten im Keller führte. Der alte Wanderer musste also unerwartet einmal aufs Klo, dachte ich. Welch findige Zufälle sie doch waren, die menschlichen Bedürfnisse. Er ging von der Theke auf den engen Durchgang zu, als er an uns vorüberkam, da erfasste er mich erneut mit jenem Blick. Es war, als trat er in mich, als besetzte er mich für die Dauer eines Wimpernschlags. Dann gab es plötzlich einen Moment, an dem ich glaubte, er sei auch erschrocken. Moreati bekam davon nichts mit und plapperte weiter. Doch ich begriff. Die gesamte Situation sprang in mir auf wie ein Messer; war ganz da, in all ihrer schneidenden Schärfe. Es war an jenem Abend nicht ein Teil des Gebüschs, das hinter der Lampe so dumpf schimmerte. Es war jener gewesen.

Er verschwand im Durchgang, das Grauen, in das mich sein Blick gebannt hatte, ließ so schlagartig von mir ab, dass ich meine Tasse schlicht fallen ließ und den Espresso in meinen Schoß schüttete. Ich entschuldigte mich. Moreati merkte nicht, dass ich mein Messer noch in der Hand hielt, als ich aufstand, um auf die Toilette zu gehen. Und auch ich merkte erst, als ich vor der Türe zur Männertoilette stand, dass ich es wie verzweifelt in der Hand hielt. Ich hörte im Treppenhaus die Stimmen aus dem Lokal sich brechen und gedoppelt herab schallen. Ich hörte mehrere Mädchen unter aufgeregtem Kichern die Stufen in die oberen Räume gehen. Irgendwo klingelte ein Mobiltelefon. Ich betrat die Toilette. Er stand am Waschtisch und schwenkte seine Hände fest ins Becken. Er sah auf und der Blick, mit dem sich unsere Augen im Spiegel trafen, war von unaussprechlicher Trauer. Es war ein Blick der Enttäuschung. Noch bevor er sich umzudrehen vermochte, riss ich ihm mit dem Messer die Kehle auf. Er fiel sofort zu Boden, versuchte sich am Waschbecken zu halten, da drückte ich ihm die Klinge abermals in den offenen Hals, drückte fester, seine Hand rutschte vom Beckenrand ab. Ich drückte wieder auf seinen offenen Rachen und spürte, dass sich die Klinge bis auf die Wirbelsäule hinabgeschnitten hatte.

Als nächstes musste ich nun schreien, teuflisch laut schreien, verzweifelt schreien, mich selbst irgendwo tief verletzten, einen Kampf vortäuschen. Dieses Schwein wollte mich töten. War doch klar. Ich würde geschockt sein, würde froh sein, noch mal mit dem Leben davongekommen zu sein, einige Tage meine Praxis geschlossen haben; und doch dieses triumphale Gefühl der Genugtuung haben, denn ich konnte ihn töten. So würde es sein. Dann schrie ich, ich schrie um Hilfe, damit sie ihn endlich aus der Welt schafften.

II Fragmente

Ich glaube, Moreati ahnte es schon an jenem Abend. Als er mich vom Krankenhaus abholte, schlug ich ihm vor, für einige Tage nach Südfrankreich zu fahren. Er würde es mir nicht verwehren können. Ich sagte, ich brauche Abstand von diesem Ort, ich sei noch zu beschäftigt mit den Ereignissen der vergangenen Wochen. Die Morde hatten aufgehört, seit jenem Abend, da er mich zunächst in die Herrentoilette gezerrt und versucht hatte, mich zu erstechen. Die Polizei hielt ihn für einen sorgfältigen, aber impulsiven Mörder, der sich seine Opfer vorsichtig, nach schwer zu definierbaren, wohl nicht immer stabilen oder konstanten Gesichtspunkten auswählte und sie dann verfolgte, bis sich eine Gelegenheit ergab. Dass er mich an einem so auffälligen Ort überfallen hatte, war den Beamten noch ein Rätsel, aber sie schienen auch nicht erpicht darauf zu sein, das ganze auszuforschen, da es offenkundig um einen einzelnen, im Lauf der Dinge verirrten älteren Mann ging. Die gerichtsmedizinischen Untersuchungen und Nachforschungen ergaben zudem, dass beim Täter eine leichte Demenz einzusetzen begann. Zwar blieb es auch bei diesen Ermittlungen bei Stückwerk, doch in der Summe genommen schienen sie einen klaren Fall zu belegen, der auch leicht nachvollziehbar und plausibel schien.

Moreati war nach jenem Abend für einige Tage auf eine Ausgrabung gefahren. Meine Sprechstundenhilfen verwiesen die Patienten entweder für einige Wochen an meine Kollegen oder verschoben bei weniger dringlichen Fällen einfach die Termine. Die Zeit im Krankenhaus war entspannend, obschon auch ich mich vom Krankenbett aus nicht einigen Befragungen zu entziehen verstand. Von dem Lokal selbst, wo sich ja meine Ermordung fast zugetragen hätte oder zutrug, je nachdem, erhielt ich einen riesigen Geschenkkorb, der wohl aus Gewissensbissen und Angst um schlechte Presse so üppig angefüllt worden war. Kurz, mir ging es im Krankenhaus ziemlich gut. Die Wunden, die mir der Angreifer an Oberschenkel und am Rücken zugefügt hatte, verheilten völlig normal.

Nachdem ich aus dem Krankenhaus entlassen worden war, hatte ich noch keine Lust gleich in die Praxis zurückzukehren. Die Reise nach Südfrankreich fiel ins Wasser, da Moreati wegen Magenkrämpfen jammerte. Stattdessen sah ich vom Schlafzimmerfenster aus den Fußgängern zu, wie sie den Roßmarkt entlang torkelten. Eine beachtlich hohe Zahl der älteren Menschen war in Begleitung von irgendjemandem, meist einem Ehepartner, gelegentlich jemandem, der wie eine Tochter aussah. Häufig jedoch auch begleiteten Mädchen diese, die, von oben betrachtet, ziemlich förmlich und zugleich sorgend mit dem jeweiligen Greis umgingen. Beim Gedanken an diese Situation stieg in mir erneut jenes Gefühl abgrundtiefen Ekels auf. Es war tatsächlich knapp gewesen. Er hätte mich anzeigen, sich als Zeuge zur Verfügung stellen, mich vernichten können. Trotzdem hatte er darauf verzichtet. Vielleicht war er tatsächlich nicht ganz bei Sinnen und wanderte aus absoluter Hilflosigkeit in den Straßen umher. Vielleicht gestand man ihm eine zu hohe Orientierung und Zurechnungsfähigkeit zu, wenn man ihm einfach zufällig hie und da begegnete. Vielleicht hatte er in jener Nacht alles gesehen, aber nicht im Geringsten begriffen, was da vor ihm geschah; nicht begriffen, dass vor seinen Augen ein Menschenleben zu Ende geht. Vielleicht war mein Geheimnis sicher und vielleicht hätte ich ihn einfach die Toilette benutzen lassen sollen.

Ich beschloss, auf den Wochenmarkt zu gehen. Während ich zum Schlossplatz lief, merkte ich, dass die Schnittwunden an meinem Oberschenkel beim Gehen noch ziemliche Schmerzen verursachten. Auf dem Platz begegnete ich an einem Blumenstand dem alten Typen, der in meinem Wohnhaus wohnte und den ich neulich mit Moreati auf dem Weg zu mir gesehen hatte. Er hielt denselben Stock in der rechten Hand und wurde links von derselben Göre mit dem Miniatur-Gesicht geführt. Sie schienen zusammen einzukaufen,

Einfache Fahrt

Zum Fahrtantritt am: 20.04.19

~~xpreis~~ preis   1 BC 25

~~r~~wachsener   Kl.: 2

von **Jena**
(Jena West)

nach **Grimmenthal**

VIA: WE*EF*Suhl

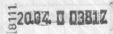

[811] 20.04. 0 0381Z

~~MT~~AUSCH/ERSTATTUNG KOSTEN-
~~P~~LICHTIG AB 1.GELTUNGSTAG

~~IST~~ GÜLTIG IN ZÜGEN DES
~~N~~VERKEHRS

~~IST GRÜN.~~
~~%~~ ÖKOSTROM IM DB FERNVERKEHR.

	MwSt D.		**EUR***21,65**
	***21,65	7,00% = ****1,42	
~~6~~6902			
~~9~~355-18	20.04.19	18:24	girocard

826096 101 04556

Es gelten die jeweiligen nationalen und internationalen Beförderungs-
bedingungen der jeweiligen Beförderer, von Verkehrsverbünden und
Tarifgemeinschaften. Den jeweiligen Beförderer (außerhalb von Verkehrs-
verbünden und Tarifgemeinschaften) finden sie unter:
www.DieBeforderer.de bzw. www.bahn.de/agb

Eine Fahrkarte entspricht grundsätzlich einem Beförderungsvertrag.
Dieser kann mit einem oder mehreren Verkehrsunternehmen
als vertragliche Beförderer geschlossen werden.

Bei Fragen zu Fahrgastrechten wenden Sie sich bitte an Ihren
Zugbegleiter oder an eine Verkaufsstelle.

**Bitte beachten Sie! Ihre Fahrkarte wurde auf Thermopapier
gedruckt. Schützen Sie das Papier vor Sonneneinstrahlung,
Feuchtigkeit, Wärme und schädigenden Stoffen wie Fetten oder
Lösungsmitteln, die z.B. in Klarsichtfolien/-hüllen enthalten sind.**

Änderungen der Eintragungen oder Manipulationen machen die
Fahrkarte ungültig.

826096 101 04555

Es gelten die jeweiligen nationalen und internationalen Beförderungs-
bedingungen der jeweiligen Beförderer, von Verkehrsverbünden und
Tarifgemeinschaften. Den jeweiligen Beförderer (außerhalb von Verkehrs-
verbünden und Tarifgemeinschaften) finden sie unter:
www.DieBeforderer.de bzw. www.bahn.de/agb

Eine Fahrkarte entspricht grundsätzlich einem Beförderungsvertrag.
Dieser kann mit einem oder mehreren Verkehrsunternehmen
als vertragliche Beförderer geschlossen werden.

Bei Fragen zu Fahrgastrechten wenden Sie sich bitte an Ihren
Zugbegleiter oder an eine Verkaufsstelle.

**Bitte beachten Sie! Ihre Fahrkarte wurde auf Thermopapier
gedruckt. Schützen Sie das Papier vor Sonneneinstrahlung,
Feuchtigkeit, Wärme und schädigenden Stoffen wie Fetten oder
Lösungsmitteln, die z.B. in Klarsichtfolien/-hüllen enthalten sind.**

Änderungen der Eintragungen oder Manipulationen machen die
Fahrkarte ungültig.

826096 101 04554

Es gelten die jeweiligen nationalen und internationalen Beförderungs-
bedingungen der jeweiligen Beförderer, von Verkehrsverbünden und
Tarifgemeinschaften. Den jeweiligen Beförderer (außerhalb von Verkehrs-
verbünden und Tarifgemeinschaften) finden sie unter:
www.DieBeforderer.de bzw. www.bahn.de/agb

Eine Fahrkarte entspricht grundsätzlich einem Beförderungsvertrag.
Dieser kann mit einem oder mehreren Verkehrsunternehmen
als vertragliche Beförderer geschlossen werden.

Bei Fragen zu Fahrgastrechten wenden Sie sich bitte an Ihren
Zugbegleiter oder an eine Verkaufsstelle.

**Bitte beachten Sie! Ihre Fahrkarte wurde auf Thermopapier
gedruckt. Schützen Sie das Papier vor Sonneneinstrahlung,
Feuchtigkeit, Wärme und schädigenden Stoffen wie Fetten oder**

MIX
Papier
FSC FSC® C012724

SCH 6103 (05/18)

826096

©CIT 2012
DE 1080 SCH
05/18

was daran zu erkennen war, dass der Alte mit dem Stock auf diesen und jenen Gegenstand deutete, woraufhin das Mädchen offenbar mit einigen kommunikativen Schwierigkeiten einen Preis erfragte, etwas kaufte und dann für den Rentner die Tüten trug. Der Ekel stieg wieder in mir auf. Ich beobachtete die beiden, von Stand zu Stand gehend, bis ich merkte, dass ich sie über den gesamten Markt hinweg verfolgt hatte, ohne es zu wollen. Auf dem Rückweg hielt ich Abstand zu ihnen. Ich hatte auf dem Markt – eher als Alibi – eine Pflanze gekauft und schleppte jetzt den schweren Topf mit mir herum. Sie bogen dann neben einer Bäckerei rechts in ein schmales Gässchen ein, blieben aber auf der Höhe eines ehemaligen Schmucklädchens stehen. Sie sahen in das leere, staubige Schaufenster hinein, das nicht breiter war als zwei Armlängen. Ich sah den Rentner den Kopf schütteln, woraufhin die Slavin ihm ein Tuch reichte und irgendetwas antwortete. Sie hatte die Einkaufstüten einen Moment lang abgestellt. Dann kramte der Rentner in der Innentasche seines Anzugs herum, wobei er fast das Gleichgewicht verlor. Nachdem er offenbar das gefunden, wonach er gesucht hatte, überreichte er es der Slavin. Ich nehme an, es war ein Schlüssel, denn sie öffnete daraufhin die Türe des alten Schmucklädchens.

Das Geschäft war in einem einräumigen Gebäude, das mit einer schäbig gewordenen, weißen Fassade etwas ins Straßenbild gedrängt schien. Als Kind hatte es immer einen magischen Eindruck auf mich gemacht, als verkaufe der Mann – er war seit jeher alt und schien schon immer alt gewesen zu sein – Geheimnisse. Seine Auslagen bestanden aus einer Mischung von sonderbaren katholischen, barockartigen Devotionalien, Kruzifixen, Modeschmuck, allerlei Kästchen, Spieluhren, sogar kleine Lampen. Alles schien gebraucht. Seine Waren (die Bezeichnung *Waren* passte nicht auf diese Gegenstände) schienen eher im Geschäft vorhanden zu sein, um weitergegeben, nicht um verkauft zu werden. Er verbrachte die meisten Tage alleine mit seinem Hund im Geschäft, Jahre lang, Jahrzehnte lang – bis es irgendwann geräumt war und nun leer stand.

Ich wartete darauf, dass sie weitergehen würden, um endlich zurück in die Wohnung des Alten zu kehren. Doch dann hörte ich aus einigen Metern Entfernung, dass die Slavin den Schlüssel im Schloss zum Häuschen drehte. Es war ein grobes Schloss. Sie gingen hinein, doch ließen sie die Türe aus Nachlässigkeit einen Spalt geöffnet. Ich näherte mich, den beknackten Blumentopf noch immer in der Hand. Meine Finger klammerten sich an dem Tongefäß, dass sie fast krampften. Ich drückte so arg, dass das Papier, in das die Verkäuferin die Pflanze eingewickelt hatte, zerriss und mir das ganze Gewächs beinahe aus der Hand gefallen wäre. Ich stand vor dem Häuschen und blickte durch den Türspalt hinein. Die beiden bewegten sich in dem engen Raum umständlich. Sie suchten offenbar nach etwas. Die Art und Weise, in der sie mit dem Alten sprach; die barsche Unsicherheit, die in seinen Anweisungen und Erwiderungen lag; die gesamte Qualität ihres Umgangs verursachte einen unaussprechlichen Hass in mir. Ich konnte kaum zusehen; aber wegsehen … Der Gedanke, dass die beiden eine typische Spielart dieser Liaison darstellten, eine Liaison unter vielen, dass viele so miteinander verkehrten … verkehren, verkehrten, verkehrt tobte es in mir. Meine Hand bebte. Ich beschloss, zu ihnen hineinzugehen. Ich war im Begriff, die Tür leise aufzustoßen, da streifte mich jemand von hinten und brachte mich dabei fast aus dem Gleichgewicht. Ich drehte mich um und blickte erschrocken einer Person hinterher, die mit etwas gespreizten Armen und einem milchigen Regenmantel in etwas hastigen, aber bestimmten Schritten die Straße hinauf flanierte. Der Blumentopf fiel mir aus der Hand. Drinnen im Häuschen wechselten die Ahnungslosen überraschte Worte.

»Sieh nach, Zofia!«, befahl der Rentner und plötzlich stand das Mädchen mir in der geöffneten Tür gegenüber.

»Oh«, sagte ich ihr, »entschuldigen Sie bitte. Ich bin eben gestolpert.«

Die Slavin lächelte eifrig und freundlich zurück und antwortete: »Mach Siiee niicht Sorge siiich. Iich 'ole äin Biiesen und Schiiepechen.« Sie drehte sich um und ging wieder ins Innere des ehemaligen Geschäfts. Noch bevor sie zurückkommen konnte, verschwand ich.

Ich rannte dem Verlauf des Gässchen nach, konnte ihn aber nirgends sehen. Dann eilte ich die schmale Passage entlang, doch auch in der angrenzenden Gasse war er nicht. Aber es war ohnehin unmöglich. Ich hatte doch gespürt, wie sich die Klinge durch den ganzen Hals bis auf die Wirbelsäule gebohrt hatte. Dennoch stimmten die Gangart, seine Körperhaltung, der milchige Umhang überein. Es war jener, der auch in jener Nacht im Gebüsch verschwunden war. Ich war so sicher, dass es mir unheimlich wurde.

Das Sonnenlicht war schon lange verstummt, der Horizont in sich vertiefendes, dunkelblaues Schweigen gehüllt, und die Stadt hatte sich mit dem undurchdringlichen Gemurmel der Straßencafés gefüllt. Ich betrat meine Wohnung. Von meinem Fenster aus hörte ich, dass der Biergarten des Lokals unten voller Gäste war. Ich war mehrere Stunden ziellos und hektisch die gesamte Innenstadt abgelaufen, ohne ihm nur einmal zu begegnen. Später passierte ich das ehemalige Schmuckgeschäft ein weiteres Mal. Die Slavin und der Alte waren gegangen. In den Fugen des Kopfsteinpflasters vor der Türe waren noch Reste der Blumenerde zu sehen. Es war wirklich geschehen. Ich hatte den Topf tatsächlich fallen gelassen. Ich war nicht verrückt.

In den darauf folgenden Tagen häuften sich meine Begegnungen mit dem Alten und der Slavin in bedrückender Weise. Sooft mich das Mädchen erblickte, grüßte sie mit einem unerträglich unterwürfigen Nicken. Sie meinte offenbar, dass wir jetzt quasi Bekannte geworden seien. Und sooft dies geschah, hatte ich das unbändige Bedürfnis, dem Alten den Stock aus der Hand zu reißen und die Slavin, die ja Zofia hieß, damit zu erschlagen. Dies war in der Öffentlichkeit allerdings nicht möglich. Er lebte im selben Haus wie ich. Er war ein Rentner. Seine Tage gingen ruhig hin wie der Fluss. Nach einer Woche unbestimmter Beobachtung, kannte ich die genaue Tageszeit und Art seiner Angewohnheiten, den Gang seiner greisen Routine, die exakte Stunde, da die Slavin bei ihm ein- und ausging. Mein Hass war erdrückend geworden und doch lächelnd, lockend, lohend wie eine Lust.

Ich legte mich auf einen Samstag fest. Am Freitag nahm ich zwei Ampullen Ketamin aus der Praxis mit nach Hause. Ich verstaute alles in einer Jackentasche und wartete am offenen Schlafzimmerfenster. Um genau 10:30 Uhr erschien Zofia an der Haustür. Sie würden zum Markt gehen, anschließend einen kleinen Umweg über die Badergasse machen, um nach dem leeren Häuschen zu sehen. Ich machte mich fertig. Gegen 11:30 Uhr verließ sie mit dem Rentner das Haus. Ich wartete bis sie nicht mehr zu sehen waren und beabsichtigte sie auf dem Schlossplatz abzufangen, um ihnen dann auf dem Heimweg nachzustellen. Ich griff nach meiner Jacke.

Als ich meine Wohnungstür öffnete, zuckte ich heftig zusammen. Moreati stand vor der Tür und war im Begriff anzuklopfen. Ich begann ihn anzuschreien, fragte ihn lächerlich oft, warum er sich vor meiner Wohnung herumtreibe. Dann nahm er mir die Jacke aus der Hand.

»Wo«, fragte er mit einem lüsternen Unterton, »willst denn hin? Ich will dich doch visitieren.«

»Gib mir sofort meine Jacke zurück.«

»Die ist ja ganz schön schwer. Was schleppst du denn mit dir herum? Hast du keine Handtasche?« Er legte die rechte

Jackentasche in seine Hand und tat so, als ob er ihr Gewicht erwöge. Ich wurde nervös, befürchtete, er würde das Ketamin finden und mich unnötig ausfragen. So tat ich, was ich immer tat, wenn ich ihn überlisten und belügen wollte: Ich neigte mich ihm entgegen und schob ihm meine Zunge in den Mund. Ich packte ihn am Gürtel und zog ihn in meine Wohnung hinein. Mit einem dämlichen Fußtritt schloss er hinter sich brav die Türe. Ich zog ihn ganz tief herein bis in mein Schlafzimmer. Als wir uns dem Bett näherten, ließ er meine Jacke auf den Boden fallen. Sie schlug dumpf auf.

»Ist da irgendetwas Zerbrechliches drin«, fragte er unbestimmt.

»Sch...«

Ich knöpfte sein Hemd auf, stieg rückwärts aufs Bett, zog ihn näher heran, dass er erst mit einem Knie, dann mit dem anderen folgte. Seine Schuhe fielen nacheinander zu Boden. Ich drehte ihn sanft auf den Rücken und stieg auf ihn, öffnete seinen Gürtel, dann seine Hose. Moreati hatte eines mit allen Männern gemein: Er gab nach, immer. Und war daher vollkommen berechenbar, war beherrschbar. Es vergingen einige Stunden. Ich verschob meine Pläne.

Nachdem er etwa eine viertel Stunde rauchend auf meinem Bett lag und ich aus dem Fenster starrte, schlug ich ihm vor, hinab ins Lokal zu gehen.

»Bist du sicher, dass du das kannst?« Stimmt. Er begann etwas von Traumata daherzureden. Er wusste ja, wie man mich dort beinah umgebracht hätte.

Ich lachte zu seiner Überraschung und sagte ihm locker: »Vielleicht, deshalb musst du aber nicht von Traumata faseln, klingst ja wie eine Frauenzeitschrift, Pitt.« Ich sprach ihn selten mit seinem Vornamen an; es machte ihn aber fügsamer, weniger misstrauisch, wenn ich es tat. »Pitt, zieh dich an. Ich will ein Stück Zupfkuchen. Los!« Er tat, was ich sagte.

Wir fuhren mit dem Aufzug nach unten. Als wir den ersten Stock erreichten, hielt er an, die Türen öffneten sich, und Zofia stieg hinzu. Ich begriff erst jetzt wie viel Zeit vergangen war. Es musste schon früher Nachmittag geworden sein. Sie grüßte mich wieder so, dass ich ihr am liebsten die Augen ausgekratzt hätte. Moreati schien ihre Art zu gefallen: Er glotzte sie die Sekunden bis zum Erdgeschoss unentwegt mit einem Glanz von Erstaunen in den Augen an. Unterwürfiges Flittchen, dachte ich, gottverdammtes Stück, alle.

Sobald wir das Haus verlassen hatten und sie nach links abbog, sagte Moreati ironisch: »Hübsch, die Kleine. Kennst du die?« Ich hätte sie heute fast getötet, *du Schwachkopf,* antwortete ich beinahe.

»Sie ist wohl angestellt, um einem der Rentner, die hier im Haus wohnen, zu helfen. Die haben ja alle eine Slavin.«

Er antwortete, wieder ironisch, fuchsig: »Im Haus wohnen ja einige Rentner.« Ich errötete, stieß ihn in die Seite und kicherte, um meine Verärgerung zu kaschieren.

Das *Einstein* war ziemlich voll. Der Kellner, der mich erkannte, kam mir sofort entgegen, erkundigte sich nach meinem Wohlbefinden, drückte sein Bedauern aus ... ob der Geschenkkorb wohlbehalten ins Krankenhaus gekommen sei ... ja, das sei er, vielen Dank usf. Die Räume des Lokals erschienen mir schon immer ein wenig labyrinthisch. Steht man in einem der niedrigen Räume, lässt sich nie ganz abschätzen, wie groß ein anderer Raum ist. Auch die Zahl und Reihung und Schachtelung schienen mir schon immer irgendwie sonderbar, vage und relativ. Ich bestellte mir einen Gin Fizz, Moreati einen doppelten. Nachdem wir drei getrunken hatten, teilte Moreati einen Gedanken mit, der ihm beim Besuch im Theater bei *King Lear* durch den Kopf gegangen sei.

»Wenn König Lear drei Töchter hat, sein Reich aber an die beiden untreuen Töchter Goneril und Regan vererbt, während er seine jüngste Tochter enterbt und verstößt, ist es dann nicht seltsam, dass diese jüngste Tochter, Cordelia, die ihn im Gegensatz zu den beiden Heuchlerinnen und Erbschleicherinnen aufrichtig liebt, mit allen Mitteln versucht, ihren Vater zur Einsicht zu bringen, dass er sich geirrt hatte, obwohl er offenkundig verrückt geworden war? Ich meine, die gute Tochter will dem verrücktgewordenen Vater etwas Vernunft abgewinnen. Das ist doch ungeheuerlich.«

»Was ist das für eine blöde Frage? Es muss doch für Cordelia unerträglich sein, anzusehen, dass das Reich schief steht, dass die erbenden Töchter den Vater selbst verstoßen, dass alles verkehrt geworden ist und dass im Irrsinn des Landes nichts mehr zusammenpasst.«

»Warum? Wer sagt dann, die beiden untreuen Töchter würden auch untreu herrschen? Vielleicht war einem verrückten König nicht anders beizukommen, als ihn mit einem größeren Irrsinn zu betrügen.«

»Weil es verkehrt ist!«, schrie ich auf einmal, dass Moreati etwas erschrak. Die Bedienung stellte uns zwei Flammkuchen auf den Tisch und zwischen uns ein Tablett mit Besteck. Moreati bestellte noch zwei Gin Fizz. »Sie muss den König begreifen lassen! Sie muss!«

»Die Konsequenz ist aber, dass Cordelia gegen das Reich ihres Vaters in den Krieg zieht.« Moreati steht auf, stellt sich in einer bescheuerten elisabethanischen Pose vor mich und spricht:

> *We are not the first*
> *Who with best meaning have incurred the worst.*
> *For thee oppressed King, I am cast down;*
> *Myself could else outfrown false fortune's frown.*
> *Shall we not see these daughters and these sisters?*

Als er sich wieder setzte und ich den Worten nachging, blickte er mich prüfend an. Er nahm eines der Bestecke und begann zu essen.

»Nur eins«, sagte er mit vollem Mund, »nur eins war neulich seltsam. Du weist schon, am Abend, da du auf dem Klo überfallen worden bist.«

»Das wäre?«, fragte ich etwas verunsichert.

»Es fehlte eines der Messer. Ich dachte, sie hatten vergessen, es auf das Tablett zu legen und sagte dem Kellner, er solle noch eines bringen, während du unten warst. Natürlich kam es aufgrund der Aufregung nicht mehr dazu. Aber es fehlte ganz objektiv ein Messer.« Wir stießen an und nahmen große Schlucke vom Gin. Ich spürte den Alkohol in mir und entschuldigte mich.

Auf der Damentoilette übergab ich mich heftig. Beim Verlassen der Kabine stolperte ich etwas und schürfte meine Hand an der Wand auf. Es wollte nicht aufhören zu bluten. Als ich meine Hände wusch, schien das Wasser die Blutung noch zu fördern. Ich riss einige Tücher aus dem Spender und hielt mir die Hand. Sie saugten sich rasch voll. Als ich ein durchgeblutetes Tuch wegwarf, klebten immer noch Fasern davon in meiner Schürfwunde. Ich nahm weitere. Und dann sah ich ihn, im Spiegel. Er stand hinter mir und blickte mit seinen schwarzen Augen in den Spiegel und durch den Spiegel in mich. Es war sein gespenstiger, kalter, wissender Blick. Ich wandte mich rasch um; und er war verschwunden.

Ich war sehr betrunken, als Moreati die Rechnung beglich. Er zahlte, was ungewöhnlich war, und wir verließen das Lokal. Wir schwankten beide sehr, lachten, aber in sein Lachen war etwas Unheimliches gekommen. Ich holte meine Schlüssel hervor, rutschte aber beim Einschieben ins Schlüsselloch ab und ließ den Bund fallen. Ich bückte mich, um ihn aufzuheben. Ich sah auf Moreatis Schuhe. Er trägt Turnschuhe, dachte ich beim Aufstehen. Im Aufzug ergriff er zärtlich meine Hand. Doch seine Hände fühlten sich weich an, als ich hinabschielte sah ich, dass er weiße Handschuhe übergezogen hatte. Dann sagte er mit einer Stimme, die nicht wie die seine klang, die älter, verbrauchter, verwirrter klang: »Ist dir eigentlich aufgefallen, dass eben beim Abräumen eines der Messer fehlte?«

Auf zwei Beinen

I   Premier amour

Nachdem der Arzt ihn darüber informiert hatte, dass es zwecklos sei, ihren Körper weiterhin am Leben zu erhalten, schwieg er und nickte nur wie ein Einsichtiger. Als er kurz danach alleine tief in der Nacht bei künstlichem Licht vor Annas Bett stand und auf die weißen Laken niederblickte, worunter der gequetschte Torso und die zernähten Beine lagen, ergriff ihn beim Gedanken an ihre einstige Schönheit ein heftiger Weinkrampf. Er sank zu Boden. Niemand kam, auch nicht die Nachtschwester. Bloß noch die Geräte, die am Morgen entfernt und woanders zum Einsatz kommen würden, animierten den Raum. Es war alles entschieden. Es war nichts mehr zu retten. Daran noch zu glauben, war töricht; daran festhalten zu wollen, eitel. Er blieb in sich gesunken am Fuß ihres Krankenbettes sitzen. Stunden vergingen. Es frühte. Gegen sechs Uhr betrat die erste Pflegerin das Zimmer. Er saß noch immer auf dem Boden. Während er sich aufrichtete, spürte er, dass sie gekommen war, um ihn um etwas zu bitten, was zu den unangenehmen Teilen ihres Berufes gehörte. Der Arzt hatte ihn am Vorabend bereits darauf vorbereitet. Es waren nur Formalitäten, Unterschriften, Einwilligungen. Er erledigte sie, ohne große Anteilnahme. Gegen neun Uhr war alles getan. Er verließ das Klinikum und, da er mit dem Notarzt hergekommen war, lief er in Richtung Bushaltestelle. Im letzten Moment hatte er sich dagegen entschieden zu bleiben, während die endgültigen Untersuchungen an Annas Körper durchgeführt, ehe die Geräte abgenommen werden würden.

Ich bin zu feige, dachte er: Wenn sie dabei die Decke aufschlagen und ich Annas Beine nackt und gebrochen daliegen sehe, das halte ich nicht aus … Waren doch ihr ganzer Stolz und den einen Fuß hat's auch mit abgerissen. Er passierte jetzt die ersten Häuser. Er war ziemlich umständlich gelaufen, als drehte er Pirouetten um ihre Wohnung. Die Weitläufigkeit seines Heimwegs war aber auch der Versuch, nicht ihr Studio in der Meinwahnstraße zu passieren. Immer wieder stiegen Erinnerungen an ihre Schönheit in ihm auf. Sie war groß gewesen an ihr. Und sooft der Gedanke daran auf seinem Weg durch die Stadt zu ihrer Wohnung über ihn brach, ging er mit einer Wehmut einher über die entsetzliche Willkür und Vergeblichkeit aller Dinge. Es war eine unbestimmte Wehmut. Er verspürte aber weder Schmerz noch Leid, vielleicht nicht einmal Trauer; nur eine vernichtende und lähmende Enttäuschung. Gelegentlich schien ihm, er könne jederzeit umkehren, einfach ins Klinikum zurückgehen, und sie wieder mitnehmen. Er schlug eine unbestimmte Richtung ein, dann noch eine weitere noch unbestimmtere. So ging er mehrere Stunden. Als er endlich stadteinwärts lief, merkte er, dass es Abend geworden war – die Knöchel taten ihm weh und seine Beinmuskeln schmerzten.

Es soll einfach nicht sein, ging es ihm durch den Kopf. Ich soll es einfach nicht haben. Und vielleicht hätte er jene Enttäuschung als nicht so total, nicht so unüberwindbar und niederschmetternd empfunden, wäre es ihm nicht schon zum zweiten Mal im Leben so ergangen.

Am großen Marktplatz angekommen, lief er in Richtung einer der Kneipenviertel und dachte flüchtig daran, den gesamten Weg hoch ins Klinikum nochmal zu tun. Er vermochte aber dem Gedanken keinen Sinn abzugewinnen. Als er nach einigen Minuten den Dom passierte, gab er ihn ganz auf. Er drehte noch einige Pirouetten in der Altstadt. Unbestimmte, vage, zu nichts entschlossene, vertrackte Wege legte er zurück. Manchmal ging er einige Meter in eine Straße hinein, kehrte um, ging wieder einige Meter zurück, kehrte abermals um und verfolgte wieder die ursprüngliche Richtung. Manchmal, wenn er die langen Alleen der Stadt auf und ab ging (er tat es mehrmals an jenem Abend), blieb er einige Minuten vor einem Geschäft stehen und blickte ins Schaufenster hinein, ohne darauf zu achten, was er dort sah. Irgendwann kreuzte er ein Lokal und da ein Tisch draußen frei war, setzte er sich. Die Straße war voller Leute, die miteinander redeten, lachten, nebeneinander händehaltend spazierten. Sie erscheinen ihm allesamt als Menschen, die man als glücklich bezeichnen konnte. Er überlegte, ob er diesen Eindruck auf jene machte, die ihm Blicke zuwarfen, als sie ihn passierten. Vielleicht, dachte er eine Turmuhr hörend, stirbt sie jetzt gerade, vielleicht ist es jetzt … aber ich lauf schon lang herum, vielleicht war's schon vorhin … vielleicht ist's schon längst passiert … ach, is' doch gleich.

Er bestellte zuerst einen Wein. Während er wartete, begannen ihn die administrativen Aspekte dessen zu beschäftigen, was er in den kommenden Tagen bewältigen mußte. Er würde Annas Kleider waschen und wegpacken, ihre E-Mails auf seine Adresse umleiten und die Todesnachricht auf ihrem *facebook*-Profil einstellen. Dann würde er eine Anzeige aufgeben, um einen Nachmieter für ihr Studio zu finden. Er dachte an den Raum: den Holzfußboden mit den vielen breiten, schwarzen Kratzern, die Spiegelseite an der Südwand, die Stange, über die er sich lustig machen wollte, wenn die vielen Mädchen in ihren Tutus und den weißen Strumpfhosen bald leicht, bald mühsam schmerzvoll daran hingen. Und er dachte erneut an Annas Beine, welche Lust er an ihnen hatte, wie er stolz darauf war mit ihr auszugehen, ihr eine Gelegenheit zu geben, sie zu zeigen. Zugleich schien ihm dieser Stolz auch lächerlich und entsetzlich pubertär. Und doch: Die Vorstellung eine schöne Frau zu haben, bestärkte auch seine Liebe zu ihr. Dann erinnerte er sich daran, dass er, wenn sie sich unterhielten, das Gefühl hatte, sie höre ihm nicht zu. Er erinnerte sich daran, wie es ihn ärgerte, wenn er das Gefühl hatte, dass sie in Bezug auf ihn nachlässig schien. Er erinnerte sich aber auch daran, dass sie eben dieses Gefühl häufig umkehrte, wenn sie ihn nach ein paar Tagen plötzlich mit einem verblüffenden Detail ansprach, das er in einer Unterhaltung ausgesprochen hatte, während er aber dachte, sie sei mit anderen Dingen um sie herum beschäftigt gewesen. Oder wenn er bemerkte, wie gründlich und zugleich behutsam sie beim Putzen seine Bücher abgestaubt hatte. Indessen war der Wein serviert und schon geleert worden. Er bestellte einen Wein, dann noch einen. Es wurde ganz dunkel und Mücken umschwärmten die Straßenlampen. Sein Sinnen ging weiter. Immerfort tiefer zurück in ihrer Ehe, bis er den Tag ihrer Hochzeit erreicht hatte. Es war eine kleine Feier, sie waren beide schon älter. Sie hatte einen Festvertrag beim Ensemble jener Stadt erhalten; er hatte gerade seine Promotion in der Mathematik abgelegt. Und dann brachen weitere Erinnerungen über ihn herein.

Und plötzlich war sie wieder da. Cherubinisch heiter und teuflisch reizend. Es war lange her, sehr lange. Sie war die Erste gewesen. Damals. Er hatte gerade seine letzten Abiturprüfungen abgelegt. In seiner Erinnerung war das laute Lachen eines Mädchens, das er beim Vorübergehen für ziemlich impertinent hielt. Ein konstantes, aber langgezogenes Auflachen, das in einer schrillen Tonlage ansetzte und diese bis zum fortefortissimo hielt. Er erinnerte sich, dass er davon solchermaßen empört war, dass er sich nach ihr umdrehte und sie zur weiteren Empörung dabei beobachtete, wie sie begann, die flache Hand an ihren Oberschenkel zu klopfen. Absurd.

Sie hatte dichtes braunes Haar, das sie zu einem Knoten zusammengebunden hatte. Sie trug eine grüne Übergangs-jacke aus einem feinen, aber sportlich wirkenden Stoff. Sie hieß Tereza und war seine erste Liebe.

Die Bilder jener Monate blitzten vor ihm auf. Szene um Szene dufteten sie in seiner Seele wie kostbare, von dichten Nebeln lang verstellte Epiphanien. Sodass er auch ihr Tod-sein fast vergaß. Er spürte, dass der Alkohol ihn leichtsinni-ger denken ließ, rascher und fanatischer. Und er fand Farben für die Bilder, die sich seit jenem Sommer in ihm – tief unten, wo die ersten Bilder sind – eingedrückt hatten. Tereza und er hatten sich nach jenem sonderbaren Lachen noch einmal zufällig getroffen. Ihm war die Fahrradkette herausgesprungen, weil er sich verschaltet hatte. Sie fuhr mit dem Auto vorüber, hielt an, und machte einige ironische Bemerkungen, ohne ihm behilflich zu sein. Bei seinen un-geschickten Versuchen, die Kette wieder aufzusetzen, riss sie. Er musste das Fahrrad stehen lassen und mit ihr fahren. Ihre Fahrt dauerte an – einige Stunden, dann tankten sie irgendwo und fuhren die ganze Nacht hindurch. Sie plau-derten, scherzten und zogen sich gegenseitig auf, hörten Musik und schließlich küssten sie sich, geparkt am Stra-ßenrand. Sie wiederholten solche Fahrten und verlegten bald ihre Küsse auf den Rücksitz. Später in jenem Sommer beschlossen sie einen Ausflug nach Bremen zu unternehmen, von dort ging es nach Holland und entlang der nieder-ländischen Küste nach Frankreich. Sie fuhren für vier Wochen. Dazwischen hielten sie häufig an. Sie machten viele Zäsuren im Teer und Asphalt. Und wer wollte sagen, dass es zu viele gewesen waren? Das war im Frühsommer; und er blieb fünf Jahre. Und sooft er in dieser Zeit neu angefangen, sich gedreht und verwandelt hatte, war Tereza die Konstante, war sie Fluchtpunkt, Bezugsmoment, Brücke zwischen Al-tem und Neuem, war sie der erste Moment allen Liebens. Es gab diese Brücke zwischen Tereza und Anna. Gab es sie wirklich?

Sein Glas war leer. Er orderte einen Schnaps. Nachdem er drei weitere getrunken hatte, erinnerte er sich plötzlich heftig und ungestüm an jenes Inbild, das zu allen Zeiten, bei allen Menschen die erste Liebe im Herzen hinterlässt, an jenes Inbild also, das die Herzen bei ihrem vielen Schlagenmüssen oft überhören und überschallen, aber das ihrem Rhythmus eine grundlegend neue Stimmung gegeben hat: Es ist ein einfaches Bild; es ist das Bild lächelnder Augen – Tereza. Und er dachte daran, wie sie auf der Rückbank ihres Autos lagen, ihre schwitzenden Leiber glänzten in den Spiegeln. Er erinnerte sich auch, als er zurück in die Wohnung schwankte, welches Versprechen er jenem Mädchen einst gab. Und er erinnerte sich schließlich, weshalb er dieses Versprechen nie einlösen konnte.

Als er den Schlüssel im Schloss drehte, war ihm, als würde er Anna gleich im Wohnzimmer sehen oder sie Klavier spielen hören. Aber es war alles still und die Wohnung leer. Er war ziemlich betrunken und riss beim Hereinkommen fast die gesamte Garderobe von der Wand, stolperte über Möbelstücke. Als er das Esszimmer betrat, warf er den Brief, den er umständlich und tapsig aus dem Postkasten gefischt hatte und den Schlüsselbund unachtsam auf den Tisch. Er öffnete den Kühlschrank und trank Milch aus einem Karton, wobei ihm Flüssigkeit links und rechts die Mundwinkel hinab floss, auf sein Hemd, auf den Boden tropfte. Er hatte vergessen das Licht einzuschalten und sah in der Dunkelheit die rote Diode am Anrufbeantworter leuchten. Als er sich näherte, bemerkte er, dass eine Nachricht darauf hinterlassen worden war. »Hier spricht Dr. Trierweiler, vom Klinikum, bitte um sofortigen Rückruf ihre Frau betreffend. Meine Nummer ist …« Er fluchte, weil er die Krankenschwester mehrmals misstrauisch gefragt hatte, ob er nicht alle Dokumente unterzeichnen müsse. Sie schien ihm unsicher, aber er vertraute einfach ihren Anweisungen und ließ es. Muss ich morgen schon wieder dahin, dachte er verstimmt. Gegen drei Uhr ließ er sich schwer ins Bett fallen. Die alten Gedanken an Tereza, die der Alkohol in ihm aufgewühlt hatte, schienen ihm wie ein Verrat an Anna. Doch dann wurde ihm offenbar, warum es überhaupt zu Anna gekommen war, dass eigentlich jene ein Betrug an dieser gewesen war. Konnte man von Betrug sprechen? Waren jetzt nicht beide tot? Aber vielleicht hätte seine Ehe mit Anna ihm näher gehen können; und dann erschrak er beim Gedanken – ein alkoholisierter, ein abstruser Gedanke –, dass er Anna nur geheiratet hatte, weil er sein Versprechen an Tereza nicht mehr einlösen konnte; und dass seine Liebe immer im Frühsommer geblieben war. Er begriff, dass er Anna nie liebte; dass es auch unmöglich gewesen war, denn der Rhythmus seines Herzens war schon eingestellt worden. Es war eine traurige Feststellung, eine klägliche. Schließlich schlief er in schwere Schnarcher gehüllt ein.

Er erwachte erst nach Mittag. Die Ereignisse der vergangenen Nacht, insbesondere seiner Heimkehr, vermochte er nicht mehr zu rekonstruieren. Er hatte einen ziemlichen Filmriss. Mit einer gewissen Ironie freute er sich jedoch, zu Hause aufgewacht zu sein. Deutlich erinnerte sich allerdings daran, was ihm in Bezug auf Tereza und Anna klar geworden war. Er lag noch auf dem Bett, starrte an die Decke. Das Schlafzimmer hatte sich durch die einfallende Sonne über den Vormittag unangenehm erhitzt. Es dauerte nicht lange, da begann er erneut über Tereza nachzusinnen. Der Restalkohol übte eine gewisse Wirkung auf seinen Blutdruck aus. Sein Penis wurde hart. Er dachte weiter an Tereza, die Erinnerungen verwandelten sich in immer sinnlichere Schübe. Er sah sie immer wieder auf dem Rücksitz ihres Autos. Es war ein kleines Auto gewesen, eng vorne wie hinten. Sooft sie angehalten hatten schlüpften sie aus ihren Schuhen, kletterten zwischen den Sitzen auf die Rückbank, zogen sich aus, warfen ihre Kleider auf die Ablage. Dann schmiegte sich Tereza in die Polster, nahm seine Hose als Kopfkissen und sie liebten sich.

Diese Erinnerungen waren so intensiv, dass er bald heftig ejakulierte. Doch sobald dies geschah, schwand alle Sinnlichkeit aus den Erinnerungen und sie blieben bloße Bilder in ihm. Und dann dachte er wieder an Anna und den Unfall. Er hatte sich gegen 8:30 Uhr auf der Hanauer Straße ereignet. Anna hatte sich etwas verspätet, weil die Dusche noch kein heißes Wasser hatte. Er hatte ihr angeboten, auf sie zu warten und sie zu fahren. Aber sie bestand darauf, ihr eigenes Auto zu nehmen, um in ihr Studio zu fahren. Dort war sie um 8:45 Uhr verabredet. Sie hatte den letzten Termin mit dieser Person aus Versehen vergessen. Sie wollte sich nicht weiter blamieren. Das Auto stand schon seit mehreren Monaten in der Garage, hatte er gedacht, während er ins Büro fuhr. Er wollte es schon seit längerem überholen lassen. Teils aus Zeitnot, teils durch schlichtes Vergessen hatte er es nicht getan. War es wirklich Zeitnot, wirklich Vergessen? Als ihn ihre Tanzschülerin anrief, nachdem sie den Notarzt alarmiert hatte, war er innerhalb weniger Minuten an der Unfallstelle. Das Unglück hatte sich beim Einbiegen in den Hof zu ihrem Studio ereignet. Anna wollte noch rasch vor einem LKW, der sich auf der entgegenkommenden Fahrbahn bewegte, in den Hof fahren. Die Bremse versagte und sie konnte die Kurve nicht einschlagen und kollidierte frontal mit dem voll beladenen Fahrzeug.

Als er aus dem Bett aufstand und durch die Wohnung lief, bemerkte er die umgefallenen Möbelstücke, die entstellte Garderobe am Eingang, ohne sich im Geringsten daran zu erinnern, wie er dies im Suff zu Stande gebracht hatte.

Er wusste, dass der Tod eines Menschen einen unheimlichen administrativen Akt bedeutete; doch er versuchte sich allem zu entziehen. Er stellte die Klingel ab und sämtliche Telefone auf stumm. Er nahm ein Buch aus dem Regal, legte es auf den Tisch, und während er sich etwas zu Essen zubereitete, schmiedete er den Plan es auszulesen, ehe er sich um etwas anderes kümmern würde. Als er sich mit einer Tasse Kaffee, einem Steak und mehreren Aspirin-Tabletten an den Tisch setzte, bemerkte er auch jenen Brief, den er in der Nacht sicher mit herein gebracht haben musste. Er war an Anna adressiert. Als Absender war eine Musikschule angegeben. Normalerweise legte er ihre Post in ein Körbchen, das sich in ihrem Arbeitszimmer befand. Nun öffnete er ihn.

Liebe Anna,
du meldest dich ja gar nicht mehr. Ich habe versucht, dich mehrmals telefonisch zu erreichen, auf dem Handy und bei dir im Studio, dort hebt keiner ab. Auch auf meine E-Mails reagierst du nicht. Es sind jetzt schon drei Wochen her, dass wir miteinander getanzt haben. Ich sehne mich nach deinem Körper. Komm schon, sei nicht so grausam zu mir!
Anton

Er hatte diesen Namen noch nie gehört. Wenn Anna besonders volle Tanzkurse betreute, forderte sie häufig einen Musiker an, um an ihrer Stelle am Klavier zu sitzen. Er hielt diese Maßnahme für eine übertriebene Geste, die unter Berücksichtigung des Niveaus vieler ihrer Schüler umso ungebührlicher schien; aber Anna hatte immer darauf bestanden, und ihr Studio genoss dadurch auch einen gewissen arrivierten und besonders professionellen Ruf. Aber diese musikalische Verstärkung, von der er wusste, dass sie aus Darmstadt kam, war eine Pianistin gewesen – sie hieß Theresa, nicht Anton. Die Eifersucht, die plötzlich wie ein heißer Schock durch ihn ging, schien ihm zugleich falsch, fehl am Platz, ja, gelogen. Anna unterrichtete zahlreiche Kurse in zwei Städten; außerdem tanzte sie in einem professionellen Ensemble.

Dass sie einen Liebhaber haben könnte, schien ihm gelegentlich möglich, aber nicht denkbar. Anna wusste, dass sie schön war, dass sie eine gewisse Wirkung auf Männer ausübte. Aber er hatte schon mehrmals bemerkt, dass sie emotional ziemlich einfach gestrickt war. Diese Einfachheit hatte ihn immer wieder umso mehr überrascht, umso intensiver sie im Tanz ihren gesamten Körper zu einem unaussprechlichen Ausdruck verwandelte. Und dennoch; in ihr drin war sie bieder wie eine alte Dame und geniert wie ein Kind. Es war ja auch so, dass sie ihm viele Dinge, die er von ihr im Bett erbeten hatte, verwehrte; vieles worüber er verschmitzt lachen konnte, empörte sie. Hatte er sich geirrt?

Er hatte stets eine große Achtung vor ihrem persönlichen Arbeitsraum. Jetzt, da er sie für tot hielt, betrat er ihr Arbeitszimmer und durchwühlte die Schubfächer ihres Schreibtisches. Er fand die Karte, worauf sie all ihre Passwörter in sorgfältig geschriebenen Zahlen und Druckbuchstaben notierte. Er wusste davon, weil sie oft darauf verwiesen hatte, wenn sie über ihr Gedächtnis scherzte. Auch hatte sie ihn einmal aus dem Urlaub angerufen, weil sie die PIN ihrer Kreditkarte vergessen hatte. Er startete ihr MacBook, tippte ihr Systempasswort ein und öffnete Annas Posteingang. Und tatsächlich, es standen da Tag für Tag seit den letzten zwei Wochen die E-Mails von Anton. Die Fettschrift des Programms wies darauf hin, dass Anna sie nicht gelesen hatte. Noch nicht? Dazwischen befanden sich Nachrichten ihres Choreographen, der Reinigungsfirma, einer alten Studienfreundin Annas, die auch er kannte. Diese hatte sie gelesen, beantwortet, manche weitergeleitet. Er begann Antons E-Mails von der ersten Ungelesenen an durchzugehen:

20.06.2010:

Liebe Anna, es war schön gestern im Tanz-Paradies mit dir. Hatte den Eindruck, dass der Laden etwas spießig sei, aber das Gegenteil war ja der Fall. Es scheint, unsere Schritte werden mit jedem Glas Champagner sicherer. Die neuen Kombinationen, die du im Tango aufgefahren hast, waren übrigens ausgezeichnet. Vielleicht können wir sie noch etwas besser auf die Standartsituationen abstimmen. Ich mag es aber sehr, wenn ich dich nah an mir habe und dich packen kann. Ich denke, was du gesagt hast, wegen dem Parkett-Boden bei dir im Studio; nun ja, ich finde überhaupt nicht, dass man ihn auswechseln sollte. Er ist zum Tanzen genau richtig. Klar, für alles andere war er etwas zu hart :-) Schreibe mir bald!
Anton

22.06.2010:

Liebe leichtfüßige Anna, jetzt sind es schon zwei Tage und du antwortest mir ja gar nicht ... Melde dich doch bitte, wir müssen dringend sprechen. Ich habe heute noch ein paar Kombinationen im Tango getestet. Leider hat meine Partnerin etwas gelahmt. Du siehst also, Anna, es wird Zeit ... Nur wir beide; nur um des Tanzes willen?
Anton

24.06.2010:

Mein Mieter hat gestern wieder angerufen. Er ist wirklich ein abscheulicher Mann. Keine Spur von Stil und fett ist er auch noch ... Ich verstehe nicht, weshalb du mir nicht antwortest. Ist dir etwas passiert? ... Meine Arme haben große Sehnsucht nach dir ... Jede Faser meines Körpers möchte geführt werden, möchte führen ... Ich habe mehr-mals versucht, dich auf deinem Handy anzurufen, aber keine Antwort ... Ich will nicht verschweigen, dass ich über meine gegenwärtige Situation sehr beunruhigt bin. Wenn

ich die Proberäume verliere, wird es mir unmöglich sein
weiterhin Stunden zu geben ... Und dann bin ich ruiniert.
Lasse doch wirklich bald mal etwas von dir hören.
Anton

25.06.2010:
Ach, liebes Fräulein Anna, wie krank ich geworden bin vor
Liebe! Mein Herz hat kein Obdach mehr und schlägt
traurig unter einem verdunkelten Gestirn! Wo bist du denn
geblieben, Anna?

27.06.2010:
Liebe Anna, vielleicht ist dir die ganze Sache nicht mehr
recht. Fair enough. Dann sage es mir aber ins Gesicht und
hülle dich nicht einfach in Schweigen ... Herr Mishnakov
hat mich gestern wieder angerufen. Er war sehr direkt.
Wenn ich bis zum Ende des Monats nicht mindestens für
die Hälfte der Miete aufkommen kann, wird er ein Verfah-
ren einleiten ... Stehst du noch zu deinem Angebot? Ich
habe gesehen, dass am Samstag das Ensemble aus Gent im
Mousonturm eingeladen ist. Wollen wir nach Frankfurt
fahren, um es anzusehen? Ich kenne Frédéric van Huffel
sehr gut und denke, er spart nicht an Überraschungen. Es
wird ein Riesenspaß.
Anton

28.06.2010:
Ich konnte die ganze Nacht nicht schlafen und habe jede
halbe Stunde meine Mails geprüft ... Anna, wenn du mir
das Geld nicht geben möchtest, ist es nicht schlimm, aber
melde dich doch bitte ... Ich stecke wirklich in der Klemme!
Ich bitte dich!
Anton

An der E-Mail vom 20.06.2010 waren drei JPGs ange-
hängt. Er öffnete die Fotos. Eines zeigte Anna in Begleitung

von drei Damen. Zwei davon kannte er nicht, in der dritten, einer feingliedrigen braunhaarigen Frau, meinte er die Pianistin zu erkennen. Ein weiteres Foto zeigte dieselbe Gruppe an einem Tisch, auf dem halb ausgetrunkene Cocktailgläser standen. Es war gewiss später in jener Nacht entstanden. Die Körper der Frauen waren erhitzt, die Gesichter vom Alkohol rötlich beschattet. Man sah ihnen an, dass sie gerade voller Bewegung gewesen waren und sich gerade etwas erholten. Das dritte Foto zeigte Anna neben einem jungen Mann, der höchstens 25 sein konnte. Er schien athletisch, hatte ein ausgemergeltes, aber ausdrucksstarkes Gesicht, dessen starker Unterkiefer von einem dünnen Bart aus hellem, weichem Haar umzogen war. Er drückte Anna an sich, die etwas ungünstig aus dem Bild blickte, während er direkt in die Kamera lächelte. Sein Lächeln war verschlagen, war listig, frech, berechnend, strahlte sogar etwas Gewissenloses aus. Er hatte schlanke und zugleich muskulöse Arme. Es überraschte ihn beim Betrachten des Fotos, dass ihm der Mann, der vermutlich ein Verhältnis mit seiner Frau gehabt hatte, kurz, spontan und nur einen Moment lang als sympathisch erschien. Dann kam sie wieder, die Eifersucht. Er passt nicht zu ihr, sagte er sich, er passt einfach nicht. Er klickte das Bild weg und schaltete den Rechner ab.

Er ging unschlüssig in der Wohnung herum; stellte die Möbelstücke wieder auf, die er in der Nacht umgestoßen hatte; starrte minutenlang aus dem Fenster; versuchte die Garderobe wieder anzubringen; wusch sein Geschirr mechanisch mit der Hand, obwohl er es in die Spülmaschine hätte stellen können. Schließlich ging er zurück in Annas Arbeitszimmer, schaltete den Computer abermals an, öffnete die letzte E-Mail, die Anton geschickt hatte, und drückte auf die Schaltfläche ›Antworten‹. Meine Frau, um Geld anpumpen, dich einschmeicheln, sie ausnützen, dir werde ich es zeigen, schrie es in ihm.

Und er schrieb:

Lieber Anton, verzeih mir bitte, aber ich musste die
vergangenen Wochen wegen einer Blinddarmentzündung
sehr viel Ruhe haben. Sehe ich es richtig, ist heute erst der
30., wenn du mir deine Bankverbindung zuschickst,
überweise ich dir das Geld sofort.
Anna

Er zögerte, drückte dann aber entschlossen auf ›Senden‹. Irgendetwas stimmte aber nicht mit der W-LAN-Verbindung, sodass die E-Mail unversandt im Postausgang hängen blieb. Das Telefon klingelte. Er versuchte eine Verbindung zum Router herzustellen. Es ging nicht. Er versuchte es nochmals. Das Telefon klingelte immer weiter. Schließlich ließ er genervt vom Computer ab und lief ins Wohnzimmer, um abzuheben. Als er einen Schritt vom Hörer entfernt war, sprang der Anrufbeantworter an: »Hier spricht noch einmal Dr. Trierweiler. Es ist wirklich sehr dringend, dass sie zurückrufen. Es geht um ihre Frau. Etwas hat sich an ihrem Zustand verändert.« Während der Mediziner seine Rückrufnummer aufs Band sprach, wagte er nicht abzuheben. Ihr Zustand war, dass sie tot war; was sollte sich daran ändern? Er stand vor dem Telefon und glotzte wie entsetzt auf die rote Leuchtdiode, die jetzt eine hinterlassene Nachricht signalisierte. Und wenn sie lebt, dachte er, wenn sie überlebt? Er rannte zurück zum Computer, wollte die Nachricht aus dem Postausgang löschen. Aber die Nachricht war, nach einer geglückten automatischen Verbindungsherstellung vom E-Mail-Programm verschickt worden.

Er hörte die Nachricht nochmal ab, um die Telefonnummer zu notieren. Als diese zu Ende ging, spielte der Anrufbeantworter auch die Nachricht vom Vorabend ab. Er erinnerte sich wieder.

II   Kein Dornröschen im Schlafe

Der Arzt informierte ihn darüber, dass nachdem sie die Geräte entfernt hatten und eigentlich bald der natürliche Tod eintreten sollte, dies nicht geschah. Ihr Zustand verbesserte sich, auch habe ein EEG gezeigt, dass ihre Gehirnaktivität wieder zugenommen habe. Er könne es augenblicklich nicht erklären, aber man könne sehen, dass sie gegenwärtig lebe und sich in einem Koma befinde. Er, der Arzt, hatte angeordnet, die Flüssigkeitszufuhr sowie eine PEG-Sonde zur Ernährung ihres Organismus beizubehalten, sonst aber ginge alles von alleine.

Er stand erneut am Fuß des Bettes, auf dem Anna lag, und blickte auf sie herab. Sie sieht ein bisschen wie eine schlafende Prinzessin aus, dachte er. Das Laken war etwas gespannter als vor zwei Nächten, sodass sich die Konturen ihres Körpers darunter schärfer abzeichneten. Es ist ein begehrenswerter Körper, sprach es auf einmal in ihm. Und dann: Habe ich sie wirklich geliebt oder war sie ein Placebo? Die Sache mit Tereza hatte mich damals ziemlich mitgenommen, ging es weiter, ich war so daran gewöhnt, dass mich jemand liebt und dann kam... kamst du.

Vier Monate vergingen. Er hatte sie beim Ensemble krankgemeldet und ihren Studiobetrieb auf bestimmte Zeit mit dem etwas vagen Vermerk ›Wegen Krankheit geschlossen‹ stillgelegt. Zu seiner Verwunderung fragte kaum jemand, was sie genau habe oder wie es ihr ginge. Er beantwortete eingehende E-Mails, die dies doch taten oder die nichts von ihrem Unfall ahnten, mit kurzen und ausweichenden Nachrichten. Er besuchte sie täglich. Ihre Verletzungen heilten allmählich, obschon sich mit Gewissheit abzeichnete, dass, sollte sie aus dem Koma je erwachen, sie in einem Rollstuhl sitzen werde. Er überwies auch Monat für Monat € 800 auf ein Konto, dessen Verbindung Anton in der E-Mail an Anna angegeben hatte. Jener schrieb weiterhin, dass er sie unbedingt, bald, am besten sofort sehen möchte, sie seines Dankes versichern müsse, mit ihr neue Kombinationen ... und so fort; als er aber in ihrem Namen antwortete, dass sie sich auf unbestimmte Zeit etwas zurückziehen wolle, blieben seine Nachrichten doch weiterhin voller Sehnsucht, aber auch genügsam. Er schrieb ihr, er würde ihr den Abstand lassen, ihr Raum geben, bat sie jedoch immer wieder, ihn zu besuchen oder eine Verabredung mit ihm zu treffen. Immer ließ er sich etwas Zeit mit der Antwort, immer schrieb er Anton kurze und unbestimmte Nachrichten.

02.12.2010:
Meine liebe Anna, ich habe gestern deine Überweisung
wieder auf meinem Konto gesehen. Du hilfst mir damit sehr.
Ich habe zum neuen Jahr viele neue Anmeldungen, sodass
ich – vorsichtig gesagt, aber auch mit einer gewissen
Zuversicht – aus dem Gröbsten raus, dass ich saniert bin ...
Ich verstehe, dass jeder Mensch eine Phase einlegt, in der er
oder sie sich neufinden möchte und grundlegend orientiert.
Und dennoch wisse, dass mit deiner Entdeckung sich in mir
Neuland öffnete. Und es war viel Land verborgen in mir.
Und ich danke dir, für dieses Neuland! Schreibe mir bald!
Dein Anton

Er verstand zu schmeicheln, wenn auch sein Schmeicheln schmalzig war. Seine Nachrichten avancierten eine gemischte Botschaft aus bedachten Huldigungen und stiller Erinnerungen an seine Lage, stellte er beim Lesen fest. Seine E-Mails boten ein Bild eines sich ständig verbessernden, ständig bedrohten Unternehmens. Sie enthielten gelegentlich rührende Bekundungen einer innigen Sehnsucht; die er, der sie las, für aalige Glossen auf billige Emotionen hielt.

Und er, der ihr Ehemann war, hielt ihn für einen Scharlatan. Diese Feststellung ärgerte, enttäuschte ihn noch mehr.

Nach dem Jahreswechsel hatte sich Annas Zustand solchermaßen verbessert, dass er sie zu Hause pflegen konnte. Ein geeignetes Krankenbett wurde angeliefert und im Wohnzimmer aufgestellt. Zwei Tage später wurde sie im Krankentransport vom Klinikum in ihre Wohnung befördert. Es war etwas schwierig, die Bahre in den zweiten Stock hochzutragen, aber die beiden kräftigen Zivis meisterten auch die engen Treppenfluchten. Es war ein bisschen, als ob sie ein sperriges Möbelstück hinauf beförderten. Als sie dann da war und inmitten des Wohnzimmers auf dem weißgrauen Krankenbett lag, hatte ihre Heimkehr, wie ihm schien, etwas unglaublich Nüchternes und Unspektakuläres.

Der Pfleger der Sozialstation zeigte ihm am ersten Tag, wie und wie oft er sie lagern müsse, damit sie nicht wund liege; er wies ihn in die rudimentäre Pflege ihres Körpers ein, was beim Waschen, was beim Wechseln ihrer Windeln, der Flüssigkeitsbeutel und der Sondennahrung zu berücksichtigen sei. Er vereinbarte mit dem Pfleger die morgendliche Versorgung und verlegte einen Teil seiner Arbeit nach Hause, sodass er zumindest an den Nachmittagen die Pflege selbst besorgen konnte. Und so wusch, lagerte, versorgte er sie. Wechselte zusammen mit dem Pfleger, der ihn täglich besuchte, die Bettlaken, desinfizierte ihre Wunden, legte die Verbände, wo nötig, neu an. Zu Beginn war es ihm unerträglich, den nackten Körper seiner Frau anzusehen. Er überwand sich und diese Überwindung bildete allmählich ein distanziertes, routiniertes Verhältnis zu ihr aus.

Am zweiten Februar bemerkte er beim Prüfen seiner Bankauszüge, dass Anton das am Monatsende an ihn überwiesene Geld zurückgeschickt hatte. Am dritten Februar ging bei Anna eine neue Nachricht von ihm ein:

*Liebste Anna, für den finanziellen Beistand, den du mir in
den vergangenen Monaten geleistet hast, bin ich dir
unendlich dankbar. Wenn dieser aber zugleich deine
Abweisung bedeutet, so muss ich diese Hilfe dankend
ablehnen. Ich hatte dir erzählt, dass mich die meisten
Frauen langweilen, dass ich nichts an ihnen finden kann,
weil sie auch keine zu entdeckenden Geheimnisse, keine
Schätze bergen in ihren Seelen. Bei dir war es anders. Du
bist meine erste Liebe. Du bist für mich die Liebe. Man brät
ein Ei und es lässt sich nicht entbraten. Lache bitte über
diese ungeschickte Metapher nicht. Was ich sagen will ist
einfach nur, verliebt ist verliebt, entlieben geht nicht. Ich
möchte dich sehen. Dass du dich mir verwehrst, lähmt
mich, es erdrückt mich. Erinnerst du dich daran, dass ich
dir schrieb, du hast Neuland bei mir erschlossen? Soll denn
diese neue Landschaft nun eine weite Einsamkeit sein?
Schreib mir, ich bitte dich!
Anton*

Er druckte die E-Mail aus und las sie wieder und wieder. Es waren Worte, die man für ehrlich halten konnte. Es waren Worte, die man leicht falsch einschätzen konnte. Es waren die Worte eines jungen Mannes, der sich verliebt hatte.

Die Nachricht blieb zwei Wochen lang unbeantwortet. Und es kam der Tag für eine ärztliche Nachuntersuchung. Der Arzt hatte sich für 14:00 Uhr angemeldet. Nachdem er einige Untersuchungen durchgeführt, Blut abgenommen, ein EKG geschrieben hatte, fragte er den Gatten, ob er Lust hätte nach der Untersuchung mit ihm etwas trinken zu gehen. Er stimmte zu. Sie spazierten zuerst in der Altstadt herum, unterhielten sich über die gegenwärtige Situation der häuslichen Pflege, über den administrativen Aufwand, womit man die Medizin gegenwärtig belastete, dann erzählte er auch von seiner Arbeit, erzählte von einem Kraftwerk in

Rhode Island, wofür seine Firma bald einige Anlagen bauen werde, an deren Entwicklung er beteiligt war, dann erzählte er dem Arzt wie angenehm ihm die Heimarbeit trotz Annas Situation sei. Sie passierten das Lokal von damals. Er schlug ihm vor, sich hier zu setzen. Sie bestellten je ein Glas Wein. Die beiden Männer verstanden sich gut. Es gefiel ihm, mit jemandem zu sprechen, der in seinem Beruf ebenfalls ein genaues Urteil haben müsse, von dem etwas abhänge, der eine gewisse Lebenserfahrung hatte. Als ihre Gläser leer waren, bestellte der Arzt zwei Gin Fizz. Ihr Gesprächston wurde vertraut, fast freundschaftlich. Es wurde spät. Sie aßen gemeinsam zu Abend und tranken weiter.

Plötzlich sagte der Arzt: »Wissen Sie, meine Frau ist vor zehn Jahren an Krebs gestorben. Zum Schluss war sie bewusstlos und ich musste eine schwierige Entscheidung treffen. Diese Entscheidung geht mir noch heute nach, aber sie war richtig. Ihre Frau kann theoretisch für den Rest ihres natürlichen Lebens so im Koma weiterleben. Solange sie hydriert und ernährt bleibt, stirbt sie nicht. Es ist außerdem auch nicht gewiss, ob – wenn sie jemals aufwachen sollte – die neurologischen Schäden nicht doch zu groß waren. Ich weiß, dass …«

Er unterbrach ihn durch ein Abwinken. Sie prosteten sich zu und nahmen große Züge aus ihren Gläsern. »Denken Sie, ich habe darüber nicht nachgedacht?«

»Manche vermeiden, darüber nachzudenken.«

»Ich kenne die Möglichkeiten. Es braucht ja keinen Magier dazu, zu sehen, wie es um sie bestellt ist.«

»Es braucht aber sicherlich jemanden, der um ihr Wohlergehen besorgt ist. Jemand, der sie liebt.«

Zu seiner eigenen Überraschung lenkte er das Gespräch ohne Rücksicht auf das, was ihm sein Gegenüber sagte, auf Tereza. Er erzählte dem Arzt die Geschichte seiner Jugend. Und er erzählte ihm auch vom ersten Autounfall.

»Damals war nichts zu entscheiden. Sie war auf der Stelle tot.«

Eine weitere Woche verging. Er besorgte die Pflege der Tänzerin mechanisch, nicht pflichtmäßig, aber ohne ständige emotionale Teilnahme. Er war bei seinen Handlungen, dachte er, ebenso passiv wie sie. Nur in manchen Stunden, wenn er über Konstruktionspläne gebeugt war oder ein Buch las, im Supermarkt vor den Regalen stand, bedrängte ihn ihre Situation. Nur dann, in Minuten, in Augenblicken, wurde ihm die Mächtigkeit dieser Entscheidung bewusst. Er wusste, dass er im Spätsommer auf einige Wochen hin in die USA reisen würde müssen, um die Auslieferung und Montage der Anlage zu überwachen. Entweder ließ er es sein, verabschiedete sich, oder er benachrichtigte ein Heim, das sie für die Zeit aufnahm. Er musste sich entscheiden. Aber: War er dazu in der Lage? Oder besser: War er dazu geeignet?

Er schrieb eine E-Mail:

Lieber Anton, es ist Zeit, dass wir uns wieder sehen. Ich möchte, dass du mich besuchst. Ich wohne in …

Der junge Mann nahm den ersten Terminvorschlag wenige Stunden danach sofort an und erschien noch am selben Tag. Anton klingelte und jener öffnete, ohne die Sprechanlage zu benutzten. Als dann die Begegnung stattfand, gingen nur wenige Worte zwischen den Beteiligten hin und her. Er sah Antons Hände sich wie krampfend an den Bettrahmen klammern. Als der junge Mann begann – spastisch und unerträglich lächerlich – zu weinen, meinte jener, der ihn unter Tränen beobachtete, er sehe in einen Spiegel. Und er sah wieder jenen trauernden Verliebten, der er einmal war, vor Jahren, beim ersten Mal.

Später, nach einem langen, sehr langen Schweigen saßen die beiden Männer in der Küche und tranken Kaffee. »Was passiert jetzt?«, fragte der Jüngere. Der Ältere erklärte die Situation, legte die bestehenden Optionen dar, und wies auf die so oder so unbefriedigenden Aussichten hin. Der Jüngere schwieg. Dann sagte er: »Können wir es gemeinsam machen? Können wir ihr gemeinsam helfen? Vielleicht wird sie ja wieder gesund, vielleicht wacht sie ja irgendwann auf und man kann wieder mit ihr reden. Ich möchte so gern mit ihr reden. Wir schieben sie im Rollstuhl überall hin. Wir können es zusammen tun. Es wird seltsam sein. Aber wir können es doch gemeinsam tun? Wirklich. Was denkst du?«

Schmutzige Wäsche

»*There were times when he longed – positively ached – to tell everyone about it – to burst out with it – only to be checked almost at once by a far-off feeling as of some faint absurdity which was inherent in it – but was it absurd? And more importantly by a sense of mysterious power in his very secrecy: yes; it must be kept secret ... At whatever cost to himself, whatever pain to others.*«

(Conrad Aiken)

I   Knirschen

Unser Nachbar hatte einen Hund, den er drei Mal am Tag ausführte. Seine Haustür krachte daher jeden Morgen zur gleichen Zeit zu. Aus diesem Grund wachte ich während meiner Kindheit jeden Morgen auf, bevor mein Wecker klingelte. In der Zeit zwischen Türschlag und Weckerklingeln blieb ich auf dem Rücken im Bett liegen, starrte an die Decke und horchte. Ich hörte die schweren Schritte des Hundebesitzers, die unten auf dem Kopfstein des Gehwegs an meinem Zimmerfenster vorübergingen. Ich lauschte und stellte mir vor, wie der kleine, phlegmatische Hund mit dem zotteligen Fell neben den massigen Fußtritten seines Herrchens den ersten Spaziergang des Tages beging. Sie versäumten nie einen Ausgang und diese Routine von Hund und Herrchen war von jener beängstigenden regelmäßigen und unveränderlichen Pünktlichkeit, zu der nur alte verschrobene Männer fähig sind. Ich kannte ihre Route nicht und unternahm niemals den Versuch, diese zu ermitteln. Stattdessen stellte ich mir jeden Morgen, da ich die Tür zufallen hörte und den Schritten lauschte, vor, wie sie vielleicht in Richtung des Flusses gingen, wie der alte Mann dort dem Hündchen etwas mehr Leine geben würde, wie das Tier hie und da an Baumstämmen, Pfosten, Hausecken und Autoreifen schnupperte, das Beinchen hob, im Gras versank, einer Biene oder Libelle nachstellte, rasch ermattete, dem Insekt nachbellte, um dann zurückgepfiffen oder zurückgezogen zu werden. Dann klingelte mein Wecker, ich stand auf, rieb mir die Augen und ging zum Frühstück. So war jeder Morgen im Haus meiner Eltern, so lange ich mich erinnern kann.

Eines Morgens hörte ich wie gewohnt die Tür zufallen, aber die Schritte waren eigentümlich gedämpft. Und das Echo der Schritte in der grauen Leere der Straße blieb sogar gänzlich aus. Das Tönen der Fußtritte war in ein sanftes Knirschen verwandelt. Und während das Knirschen sich entfernte und allmählich nicht mehr hörbar war, begriff ich: Es musste in der Nacht geschneit haben. Es musste sich im Dunkel das langsame, im Schein der Straßenlaternen glitzernde Wunder des Neuschnees ereignet haben! Vielleicht, so dachte ich, war sogar so viel Schnee gefallen, dass meine Eltern mir beim Frühstück mitteilen würden, die Schule sei geschlossen. Ich stellte mir Schlittenfahrten, Schneebälle, Schneeburgen, das Kratzen der Schneeschaufeln und Grollen der Räumfahrzeuge vor. Mein Wecker klingelte und ich sprang aus dem Bett. Als ich an mein Fenster geeilt war und auf Zehenspitzen stehend hinaussah, war das Kopfsteinpflaster jedoch so grau wie je. Kein Schnee. Es hatte nicht einmal geregnet.

Eine Woche später wiederholte sich die Verwandlung seiner Schritte erneut. Die Tür fiel zu, es knirschte, in mir entstand eine Schneelandschaft, entstanden Szenen mit Schneebällen, Schneemännern, Schneeengeln, doch als ich zum Fenster ging: wieder kein Schnee. Stattdessen beobachtete ich in einiger Entfernung von meiner Position den breiten, schwankenden, gramvoll gekrümmten Rücken des Alten und daneben das Hündchen auf seinen kurzen dämlich wirkenden Beinchen – bis sie in die nächste Straße einbogen und verschwanden.

Drei Tage später geschah es nochmals. Ich dachte, mein Nachbar hätte neue Schuhe gekauft, aber als ich ihn auf dem Rückweg von der Schule vor unserem Haus sah, bemerkte ich, dass er noch immer dieselben Schuhe anhatte, die er trug, so lange ich mich erinnern konnte. Dann nahm dieses eigentümliche Erlebnis zu, stets mit selbigem Resultat. Die Tür fiel ins Schloss, die Schritte knirschten, ich stellte mir eine weiße Landschaft vor, doch beim Blick aus dem Fenster war das Pflaster grau wie immer.

Wenn ich heute an diese Zeit zurückdenke, erinnere ich mich sehr genau an die undeutlichen Gefühle, die durch mich zu gehen begannen, als ich Minuten später mit meinen Eltern beim Frühstück saß. Wie konnte ich es fortan ertragen, dass ich mir Schnee vorstellte, wo keiner gefallen war? Wie könnte ich danach täglich die Treppe hinuntergehen, meine Cornflakes essen, mit Mutter sprechen, Vater im Morgenmantel anblicken, meine Zähne putzen, in die Schule gehen, meine Aufgaben machen, wenn meine Vorstellung allmorgendlich eine glitzernde Schneelandschaft ahnte und dies sich mit der Wirklichkeit nicht deckte? Unerträglich wurde mir die Vorstellung, zwischen mir und meiner Wahrnehmung und der Welt und ihren Fakten bestünde eine Differenz, die ich keinem mitteilen konnte, ohne mit einem besserwisserischen, erwachsenen Lächeln bedacht zu werden. Es schien mir inakzeptabel mit diesem Geheimnis in die

Tage zu gehen und unter Menschen zu leben, die ohne diese Vorstellung aufwachten. Unter Menschen zu leben, die das Knirschen nur nach einem Schneefall hörten.

Eines Morgens fiel die Tür meines Nachbarn lauter zu als sonst. Der Schlag war tiefer und heftiger als alle Schläge, die ich zuvor gehört hatte. Als seine Schritte in Gang kamen, knirschten sie wiederum. An der Stelle, wo er dem Fenster am nächsten und die Schritte am deutlichsten zu hören waren, gab es plötzlich einen zweiten Schlag, dann ein Geräusch, das wie zerplatzendes Glas klang. Anschließend vernahm ich einen Laut, den ich noch nie gehört hatte: Das Hündchen bellte. Es bellte in raschen, irren, fast spastischen Stößen, röchelte kurz Atem sammelnd und bellte nochmals drauf los. Dann wiederum einige knirschende Schritte. Das Hündchen bellte erneut, diesmal noch lauter und noch rascher. Ich sprang auf und rannte zum Fenster.

Auf dem Gehweg, den Straßen, den Dächern, den Autos, den Zäunen und Gärten rings herum lag Schnee. Es schien mir, als seien die Dinge der Welt auf ihre bloßen Formen gedämpft, als läge plötzlich eine Einfachheit über der Welt. In diesem Moment ging trotz aller Verwirrung ein Funken unaussprechlichen Glücks in mir auf. Die Welt lag unter tiefem, alles vereinfachenden, alles weichseinlassenden Schnee. Dieses Glück war das Gefühl einer Erleichterung.

Obwohl ich noch nie vom Klingeln meines Weckers erschrocken war, passierte es heute doch. Ich stellte es ab. Und plötzlich klingelte es wieder, aber diesmal war es das Läuten der Haustür. Es wunderte mich, dass niemand aufmachte und nach einigen Sekunden der Besucher nochmals läutete. Da abermals keiner öffnete, läutete es ein drittes und ein viertes, fünftes, sechstes Mal. Noch am Fenster stehend zögerte ich dem Läuten nachzugehen.

An jenem Morgen im November um 7:03 Uhr hatte mein Vater sich dazu entschlossen, mit einer kleinkalibrigen Schusswaffe zuerst meine Mutter und dann sich selbst zu erschießen. Ich ahne jetzt, mehr als fünfundzwanzig Jahre nach diesem Ereignis, einige Motive, die dies möglicherweise verursacht haben könnten. Doch bleiben diese Ahnungen im Bereich des Ungefähren, des Unbestimmten und Schemenhaften, darüber eine seltsame Kälte liegt. Was sich aber genau zwischen meinem Vater und meiner Mutter an jenem Morgen oder an allen anderen Morgen, an denen wir gemeinsam frühstückten, zugetragen hatte, dass eine Erschießung als einzige Lösung für den Täter plausibel machte, konnte ich niemals mit Bestimmtheit in Erfahrung bringen oder begreifen.

II   Jenseits von böhmischen Dörfern

Das Haus meiner Eltern stand an der Kreuzung zweier Straßen. Dort, wo ich bis zum Morgen meines zehnten Geburtstags lebte, entstand also ein unerträgliches Geheimnis, eine Zwiespältigkeit des Lebens, die meines überschattete und die ich erst sehr viel später verstehen sollte. Dies ist die Geschichte dieses Verstehens.

Bis vor drei Jahren war mein Leben, meine Arbeit ausgenommen, in ziemlich unregelmäßigen Bahnen verlaufen. Ich ging einem äußerlich banalen Beruf nach und nutzte meine Freizeit für Ausschweifungen, die diesen in Gefahr brachten. Jeder kennt solche Nächte, an denen ein unbestimmtes Wollen den Verstand ergreift, ihn überflutet und im Sturm verwirrt. Bei mir waren solche Nächte häufig, weil ich mehr zu finden hatte als andere. Es waren aber auch deren Tage mehr, die nach der Flut kommen: da das Meer wieder die Wasser zu sich zieht und die Küste unserer Seele voller zerbrochener, messerscharfer, spitzer, gestrandeter, faulender Objekte liegt wie eine unreine Haut.

In diesen Tagen lernte ich Hana kennen. Sie war eine wichtige Zeugin in einer Ermittlung. Es war notwendig, sie mehrmals einzuladen, um einige Aussagen zu verschiedenen Tatbeständen abzugeben, die im Zusammenhang mit einer Serie gutgeplanter und meisterhaft durchgeführter Diebstähle standen.

Die Moldawin musste im Laufe dieser Ermittlungen unter Polizeischutz gestellt werden. Diese Aufgabe fiel mir zu. Sie bestand im Wesentlichen darin, wochenlang Nächte in einem Zivilfahrzeug in der Nähe ihrer Wohnung zu verbringen. Ich hatte die Aufgabe, dort zu parken und sicherzustellen, dass niemand der Zeugin einen Schaden zufügte. Um ihr Leben möglichst wenig zu stören, durfte ich niemals mit ihr sprechen und stets nur aus der Entfernung über sie wachen. Ich glaube, nach einiger Zeit begann ihr diese Beobachtung heimlich zu gefallen. Obwohl sie sehr schön war, war sie keine Frau, die sich gerne ansehen ließ. Sie schien mir im Inneren scheu, sogar ein bisschen bieder. Trotzdem merkte ich nach und nach, dass Hana eine ganze Reihe an Dingen tat, die wie beiläufig und unbeabsichtigt wirkten, aber mir, dem täglichen Voyeur, in ihrer Bestimmtheit nicht entgingen. So ging ihr gelegentlich beim Leeren ihres Postkastens der Bademantel ein Stückchen auf, öffnete sie das Fenster beim Duschen einen Spalt weit, damit man sie vage beim Abtrocknen sehen konnte. Sie hängte die Höschen immer auf jene Leine, die meinem Fahrzeug am nächsten war, während sie die größeren Kleidungsstücke auf der hinteren Leine trocknen ließ.

Nachdem der Bandenring gestellt und überführt worden und meine Aufgabe als erledigt zu betrachten war, hatte ich mich an diese Nähe, ohne die Verwandlung zu bemerken, gewöhnt. Mir fiel es schwer, mich anderen Tätigkeiten zu widmen. Allerdings hatte sie keinerlei Zeichen gegeben, die mir gezeigt hätten, dass sie beabsichtigte, mich näher kennenzulernen. Sie bedankte sich bei der Abschlussbesprechung bei jedem Team-Mitglied, und als ich an der Reihe war, schüttelte sie meine Hand nicht energischer als die der Anderen. Die sachliche Freundlichkeit ihres Abschieds ließ mich erröten; in mir drin aber glaubte ich, zerbrach etwas.

Als ich am Abend noch einmal darüber nachdachte, tat ich etwas, das ich seit Jahren nicht getan hatte: Ich weinte. Es war also alles nur ein Spiel; oder vielleicht doch Zufall und eine Serie fehlgedeuteter Beiläufigkeiten, die in der Isolation meines Wagens über die Tage und Nächte hin meiner Phantasie entsprungen waren. Mit der Schließung dieser Akte begann in mir eine unerträgliche Sehnsucht.

Einige Wochen vergingen, nichts gelang mir. Meine Vorgesetzten klagten über mangelhafte Berichte, meine Kollegen über sich aufschiebende Anfragen. Meine E-Mails blieben ungelesen, meine Wäsche ungebügelt. Sooft ich an freien Tagen aufwachte, blieb ich noch stundenlang in meinem Bett liegen und konnte mich vor Unentschlossenheit den restlichen Tag nicht dazu bringen, etwas zu machen.

Irgendwann schließlich parkte ich mein Auto in Sichtweite ihres Hauses. Nachdem ich den Motor abgestellt hatte, vergingen Stunden. Ich war aufgeregt und flüsterte andauernd: »Du bist verrückt!« Die Zeit verstrich unendlich langsam. Aus irgendeinem Grund stieg ich nicht aus. Es war Mittwoch. Das war der Tag, an dem sie, wie ich wusste, für gewöhnlich ihre Wäsche machte. Und obwohl es ein sonniger Tag war, baumelten die Leinen leer zwischen ihren Stangen. Ich schaute über die Konturen des Grundstücks und erkannte all die Dinge wieder, die ich in der Zeit, da ich täglich mehrere Stunden hier verbrachte, entdeckt hatte. Sie schienen mir plötzlich unwirklicher, als sei die Beziehung zwischen mir und diesen Dingen zerfallen. Es dämmerte, die Laternen gingen an und schließlich sank der milde Tag zu einer kalten Nacht. Nichts tat sich. Müdigkeit schlich sich in diese Kälte und sooft ich eindöste, träumte ich seltsame Dinge und im Aufwachen befiel mich jedes Mal das Gefühl etwas verpasst, ihre Ankunft oder ihr Weggehen versäumt zu haben. Was ich tat, schien mir lächerlich. Ich rang damit, alles abzubrechen und nach Hause zu fahren … oder zu bleiben … oder auszusteigen und zu klingeln. Gegen vier Uhr morgens ging in ihrem Bad das Licht an. Es gab mir die Hoffnung, dass sie irgendwann heraus kommen musste.

Als ich sie in der nächsten Früh beim Verlassen ihrer Wohnung ansprach, glaube ich, hätte sie am liebsten die Polizei gerufen.

»Was willst du hier?« Sie erkannte mich. Ich konnte in ihrem Gesicht weder lesen, ob sie überrascht war, mich wiederzusehen, ob sie erfreut oder ob sie darüber entsetzt war. Ich war mit einem Schlag so nervös geworden, dass mein Stammeln uns beide ein bisschen peinlich war.

»Ich … ich …war gerade … na ja, ich wusste, dass gestern Mittwoch war und dass Sie mittwochs Ihre Wäsche aufhängen.«

»Was geht dich das an?« Ihr Ton war milder. »Ist es dir verdächtig?«

»Nein, nein, machen Sie sich keine Sorgen. Sie machen das ja ausgezeichnet. Also mit System. Die Bettwäsche in die hinteren Reihen, dann die Handtücher, die Hosen in die nächste Reihe, dann die Blusen, Pullover und Tops …«

»Was willst du dann?« Ihre Miene schien mir augenblicklich ein bisschen zugänglicher geworden zu sein, ihre Stirn glättete sich, ihre Augen öffneten sich etwas mehr, kleine Grübchen deuteten still schon ein Lächeln an. Sie ist unglaublich schön, dachte ich. Ohne einen Gedanken fassen zu können, stand ich da, wie erschüttert.

»Ich bin aus einem privaten Grund hier.«

Glücklicherweise hielt sie meine Einladung nicht für den Vorschlag eines Verrückten.

Trotzdem lehnte sie ab.

»Aber in einer Woche habe ich Zeit. Am Freitag.«

Als ich ins Auto stieg, war jenes Gefühl des Fallens wieder in mir, die auch eine Angst bei sich hatte. Ich hatte mein Privatleben und meine Arbeit bis dahin immer sehr genau getrennt. Was bedeutete dies? War ich vollkommen in die Beliebigkeit gegangen, in eine unterschiedslose Gleichgültigkeit? Und dann spürte ich, dass die Angst woanders herrührte. Ich fürchtete mich davor, dass Hana sich wieder dagegen entscheiden könnte und meine Einladung noch im letzten Moment zurückweisen würde.

III   Road Strip

Wir fuhren von Hamburg nach Kiel und von dort aus ziellos an der Küste entlang bis wir irgendwann Køngshøved erreichten. Es war herrlich, sich den gesamten Tag lang im Bann eines Autos zu befinden: in ihm zu fahren, dabei das Fahren selbst zu vergessen, auszusteigen, ein paar hundert Meter von ihm wegzugehen und erst nach Stunden zu ihm zurückzukehren, als sei das Fahrzeug überhaupt nicht wichtig und schon gar nicht notwendig, als sei das Auto nur Instrument, Vehikel, Karosserie für die Erfahrung der Liebe. Ich habe noch nie in meinem Leben so viel gelacht, wie in den Stunden und Kilometern dieses Tages; und, da wir auf dem Rückweg nicht direkt zurück nach Hamburg fuhren, sondern die Nacht gemeinsam in meinem Wagen verbrachten, bekam ich den Eindruck, dass dies Hana ähnlich empfunden hatte. Wir lagen am Abend auf dem vom Tag mit Hitze vollgesogenen Polster der Rückbank und später noch unter Decken und Kissen, die ich im Kofferraum verstaut hatte. Und wir liebten uns.

In der nächsten Früh fuhren wir zu einem Autobahnrasthof und machten uns frisch. Es war noch sehr früh. Die Sonne war noch nicht aufgegangen. Ich war so berauscht von dieser Fahrt, dass sich alles verklärte: Ich hörte im hohlen, hochtönigen Vorbeirauschen der LKWs auf der vierspurigen Fahrbahn das Tosen des Meeres im purpurnen Dämmerlicht des Morgens; die in Zellophan eingewickelten Brötchen, die wir von der Raststätte mitnahmen, schmeckten nach der Frische des nordischen Lebens. Als wir die Grenze schon wortlos und zufrieden seit einiger Zeit überquert hatten und gen Hamburg steuerten, begannen wir eigenartig genug zum ersten Mal über unsere Herkunft zu sprechen.

Wir hatten uns am Tag zuvor und in der Nacht über alles mögliche unterhalten: ob Möwen glitten oder wabern; ob die Gischt Gewicht habe oder ätherisch sei; ob man Minze am besten in einem Mörser oder einer Presse zerdrücke; ob Dänisch eine Sprache sei, in der man witzig sein könne oder ob das nur im Norwegischen ginge oder ob die Skandinavier, die Finnen ausgenommen, absolut gegen Humor resistent wären; ob das Wort *Sund* sich nur mit dem Mund reime oder etymologisch damit verwandt sei; ob Schmetterlinge beim Sterben ...

Erst auf der Rückfahrt begannen wir über etwas zu sprechen, worüber wir die ganze Zeit geschwiegen hatten. Wir sprachen darüber, woher wir kamen und wer wir waren.

»Ich habe in Chişinău Kunstgeschichte studiert, aber dabei habe ich festgestellt, dass die Russen sich unangemessen romantische Vorstellungen über unser Land gemacht hatten.«

»Und deshalb bist du nach Petersburg gegangen? Wegen der Kunst? Wegen ... Wie heißt sie noch mal? ... Ach ja, der Ermitage? Oder um ihnen die romantischen Vorstellungen über Moldawien auszutreiben?«

»Nein. Weil der erste Lastwagen, der mich mitnahm, dahin fuhr. Vielleicht hatte ich nur Glück, dass er nicht ...«

»... nach Sibirien gefahren ist?«

Sie erzählte von ihrem Land, von Sankt Petersburg, von ihrem Studium. Sie erzählte lange, ausschweifend, anekdotisch und assoziativ. Es machte mir gar nichts aus, dass ihre deutsche Aussprache gelegentlich unbeholfen war; zugleich konnte ich sie, so sehr ich es versuchte, nicht beim Wort nehmen, im Staccato ihres Sprechens schien mir immer ein bisschen Spiel, Augenzwinkern und Halbernst zu sein. Es war etwas an ihr, das mich in eine helle Aufregung versetzte, ein undeutliches Gefühl eines Anderssein, einer Vertrautheit und zugleich einer Exotik. Sie erzählte völlig unverschämt, gelegentlich auch frech und zynisch. Ich merkte, dass sie sich von den Szenen ihres Lebens führen ließ, hie und da kleine Exkurse machte, um mir ein bestimmtes Detail näher zu bringen, damit ich ihre eigentlichen Geschichten verstehen konnte.

»Hana, mir war ja gar nicht klar ... ich meine, das ist ja ... meine Güte, Kunstgeschichte. Ich hatte in Erinnerung, ich meine, ich habe in den Akten gelesen, du machst irgendwas mit Immobilien.« Ich war beeindruckt, weil ich mir darunter nichts Konkretes vorstellen konnte. Und versuchte wieder etwas spöttisch zu sein: »Das macht dich ja doch noch zu einer Hauptverdächtigen, meinst du nicht?«

»Ach, wenn ich als Kunstgeschichtlerin statt Zeugin, Täterin wäre, denkst du da nicht, ich hätte nichts dagegen unternommen, dass diese Schwachköpfe nur billige Massendrucke aus dem 18. Jahrhundert gestohlen haben? Aber du. Sag, was machst du eigentlich bei der Polizei?«

»Das ist nur ein Trick.«

»Deine Masche?«

»Der professionelle Rahmen für meine Verstrickungen.«

»Hast du denn dabei sehr viele Zeuginnen?«

Dann boxte sie mir in die Seite, lächelte und drückte sich wieder in ihren Sitz. Wir schwiegen einige Zeit.

Ihre Gestalt begann in mir größer zu werden. In diesen Minuten bebilderte meine Phantasie die vielen Szenen ihrer Berichte. Ich sah den schweren und satten moldawischen Boden vor mir. Er musste so schwarz und füllig sein wie ihr Haar, musste so dunkel sein wie ihre Augen, darauf Früchte reifen, die süß und verschwiegen waren, so dachte ich schmunzelnd. Ich sah die alten Grabsteine der jüdischen Friedhöfe mit ihren seltsamen Inschriften inmitten der zerfallenden Hütten und morschen Zäune. Ich sah die Städte mit ihren unebenen Straßen und klassizistischen Gebäuden, aus deren Fenster Kinder sich neigten und unten Ziegen auf dem Gehweg standen, Dampf stieg aus den Küchen, die Kamine stanken und rauchten schwarzgrau. Die weiten Alleen waren zerbrochen und zerborsten von den Wurzeln der Platanen, die staubig und schäbig, aber groß und trotzig in den verwitterten Häuserschluchten standen. Ich sah eingefallene Dächer und verrostete Dachrinnen, worin dünnstämmig schon die wilden Birken wuchsen. Und ich versuchte mir die Lebendigkeit inmitten dieser Entropie vorzustellen. Auch die heitere Schwermut ihres Kirchengesangs hörte ich, der sich wie ein Geheimnis in den Gemäuern erhob, ohne dass die versammelten Menschen wussten, was ihre Priester im verhangenen Altarraum taten. Dann stellte ich mir vor, wie Hana zwischen all diesen Dingen umherging und über die Schatten von Gemälden und die Proportionen von Skulpturen nachdachte, die anderswo ausgestellt waren. Ich stellte mir vor, wie eine Kindheit in dieser Umwelt sich in eine Seele einprägte und nachschwang, bis jetzt, da sie neben mir saß und ihre Augen davon funkelten. Und mit jedem weiteren Gedanken war ich von dieser Frau mehr fasziniert, mit jedem Gedanken verwandelte sie sich mehr ins Wunderbare, entrückte ich sie dem mondänen Wachen und

Schlafen Hamburgs. Aber vielleicht hatte ich diese Vorstellungen nur von National Geographics.

»Natürlich haben die Menschen dort nicht sehr viel Geld«, sagte sie sachlich.

Eine Liebe für die einfachen Dinge, sagte ich mir, und lächelte vor mich hin, selbstzufrieden, weil ich es mir vorstellen konnte, als die Silhouette Hamburgs vor uns lag.

Als sie fragte, ob ich schon immer in Hamburg gelebt hätte und woher meine Eltern kämen, was sie machten und so weiter, wich ich aus. Sie merkte es nicht, aber ich war auf die Frage nicht vorbereitet. Für gewöhnlich antwortete ich auf solche Fragen schlicht mit *Ja*, ohne mich zu erklären. War ich Hamburger?, dachte ich plötzlich, und wenn nicht, was dann?

Ich begann eine Geschichte von mir zu erzählen, von der ich dachte, dass sie ihr gefallen würde: »Meine Mutter war Schneiderin. Na ja, sie ist es noch immer, nur ein bisschen anders. Sie lebt mit meinem Vater, einem Schuster, in Karlsruhe. Mit der Hilfe meines Vaters hat sie die Werkstatt schon sehr früh zu einer Manufaktur erweitert und vertreibt jetzt Lederwaren in der ganzen Welt.« Das war eine Geschichte, dachte ich, die zeigt, dass ich das einfache Leben auch kannte. Und ich war plötzlich stolz auf meine Geschichte, weil sie so gut zu ihrer passte.

»Auch in Hamburg?«, fragte sie.

»Ja natürlich, aber nur in ausgewählten Boutiquen für Herrenbekleidung. Ich zeige sie dir irgendwann mal, wenn wir wieder in Hamburg sind und spazieren gehen.«

Ich hoffte sehr, dass Hana und ich lange Spaziergänge machen würden, dass wir dabei Einkäufe machen, dass wir zusammen kochen, dass wir die Teller nicht gleich abwaschen würden, dass wir den Nachtisch unserer Körper genießen würden und dass jeder Tag so sein könnte.

»Deine Eltern haben es gemeinsam zu viel gebracht, was?

Ich meine Mode, da ist es schwer Fuß zu fassen und zu bestehen.« Ihre dunklen Augen lächelten listig und einen Moment lang glaubte ich, sie nehme mir die Geschichte nicht ganz ab.

»War dann deine Berufswahl eine Flucht?«

Eigentlich entzückte mich ihre Frage. Ich meinte zu begreifen, dass ich neben einer Frau saß, die es gewohnt war, Motive psychologisch zu befragen, die Künstler kannte, sozusagen die Eleganz hoffierte, sodass sie es verstand, ihre Schlussfolgerungen in Fragen zu formulieren und sagte: »Du meinst wegen der Uniform?«

In Hamburg angekommen, wunderte ich mich kurz darüber, dass sie mich nicht bat, noch kurz zu ihr hereinzukommen. Als sie aber sagte, dass sie sich sehr amüsiert hatte und sich wünschte, dass wir es am darauffolgenden Freitag wiederholten, war ich glücklich. »Um sieben Uhr, kommst du, Peter.« Sie schien mir etwas ungehalten. Und bevor ich mich versah, war sie in ihrer Haustür verschwunden.

III Nachforschungserinnerungen

Ich erinnere mich daran, dass ich erschrocken war, als ich die Haustür öffnete und der alte Mann vor mir stand. Ich hatte Angst, er würde mir etwas tun. Er ging, als wisse er wohin er wollte, an mir vorüber – geradewegs in unser Haus. Seine nassen Schuhe quietschten, als er die Stufen zum Erdgeschoss hochging. Ich drehte mich dann um und blickte auf unsere Hauseinfahrt. Ich war froh, den schönen Neuschnee zu sehen, der bis auf einige Fußabdrücke unberührt vor dem Haus lag. Ich wollte das Hündchen, das die Schwelle beschnupperte, zuerst nicht hereinlassen. Als ich sah, dass es fror, tat ich es aber dann doch. Ich folgte dem alten Mann in unser Esszimmer. Mich verwirrte, dass er so still da stand und nur vor sich hin blickte. Um seine Schuhe herum hatten sich kleine Pfützen gebildet. Seine Atmung war schwer, aber ruhig.

Meine Mutter war gerade dabei, meinen Platz am Tisch fertig zu machen. Die Cornflakesschachtel lag umgefallen auf dem Tisch, meine Frühstücksschüssel zerbrochen auf dem Boden, vom Tisch tropfte die Milch. Dort wo sie hinlief, bildete sich eine weißliche, sich zunehmend ins Rötliche trübende Pfütze. Mein Vater saß auf seinem Stuhl am Kopf des ovalen Tischs. Sein Kopf war nach hinten gelegt und leicht zur Seite gefallen, seine Arme hingen links und rechts starr über die Lehne. Ich weiß noch, dass ich nicht gleich verstand, weshalb ich sein Gesicht nicht mehr erkennen konnte. Als ich zu meiner Mutter, von der ich meinte, dass sie ausgerutscht sei, gehen wollte, hielt mich der alte Mann zurück. Ich wollte mich gewaltsam von seinem Griff befreien, da packte er mich fester und ließ mich nicht los. Ich begann zu weinen. Mit verschwommenen Augen sah ich, dass das Hündchen die ersten Stufen im Treppenhaus überwunden hatte und bellend ins Esszimmer gewabert kam.

In den nächsten Stunden hatte man mich zuerst zurück auf mein Zimmer, dann in den Hausflur gebracht. Im Flur gingen viele fremde Menschen ein und aus. Manche gehörten zusammen, weil sie dieselbe Uniform trugen, manche gehörten auch dazu, waren aber nicht weiß, schwarz oder ockerfarben gekleidet. Vor unserem Haus war die frische Schneedecke von vielen Fuß- und Autospuren zerpflügt. Einige Anwohner hatten sich irgendwo im Hintergrund versammelt und tuschelten untereinander. Schließlich brachte man mich in ein Auto, als sei man unschlüssig darüber, was man mit mir tun sollte. Als ich fragte, wo meine Eltern seien, antwortete mir eine weißuniformierte Frau, ich müsse heute nicht zur Schule gehen. Ich glaube, am folgenden Tag schneite es auch, aber ich hörte keine Schritte mehr, die dies Ereignis ankündigten, weil ich woanders schlafen musste.

Ich verbrachte die nächsten Jahre bis zu meinem Abitur bei meinem einzigen Onkel in Hamburg. Er hatte mit einem Partner eine Spedition gegründet, die auf Schwertransporte spezialisiert war. Seine Frau war eine Pastorin in einer ziemlich großen Gemeinde in einem Hamburger Vorort. Sie arbeiteten beide sehr viel und erzogen mich dementsprechend dazu, möglichst selbstständig zu sein. Ihre Ehe war kinderlos geblieben. Dass dies für eine protestantische Pastorin untypisch war, begriff ich erst viele Jahre später. Ich glaube, Skrupel mehr als Mitleid verbat ihnen, mich auf ein Internat zu schicken. Andere Verwandte hatte ich nicht, da die Mutter meines Vaters im Frühjahr gestorben war, und ich meinen Großvater nie gekannt hatte. Die Familie meiner Mutter, eine geborene Yana Gusikov, gab es nicht. Meine Eltern waren immer sehr bemüht, ihren Teil der Familie auszublenden. Den Grund dafür konnte ich noch nicht verstehen.

Ein oder zwei Jahre nach meinem Studium bei der Polizei Hamburg lebte ich, wie gesagt, nicht unbedingt geregelt, wenn auch zum größten Teil legal. Ich ging viel aus und soff. Eines Abends hatte ich die letzte U-Bahn nach Ohlsdorf verpasst und konnte kaum noch stehen. Da suchte ich die Wohnung meines Onkels in der Innenstadt auf. Zu meiner Überraschung waren beide gerade von irgendeiner Veranstaltung bei der Kirchengemeinde meiner Tante zurückgekehrt und saßen bei einem Glas Wein. Da ich auf dem Weg zu ihnen einige Male gestürzt war und mich wohl auch erbrochen hatte, waren sie bei meinem Anblick nicht sehr erfreut. Mein Onkel assistierte mir beim Duschen, während meine Tante, eine insgesamt ziemlich prätentiöse und blasierte Persönlichkeit, weiter an ihrem Wein nippte. Ich legte mich auf die Couch oder wurde auf sie verwiesen, versuchte mich noch ein bisschen zu unterhalten, wobei ich wohl ziemlich beknackte Sachen sagte, an die ich mich kaum noch erinnere und schlief bald darauf ein. Die Nacht auf der Couch war sehr unruhig. Ich träumte undeutliche Dinge, wachte mehrmals auf, und sah, dass die beiden noch weiter im Wohnzimmer geblieben waren und halb ironisch, halb empört ihren Rosé tranken.

»Das wird«, so meinte ich meine Tante sagen zu hören, »ja noch etwas Schönes geben mit dem Jungen, 28 Jahre alt und lebt wie ein Lump.«

»Gudrun, ich bitte dich.«

»28 Jahre alt und noch nie eine Freundin gehalten.«

»Das weißt du doch nicht.«

»Sieh ihn dir doch an. Noch nie länger als zwei Monate mit einem Mädchen verbracht. Der wird noch wie dein Bruder. Im Alter noch eine Notlösung nehmen und sich's leicht machen.«

»Er ist doch erst 28. Lass ihn doch, stößt sich die Hörner ab. Außerdem, vielleicht mag er keine Frauen.«

»Pah, schaut ihnen doch hinterher, die Leichten um den Finger wickeln, davon versteht er was, nur halten kann er sie nicht. Eine Liaison hier und eine da und ein unstetiger Charakter, das ist nicht gut, Clemens. Das ist nicht gut. Und wenn er alt wird, macht er's wie sein Vater. Nimmt sich ne Notlösung, anstatt dafür liebevoll zu kämpfen.«

»Ach, komm, 'n beten scheev hett Gott leev.«

Es ist mir heute nicht mehr deutlich, ob ich dieses Gespräch träumte oder ob es damals tatsächlich zwischen den beiden geführt worden war. Gleichwohl bedrückte mich dieser Umstand. Ich glaube, es war mehr dies als alles andere, was mich dazu bewegte, das zu tun, was ich immer gemieden hatte. Ich begann aktiv nach den Umständen, unter denen meine Eltern aus dem Leben gingen, zu forschen. Forensik war eines meiner Hauptfächer. Ich war gut darin. Aber ich musste schnell einsehen, dass nach den vielen Jahren, da ich entweder zu faul gewesen war, mich damit zu beschäftigen, die Spuren meiner Eltern allmählich verblasst waren.

Es gab nur zwei Kartons, alles andere war verkauft worden und in meine Ersparnisse, um für meinen Unterhalt zu sorgen, überführt. Sie standen auf dem Dachboden und waren mit meinen Initialen markiert. Darin befand sich kaum etwas Nützliches. Einige Fotoalben, ein paar Briefe meiner Großmutter und sonst nichts. Ich blätterte eines der Fotoalben durch und sah meinen Vater. Er war oft mit Freunden abgebildet, die ich nicht kannte. Er schien immer der Dritte im Bund oder das fünfte Rad am Wagen zu sein. Ich sah Bilder mit ihm am Strand, bei einer Weihnachtsfeier, auf einer Tagung. Dann kamen Fotos, auf denen auch meine Mutter abgebildet war. Sie war sehr schön, meinte ich. Sie hatte einen immer etwas vorsichtigen Blick; der Blick einer, die noch lernt, sich anzupassen. Ich war mit einem Album fertig und nahm das Nächste. Ihr Blick schien immer ähnlich, stets vorsichtig, unsicher, sogar verlegen. Was mich verblüffte war, dass auch mein Vater eine zunehmend strenge Miene entfaltete. Seine Augen, die sonst immer weit offen waren, wurden immer schmaler, als müssten sie wachsam sein. Sooft ich eine Seite im Fotoalbum meiner Eltern wendete, begriff ich, dass es eigentlich eine Tragödie ist, dass wir niemals die Umstände kennen können, die unsere Eltern zu Menschen gemacht haben.

Aber die Fotos waren wenig hilfreich. So blieb mir hauptsächlich mein Gedächtnis. Aber Erinnerungen sind im Allgemeinen wie ein Labyrinth mit beweglichen Wänden. Sie zu deuten, ein Akt des Wünschens, Vermeidens, Erfindens und vager Bilder. Meine Erinnerungen waren eine Phantasmagorie einer Kindheit, die zunehmend wie in ein dunkles Geheimnis gehüllt schien. Meine Herkunft glich mir seit je einem beschmutzten Geheimnis.

Während ich aufgewachsen war, hatte ich hunderte von Sätzen und knappen Aussagen entworfen, um die Neugier fremder Menschen möglichst schnell zu befriedigen und das Thema zu umgehen. *Meine Eltern sind früh verstorben. Mein Vater war krank, meine Mutter ist bei meiner Geburt gestorben. Mein Vater und meine Mutter kamen bei einem Verkehrsunfall ums Leben. Mein Vater lebt nicht mehr. Bei einem Einbruch wurden meine Eltern ermordet. Meine Eltern sind mit dem Flugzeug abgestürzt, sind bei einem Fährunfall umgekommen, wurden bei einer Radtour von einem LKW angefahren, wurden vom Blitz erschlagen (wenn es auch nicht oft vorkommt und unglaublich klingen mag). Mein Vater war ein Feuerwehrmann: Er ist bei einem Großbrand ums Leben gekommen. Meine Mutter starb an Brustkrebs. Mein Vater hat meine ...*

Ich erinnere mich daran, dass zwischen meinen Eltern häufig Diskussionen ausbrachen, wenn meine Mutter versehentlich etwas auf Russisch zu mir sagte. Es war mir als Kind immer so, als hatte sie etwas in einer Sprache ausgedrückt, was, wenn ich es verstanden hätte, ungeheuerlich war. Als ich eingeschult wurde und die ersten Aufgaben zuhause zu erledigen hatte, setzte sich mein Vater eher ungeduldig als wohlwollend neben mich und drängte mich genau zu arbeiten. Er ging allein zu allen Elternabenden, ging mit mir zum Arzt, wenn ich krank war, er meldete mich zur Kommunion an, er holte mich vom Turnen ab, er brachte mich zu Freunden und unterhielt sich nur flüchtig und sichtlich nervös mit ihren Eltern. Sooft ich beim Sprechen einen Fehler machte, korrigierte er mich schroff und, wie es mir jetzt scheint, irritiert und angstvoll, fast bang. Er korrigierte auch meine Mutter ständig in Aussprache und im Satzbau, auch vor anderen Menschen beim Einkaufen, wenn Besuch da war (es kamen selten Gäste), im Urlaub, überall. Es war mir manchmal so, als wollte er, dass alles richtig sei, als wollte er, dass keine Fehler gemacht werden, dass wir sprachen und sein konnten wie alle anderen. »Hör nicht auf deine Mutter!« war schon in frühester Kindheit ein zynischer Spott, in dem eine zwiespältige Mahnung meines Vaters lag. »Hör nicht auf deine Mutter!« Immer wieder sagte er es und strich mir zärtlich durchs Haar. »Hör nicht auf deine Mutter!« und Mama schlug die Augen nieder, beschämt als er auch ihr durch die Haare strich: »Aber die hübschen Haare deiner Mama, die hast du Söhnchen – und die Augen! Ein hübscher Bursche wirst du, ganz nach deiner hübschen Mama! Aber hör nicht auf sie!«

Diese Einsichten gehören zu jenen Dingen, über die ich mit niemanden sprechen wollte, vor Angst sie preisgeben zu müssen, ihnen durch ihr Bekanntwerden eine Realität zu verleihen, die nicht mehr zu revidieren war. Sie erfordern Erklärungen, zu denen man nicht bereit ist oder die einen überfordern oder langweilen. So ging ich mit meinen Erinnerungen um. Solange aber ich ihnen gedachte und sie im Denken blieben, wenn auch zunehmend schmerzvoll, verwirrend, unanständig, ja obszön und mit Ekel behaftet, solange sie bei mir waren, gehütet waren, waren sie den Tatsachen der Welt entzogen, waren sie so, wie ich sie bestimmte.

IV   Schattenrisse

»Lass uns doch lieber wo hin fahren.«

Es war schon spät, als wir nach einem Spaziergang wieder vor meinem Auto standen, das vor ihrer Haustür geparkt war. Wir hatten unterwegs etwas getrunken und ich hatte mich mit dem Wein nicht zurückgehalten, weil ich dachte, ich würde die Nacht bei ihr verbringen.

»Wie meinst du das, *lieber wo hin fahren?*«, sagte ich verblüfft. Ich getraute mich aber nicht, ihr vorzuschlagen, lieber zu ihr zu gehen, wo wir doch schon da waren.

Sie zog mich näher an sicher heran und flüsterte: »Na, so wie ich es gesagt habe. Wir fahren mit deinem Auto irgendwo hin. Es ist so eng hinten auf deinem Rücksitz. Das macht mich an, Herr Hauptmann!«

»Ich habe schon etwas getrunken.«

»Du kennst doch die Verkehrspolizisten bestimmt alle«, sagte sie mit einer Leichtigkeit, die mir plötzlich wie eine Verlegenheit vorkam.

Sie war wie verstiegen in ihren Vorschlag: »Nein, Peter, wir fahren wo hin. Bitte, Peter, lass uns irgendwohin fahren in deinem Auto.«

Ich wollte ihr nicht wiedersprechen. Ich wollte sie so gerne berühren. Mein ganzer Körper schmerzte vor diesem Wunsch, sodass ich gehorchte.

»Los, lass uns wegfahren, in den Wald.« Sie blickte amüsiert auf den Rücksitz meines Wagens. Ich schüttelte den Kopf, lachte und sagte ihr, sie solle einsteigen.

Wir fuhren nach Klövensteen und fanden eine etwas entlegene Stelle. Es war schon spät und Anfang der Woche. Im Forst war es still.

»Ein bisschen wie Teenager, nicht wahr?«, sagte ich, als wir die Schuhe auszogen und zwischen den Sitzen hindurch in den hinteren Teil des Autos stiegen. Ein wippendes Auto muss von außen wohl ziemlich bescheuert aussehen, aber als wir uns einige Zeit später vor ihrer Tür wieder verabschiedeten, merkte ich, dass ich mich noch mehr in sie verliebt hatte als bei unserem *road trip*. Wir beschlossen, am Wochenende darauf in die Kunsthalle zu gehen, küssten uns und sie verschwand in ihrer Wohnung.

Am nächsten Tag hatte ich ziemlich viel Schreibkram zu erledigen. Der Tic meines Chefs bestand darin, transparente interne Kommunikationsstrukturen zu pflegen. Dies bedeutete zunächst Protokolle zu verfassen, zu allem. Außerdem bedeutete es, in Rundmails und Sitzungen ständig zu erfahren, auf welchem Stand die anderen gerade mit ihren Ermittlungen waren und auf welchem Stand man selbst gerade war. Die meisten Kollegen, wenn sie klug waren, logen dabei, so gut sie konnten. Wenn ich an Sitzungen teilnahm, langweilte ich mich meistens und schrieb daher sehr viel mit, auch wenn ich danach nie auf meine Notizen zurückgriff. Was während dieser Sitzungen in meinen Kollegen vorging, konnte ich nicht einschätzen. Manche zogen vor jeder Sitzung am Automaten Kaffee in Plastikbechern und machten dann aufgedrehte Wortbeiträge, die eine Sitzung ins Unendliche zogen. Andere wippten nervös auf den Stühlen herum oder machten angespannte Gesichter, die wohl ausdrücken sollten, dass sie noch bei der Sache waren. Für Menschen in administrativen Abläufen und hierarchischen Systemen der Beschäftigung ist der Zustand des Verliebtseins, zumal wenn dies ein, wie man sagt, frischer Zustand ist, eine äußerst gefährliche Angelegenheit. Ich hatte ein solches Gefühl der Autonomie in mir, das ich in jedem Moment bereit war, gegenüber meiner täglichen Arbeitswelt in offene Revolte überzugehen. In den Berichten, die ich zu verfassen hatte, schrieb ich Sätze wie diese: »Die gesamte Untersuchung war unnütz, nicht nur weil sie Zeitverschwendung war und den Steuerzahler sehr viel Geld kostete, sondern auch weil sie weder die Justiz unterstützt noch dazu beiträgt, Gerechtigkeit zu schaffen.« Oder auch: »Die Interpretation von KHK M. Wilhelms (meinem Chef) im Hinblick auf die Zeugenaussage halte ich für falsch, weil er sich in solchen Angelegenheiten immer irrt.« Schön auch folgende Möglichkeit: »Darüber gibt es eigentlich nichts zu sagen. Es ist wenig hilfreich, die Sache zu erklären oder weitere Details diese betreffend zu beleuchten, weil es nichts zu verstehen gibt, außer dass die gesamte Ermittlung schief gegangen ist.«

Jeden Abend bereitete ich mich auf den Besuch der Kunsthalle vor. Von Tag zu Tag war ich auf der Arbeit lockerer, da ich mich darauf freute, am Abend wieder etwas über die Objekte in der Kunsthalle im Internet zu recherchieren. Alles, was ich fand, druckte ich aus. Beim Lesen der Informationen benutzte ich einen Textmarker, um mir Dinge zu unterstreichen, von denen ich schwer sagen konnte, ob sie wichtig waren, mir aber interessant schienen. Ich wollte Hana beindrucken. Ich wollte ihr das Gefühl geben, mit jemandem durch eine Ausstellung zu gehen, der sich nicht mehr für die Basics interessiert, sondern schon für die mystischeren Erkenntnisse der Kunst bereit war.

Dass ich zuvor in meinem Leben nur zweimal in ein Museum gegangen war, half mir bei meinen Recherchen nicht sehr viel. Als ich sechzehn Jahre alt war, besuchten wir mit der Schule Paris. Dass ich im Louvre mehr an einem Mädchen Namens Mona interessiert war als an der Mona Lisa, versteht sich von selbst. Mein zweiter Besuch in einem Museum war im Übrigen vor zwei Jahren in Dresden. Ich hatte in der Weihnachtstombola bei uns auf dem Revier ein verlängertes Wochenende in der Stadt gewonnen, und da es dort tatsächlich nichts anderes zu tun gab, als ins Museum zu gehen, ging ich zwischen den ausgestellten Dingen wie ein Fremdkörper umher.

Die Werke in der Kunsthalle Hamburg jedoch gewannen für mich umso mehr an Bedeutung, umso intensiver ich mir vorstellte, wie Hana vor diesen Exponaten ihr wirkliches Selbst, ihre Leidenschaft mit mir teilen würde.

Von den Beschreibungen der einzelnen Abteilungen auf der Website der Kunsthalle übertrug ich alles, was ich angemarkert hatte, auf kleine Karteikarten und druckte anschließend auch noch die Wikipedia-Artikel zu allen darin genannten Künstlern aus. So hatte ich zum Beispiel für die Galerie der klassischen Moderne, die Galerie der alten Meister und das Kupferstichkabinett alle möglichen Zitate, die ich mir tagsüber während der Arbeit einprägte.

»Insgesamt ist die Raumfolge – neben dem Ordnungsprinzip der Chronologie – auch von einem Wechsel der Stimmungen bestimmt. Auf einen Raum, der sich durch große Harmonie der Werke in Stil, Thematik oder auch Kompositionsschemata auszeichnet, folgt einer, der durch Kontraste bestimmt wird.«

»Die Gruppe der Nazarener orientierte sich dagegen an mittelalterlichen Idealen und an der Malerei Raphaels und Dürers. Die eigentümliche Spannung entsteht dadurch, dass diese Ideale in der Epoche, worin diese Künstler wirkten, im Begriff waren, obsolet zu werden.«

»Dadurch kann dem Besucher die Erfahrung der im Wesentlichen als fragil empfundenen Skulpturen im Verhältnis zu der durch die starke Farbigkeit, den leuchtenden Goldgrund und die stringente Erzählung dominierenden Malerei ermöglicht werden.«

»Worauf es mir in meiner Arbeit vor allem ankommt, ist die Idealität, die sich hinter der scheinbaren Realität befindet. Ich suche aus der gegebenen Gegenwart die Brücke zum Unsichtbaren ... Es handelt sich für mich immer wieder darum, die Magie der Realität zu erfassen und diese Realität in Malerei zu übersetzen. – Das Unsichtbare sichtbar machen durch die Realität. – Das mag vielleicht paradox klingen – es ist aber wirklich die Realität, die das eigentliche Mysterium des Daseins bildet!«

»In den Sälen des Alten Hauses entsteht ein regelmäßiger Wandel der Präsentation nicht nur dadurch, dass Werke aus der Sammlung immer wieder zeitweise in nationale und internationale Ausstellungsprojekte integriert und für die Dauer der Ausleihe ersetzt werden müssen, sondern er ergibt sich auch durch die Vermittlung der Ergebnisse jener Arbeit, die hinter den Kulissen stattfindet.«

Bis Freitag hatte ich etwa siebzig Karteikarten zusammen, die ich wie Vokabeln durchgearbeitet hatte, um möglichst viele Bonmots in meinem Gedächtnis zu verwahren. Schon auf der Fahrt bereitete mir die Erwartung, Hana mit Kenntnissen zu überraschen, die sie mir vermutlich nicht zutraute, ein großes Vergnügen.

Hana war anders gekleidet als ich es erwartet hatte. Sie trug eine Jeans und einen roten Pullover. Ihre Haare hatte sie flüchtig gekämmt und nach hinten gebunden. Sie sah geschafft aus, erschöpft. Ich schlug ihr vor, einen Kaffee zu trinken, ehe wir in die Ausstellung gingen. Nach der zweiten Tasse war sie munterer. Um nicht gleich die Katze aus dem Sack zu lassen, erzählte ich ihr von meiner Woche im Büro. Als ich ihr schilderte, wie ich meine Berichte mit Seitenhieben gespickt hatte und daran eine berauschende Lust empfunden hatte, lachte sie.

»Du gibst mir diesen Mut, Hana.«

»Die Kollegen und Vorgesetzten bloßzustellen?«

»Abstand zu den täglichen Dingen zu gewinnen. Ich war immer in den Sachen verstrickt. Ich bin noch nie auf Distanz gegangen und habe gar nicht gemerkt, wie sich eigentlich die Welt in dämlichen engen Volten ...«

»Ich mache doch gar nichts.«

Es genüge schon, versuchte ich ihr zu bedeuten, der bloße Gedanke an sie, um mich über die Dinge zu transportieren.

»Du sollst dir kein Bild deiner Göttin machen«, sagte sie spöttisch. »Das ist das wichtigste Gebot. Du bist doch Gesetzeshüter, müsstest es doch eigentlich wissen.« Dann rückte sie ihren Stuhl näher heran, beugte sich mir zu und küsste mich auf den Mund.

Wir beschlossen die Galerie der Klassischen Moderne zu besuchen und uns nicht mit den Sammlungen der alten Meister aufzuhalten. Es machte mich ein bisschen nervös, weil ich dazu weniger vorbereitet hatte als zu den anderen Galerien. Noch in unser Gespräch vom Café vertieft gingen wir ein bisschen unachtsam durch einige Räume, in denen einige Portraits von einzelnen Persönlichkeiten und Familien ausgestellt waren. Man hatte diese wohl ausgewählt, soweit ich das Konzept verstanden hatte, weil sie einen besonderen charakteristischen Einblick in die soziokulturelle

Welt jener Epochen gaben, aus denen die Gemälde stammten.

Irgendwann schaute Hana auf den Plan und sagte: »So. Wir sind da.«

Ich stellte mich dumm: »Wo, da?«

»Dieses Bild von Pablo Picasso zeigt den Kunsthändler Clovis Saget. Bevor er mit Kunstwerken handelte, war er ein Clown beim Zirkus. Manche sagen, er sei mehr ein Trödler gewesen, der auch Bilder verkaufte.«

Ich machte irgendeine ironische Bemerkung und lachte laut darüber.

Hana wurde plötzlich sehr ernst und wechselte in eine Stimmung über, die ich nicht gleich verstand, die mir ein bisschen unpassend vorkam, obwohl sie genau zu dem Ort passte, an dem wir waren. »Der Kubismus geht ihm nur zaghaft ans Jackett«, dozierte sie, »sein Kopf ist völlig unzerbrochen, wenn auch so großformig vereinfacht, dass höchstens geraten werden kann, ob er mit Sympathie oder vielleicht ironisch gesehen wurde.«

In der Nähe hing ein Gemälde von Paul Klee, *Die Revolution des Viadukts.*

Ich versuchte mich an etwas zu erinnern, das ich darüber bei Wikipedia gelesen hatte, aber schon gab mir Hana eine Interpretation: »Sie weigern sich, nur ein Glied in der Kette zu sein und machen Revolution.« Ihr Ton war dabei wiederum ein anderer, als der, den ich von ihr kannte. Sie sprach genauer als sonst, strenger. Obschon ich es ihrem professionellen Habitus zuschrieb, begann sie mich rasch damit zu irritieren. Sooft ich Nachfragen stellte, wich sie aus und erläuterte nur ein weiteres Detail. Und so ging es die ganze Zeit, Exponat für Exponat.

Irgendwann standen wir vor einem Bild von Max Beckmann – *Ulysses und Calyps.* Seine Person hatte mich während der Woche sehr interessiert.

»Ah, 1943«, sagte ich bedeutend, mich vom Schildchen neben dem Rahmen aufrichtend.

»Beckmann«, fing Hana an, »hat über seine Arbeit gesagt, dass es ihm vor allem darauf ankommt, die Idealität, die sich hinter der scheinbaren Realität befindet, zu zeigen. Er suchte aus der gegebenen Gegenwart die Brücke zum Unsichtbaren. Es handelte sich für ihn immer wieder darum, die Magie der Realität zu erfassen und diese Realität in Malerei zu übersetzen. Das Unsichtbare sichtbar machen durch die Realität.«

»Genau«, erwiderte ich. »Manche mögen glauben, dass sei vielleicht paradox. Es ist aber wirklich die Realität, die das eigentliche Mysterium des Daseins bildet!«

Als ich mein Zitat zum Besten gegeben hatte, schaute mich Hana verwundert an. Zu meinem Erstaunen aber war sie errötet. Sie wandte sich von mir ab und lief hastig quer durch den Raum zu einem anderen Bild. Die Leere des Raums verstärkte das Echo ihrer harten Schritte. Ich blieb stehen, ohne zu begreifen warum. Irgendetwas war geschehen, ohne dass ich das Ereignis hätte benennen können. Ich ging zu ihr hin.

»Hör mal, habe ich etwas Falsches gesagt? Du weißt doch, dass ich von diesen Dingen hier keine Ahnung habe.«

Keine Antwort.

»Ich habe das Zitat bei Wikipedia gelesen, abgeschrieben und auswendig gelernt. Ich wollte nur …«

Sie explodierte. »Du denkst vielleicht, ich habe kein Studium gemacht, aber du hast dich geirrt. Ich habe mehr gemacht, als du in deinem dummen Leben.« Ich wollte sie berühren und trösten, aber sie wehrte mich ab und stieß mich weg. »Ich lüge nicht«, schrie sie, dass die anderen Besucher mich böse anblickten.

»Das habe ich nicht gesagt. Ich habe doch nur etwas nachgeplappert, was ich bei Wikipedia gelesen habe.«

»Wir machen keine Ermittlungen mehr. Deine Ermittlungen stinken mir zum Himmel.« Sie stürmte wütend aus dem Raum. Sobald ich versuchte ihr nachzugehen, drehte sie sich um und brüllte so laut, dass ihre Stimme brach. »Bleib weg von mir. Ich lüge nicht. Bleib weg! Bleib weg!« Es war hässlich, und ich blieb stehen, blieb lange stehen und versuchte den vorwurfsvollen Blicken der anderen Besucher zu entgehen, indem ich mich der Wand zuwandte und die Dinge ansah, die daran aufgehängt waren.

V   Neuschnee

Am nächsten Tag fand in Hamburg die Loveparade statt und die gesamte Polizei war im Einsatz. Ich hatte die Schicht in der Nacht von achtzehn bis fünf Uhr zu übernehmen, aber mein Einsatzort war ziemlich abgelegen von den meisten Partys. Mein Kollege langweilte sich so sehr, dass er jede Stunde zum Döner-Laden ging. Der Laden lag gleich gegenüber unserer Halteposition. Trotzdem war Thomas jedes Mal eine viertel Stunde weg und aß noch eine weitere viertel Stunde lang im Auto, als er zurückgekommen war. Gegen halb vier füllten sich die Straßen mit Ravern, die die Party schon verlassen hatten. Ich sah im Rückspiegel eine Gruppe von Frauen, die schrill kichernd auf dem Gehsteig entlang schwankten und zu den Rhythmen tanzten, die noch in ihren Leibern nachzuvibrieren schienen. Eine davon hatte irgendwelche Leuchtelemente bei sich, die an zwei Schnüren befestigt waren, die sie beim Tanzen um sich herum schwang. Irgendwann kam sie aus dem Gleichgewicht und streifte ihre Freundin mit einem der glow-in-the-dark am Kopf. Die Tänzerin verstrickte sich daraufhin und fiel um, während die andere die Hand über ihrem Auge hielt und sie beschimpfte. Die anderen lachten los und machten Scherze über die beiden. »Pah, ha. Ich glaube ihr habt ein Knicklicht! Pah, ha, ha!« Dann halfen sie der Gestürzten aufstehen und gingen an unserem Wagen vorbei.

Um vier Uhr fuhren die U-Bahnen wieder in einer engeren Taktung und mehr und mehr Leute kamen die Straße entlang. Ich fragte mich, ob Hana vielleicht irgendwo in der Stadt feierte. Wenn sie nach Hause ginge, käme sie vielleicht hier vorbei. Das war nicht unmöglich. Um halb fünf war mein Kollege eingeschlafen. Eine junge Frau lief auf der anderen Seite der Straße vorbei. Sie lief langsam. Ich meinte, ihr Gang sei unschlüssig, auch ein bisschen wackelig. Dann erkannte ich, dass sie weinte. Ich wollte sie fragen, was sie habe, fürchtete aber mich davor, nicht zu wissen, ob ich sie trösten könnte. Als ich den Gurt löste, um auszusteigen, verfing sich die Schnalle an meiner Dienstwaffe. Ich wandte mich zur Seite, um mich mit der anderen Hand loszumachen. Bevor ich ausstieg, schaute ich noch mal aus dem Beifahrerfenster und sah, dass sie sich nach irgendeinem Typen umgedrehte, der wohl ihren Namen gerufen hatte. Sie blieb stehen und wartete, bis er näher gekommen war. Sie unterhielten sich, wobei ich den Eindruck hatte, dass er ihr Vorwürfe machte. Sie versuchte ihn zu streicheln, aber er wies ihre Hand ab. Dann schrie er sie an und machte ihr eine Szene. Mir war danach, auszusteigen und ihn mit meinem Knüppel zu schlagen, aber das hätte mich den Job gekostet. Schließlich schrie er so laut, sie sei ein Flittchen und stampfte trotzig und empört davon, so dass mein Kollege wieder aufwachte.

»Was war da draußen los?«, fragte er verschlafen.

»Nichts. Ich glaube, da haben sich zwei gestritten.«

»Diese Loveparade geht mir auf den Sack«, sagte er und stieg aus, um im Döner-Laden aufs Klo zu gehen.

»Willst du auch was? … Bist du sicher? Na ja, ich geh jetzt Scheißen, kaufe noch einen Lahmacun und dann machen wir Schluss. Wir werden vermutlich jeden Moment abgelöst, oder?«

Ich nickte und drehte das Radio an. Als Thomas zurückkam, waren die Kollegen schon eingetroffen, die uns ablösen sollten. Wir machten noch ein bisschen Smalltalk, eine unspektakuläre Übergabe und fuhren los.

Nachdem ich Thomas nach Hause gefahren hatte, fuhr ich unschlüssig in der Stadt herum, dann aus der Stadt heraus, auf die Autobahn, beschleunigte übers Tempolimit, raste einige Kilometer lang und fuhr schließlich irgendwann wieder ab, drehte auf die andere Fahrbahnseite und kehrte zurück nach Hamburg. Als ich wieder in die Stadt hineingefahren war, hatte ich kurz das Gefühl, die Sicht sei behindert und betätigte die Scheibenwischanlage. Dann merkte ich aber, dass ich weinte.

Um halb sieben an jenem Morgen parkte ich in der Nähe von Hanas Haus, schaltete den Motor ab und wartete im Streifenwagen. Während der ersten Stunde verfiel ich in mehrere Zustände von Angst, dann Panik, dann Scham, dann Ratlosigkeit. Ich ließ den Wagen ein paar Mal wieder an, nur um sofort wieder den Motor abzustellen. Dann noch mal: Diesmal fuhr ich einmal um den Block, parkte aber bald nahe der Stelle, wo ich zuvor gestanden hatte. Wenn sie mich in der Uniform, mit Schlagstock und Pepperspray und der Knarre sieht, dachte ich, denkt sie, ich bin verrückt: Wenn sie mich mit dem Streifenwagen hier erwischen, bin ich fällig, wie soll ich das erklären?

Es wurde acht Uhr. Nichts tat sich. Ich war todmüde, meine Ohren sausten. Während es dämmerte, war ich mehrmals eingenickt. Einmal wachte ich erschrocken auf, da ich glaubte, das Zufallen einer Haustür zu hören. Bei Hanas Haus jedoch war noch alles dunkel. Dann hörte ich Schritte, die sich von hinten dem Wagen zu nähern schienen. Ich schaute in den Seitenspiegel und sah nichts: Ich blickte in den Rückspiegel, wieder nichts. Plötzlich kam ein Inder dem Wagen entgegen, der offenbar in der Nachbarschaft irgendwelche Prospekte verteilte. Als sich um die Mittagszeit noch nichts getan hatte, fuhr ich den Wagen zurück zur Wache und kehrte in meine Wohnung zurück, duschte mich und legte mich hin.

Stundenlag lag ich dann im Bett, ohne schlafen zu können. Die Szene im Museum wiederholte sich in mir unaufhörlich. Es kam mir so sinnlos vor, so unbegründet. Die ganze Sache schien mir überflüssig und auf einem Missverständnis zu beruhen, dass ich nicht aufzuklären in der Lage war, da ich mir nicht vorstellen konnte, was die Ursache dafür gewesen war.

Neben meinem Bett lag noch eine Karteikarte, die ich nicht entsorgt hatte, als ich aus Verärgerung den Stapel Karte um Karte zerrissen und ins Klo gespült hatte. Darauf stand etwas, das ich von Wikipedia über das Bild *Nana* von Édouard Manet abgeschrieben hatte.

»*In der Mitte der Leinwand steht Nana. Hinter ihr und vom rechten Rand des Bildes in der Mitte durchgeschnitten, sitzt angespannt ein Herr mit Frack und Hut, der Nanas Nonchalance beim Zeitverbrauch ungeduldig zu erleiden scheint. Nana trägt, was Männern in moderner Form auch heute noch gefällt: Ein Korsett, das Taille und Hüfte betont, einen Unterrock, der bei jedem Schritt raschelt. Nana steht vor einem Spiegel, der ihr Bild festhält und spiegelt, während demungeachtet ihr Blick dem Betrachter zugewandt ist. Ob der Mann auf dem Bild tatsächlich ein »Beschützer« ist und nicht doch ein Günstling, der für Nanas Gunst bezahlt, bleibt dahingestellt, auch wenn schon so geredet wurde, als sei das eine abgemachte Sache.*«

Ich hatte nicht geschlafen, als ich von der Wache losfuhr, um Thomas abzuholen. Wir hatten auch am zweiten Tag dieses Loveparade-Wochenendes Dienst an derselben Stelle, wie am Tag zuvor. Ich trug dieselbe Uniform und hatte acht

Dosen Redbull gekauft, die beim Fahren auf dem Beifahrersitz hin und her rollten.

Anstatt in die Straße, in der Thomas wohnte und dort vermutlich schon auf mich wartete, einzubiegen, fuhr ich einfach weiter und parkte das Auto vor Hanas Haus. Mir schien plötzlich alles gleichgültig. Es war mir egal, ob sie den Streifenwagen sähe, ob sie mich in der Uniform sähe, ob man mich einem Disziplinarverfahren unterziehen oder mich einfach suspendieren würde. Die Vorstellung, die Situation in der Kunsthalle noch eine weitere Minute ungeklärt zu lassen, machte mich wahnsinnig.

Also wartete ich erneut. Es dämmerte abermals und es wurde dunkel. Niemand kam. Nachdem ich alle acht Redbull getrunken hatte, stieg ich aus, um hinter einem Gebüsch zu pinkeln. Sobald ich wieder in den Wagen einstieg, schlief ich aber trotzdem ein. Ich wachte aber ständig auf – oder zumindest halb – und glaubte, es gingen irgendwo Schritte in den Straßen umher. Ich blickte mich um, stieg aus, schaute in die eine Richtung der Kreuzung und dann in die andere. Aber das Wohngebiet war still.

Im Radio kam nichts das mich wach gehalten hätte. Wieder kamen die Gedanken, die Sache abzubrechen. Unmöglich. Mir schien alles wie im Traum. Mein Herz raste vom Koffein, meine Augen vermochten vor Erschöpfung kaum offen zu bleiben. Irgendwann waren überall Schritte und Echos von Schritten. Ich bekam Angst, drehte mich auf dem Sitz ständig um, ohne etwas zu erkennen. Doch dann, plötzlich, ging jemand an dem Wagen vorbei, der mir bekannt vorkam. Da es nicht Hana war, sondern ein älterer Herr, schaute ich aber nicht weiter hin. Doch plötzlich ging vor Hanas Haus das Licht an. Mein Puls schoss in die Höhe, dass ich meinte, ohnmächtig zu werden. Als sich aber nichts tat, begriff ich, dass es ein automatischer Mechanismus war, den der Passant ausgelöst hatte. Ich schaute mich um, um ihn wieder zu sehen. Er war im Begriff in eine Seitenstraße einzubiegen, da ich neben ihm ein kleines Hündchen erkannte. Ein altes Erschrecken begehrte plötzlich in mir auf. Ich sprang aus dem Wagen, lief dem Herren nach, rief ihm »Hey Sie da!« zu. Sobald ich aber an der Ecke angekommen war, war er verschwunden.

Als ich wieder ins Auto steigen wollte, ging Hanas Haustür auf. Ich stand auf dem Gehweg direkt vor ihrem Haus. Sie schien erschrocken zu sein, mich zu sehen. Da sie nichts sagte und die Tür wieder schließen wollte, rannte ich auf sie zu und stemmte mich gegen die Tür. Sie schrie. In ihrem Flur packte ich sie und schüttelte sie, dann versuchte ich sie an mich zu drücken. Irgendwie gelang es ihr, sich von mir loszumachen und sie trat einige Schritte zurück. Sie wollte mir etwas sagen, doch plötzlich öffnete sich eine Tür in ihrem Haus. Ein kleiner Junge kam auf sie zugestürzt.

»Mamuschka! Mamuschka!«

»Verschwinde«, schrie sie, »oder ich rufe die Polizei!« Sie packte den Knaben am Arm und wandte sich ab.

»Bleib stehen!« Meine Hände bebten und erst als der Junge begann zu weinen, begriff ich, dass ich meine Waffe auf sie gerichtet hatte. »Wer bist du?«, schrie ich den Jungen an, sah dabei aber zu Hana. In meinen Ohren war so ein heftiges Rauschen, dass ich kaum noch etwas hörte. Ich stand da mit bebender Hand und in mir rauschte es, rauschte es, wie bei einem Radio, das nichts empfängt. Eine Wut ging durch mich, die ich kaum zu beschreiben weiß, da ich sie kaum zu beherrschen wusste und weniger noch verstand, was es war, das in mir in Aufruhr war.

»Wer bist du?«

Keine Antwort.

»Warum bist du vor mir davongelaufen?«

Keine Antwort.

»Was habe ich falsch gemacht?«

Keine Antwort.

Und um ein Haar hätte ich gesagt, *wer läuft da draußen herum*? Ich hörte durch die offene Tür Schritte. Ich erinnere mich, dass, als ich einige Schritte zurück trat, um nach draußen zu schauen, ich mich wunderte, warum Hana nicht um Hilfe schrie, wenn doch jemand in der Nähe war.

»Ist das der neue Papa? Ist der mein neuer Papa, Mam?«
Die Schritte versiegten.

Ich weiß heute nur noch, dass ich zu Boden sank und leise »Ja« flüsterte.

Browsergames

I   Aoife

Es ist nicht so einfach, ständig mit seinen Erfahrungen zu leben. Ich hatte kürzlich einige schlechte gemacht und begann aufzuräumen. Das betrifft besonders die Dateien auf meinem Computer. Die meisten hatte ich unter nichtssagenden Namen durcheinander in irgendwelchen Verzeichnissen gespeichert. Viele hatten nie einen eigenen Namen, weil ich sie nur von der Videokamera oder dem Handy kopiert hatte, als dort der Speicherplatz knapp geworden war, ohne sie je wieder zu öffnen. Es ist keineswegs einfach, ständig auf engen Raum mit seinen Erfahrungen zu leben. Gestern zum Beispiel, da stöberte ich durch alte Ordner auf einer externen Festplatte, die ich seit einigen Jahren nicht angeschlossen hatte. Dabei entdeckte ich einige Video-Dateien, die ich aufgenommen hatte, als ich mit einem Mädchen in Dublin lebte.

Während ich die kurzen Clips, die etwa vier Semester oder zwei Jahre dokumentierten, nacheinander durchsah, gingen undeutliche Gefühle durch mich. Ich sah ihre schulterlangen braunen Haare, hörte ihr glucksendes Lachen, das immer wie überrascht oder unabsichtlich aus ihr quoll, dann küsste sie in die Kamera hinein und winkte. Auf einem anderen Video lief sie gedankenversunken an einer Fassade aus verwitterten Ziegelsteinen und etwas zu klein geratenen Fenstern irgendwo auf Arbour Hill entlang; sie zupfte an ihrem Ärmel, hielt den Kopf gesenkt, ihre Strähnen fielen ihr ins Gesicht, dann blickte sie direkt in die Kamera, blickte kurz entrüstet und rannte dann mit einem schnellen Kichern auf das Objektiv zu. Ihre Statur war eher klein, ihre Hüften eher bübisch als fraulich. Ich glaube, was mich damals an ihr so reizte, war, dass sie raffiniert war, wie spielend, dass ihre Bewegungen eine seltsam unbedachte Geschicklichkeit besaßen, eine Art robuste Eleganz. In einem anderen Clip saßen wir zusammen am Fenster meines Zimmers in Dun Laoghaire. Die Kamera war fixiert oder einfach irgendwo abgelegt. Wir küssten einander. Sie saß auf der Fensterbank, ich war gegen sie gelehnt und drückte sie gegen die Scheibe. Dann schlang sie ihre Beine um mich, ich öffnete ihren BH (aus der Beobachterperspektive sah ich dabei ziemlich unbeholfen aus). Irgendwann ging ich mit offener Hose auf die Kamera zu und schaltete sie ab. Ich fand auch Clips, die uns auf Partys zeigten; die Kamera ging frei umher, von Besucher zu Besucher. Einige Party-Gäste machten bierlaunige Bemerkungen, dumme und anzügliche Sprüche, manche rezitierten etwas, sangen, umarmten sich oder winkten ab, andere begannen zu tanzen oder zogen Grimassen. Dann sah ich noch ein paar Clips, die weniger diskret waren.

Aoife und ich hatten uns kennengelernt, als ich in Grafton Street meine erste Video-Kamera kaufen wollte. Sie studierte Film und jobbte nebenher in einem Elektronikgeschäft. Dass sie mir von einer DV-Kamera abriet und empfahl, eine zu kaufen, die den Film direkt auf eine eingebaute Festplatte speicherte, war nicht nur für sie, die mir eigentlich ein teureres Gerät andrehen wollte um höhere Verkäufer-Boni zu kassieren, von Vorteil, sondern auch für mich und meine profanen Zwecke. Als ich die Kamera kaufte, schrieb sie mir auf die Rückseite der Quittung ihre Telefonnummer. Ich weiß nicht warum; aber ich glaube, sie wusste es auch nicht. Mir gefiel, glaube ich, dass sie alles über Filme wusste, dass sie szenenweise auch aus Independent-Filmen zitieren konnte und zum Spielverhalten vieler Schauspieler interessante Kommentare machte, dass ich in ihrer Gegenwart wenig sprechen musste und doch alles voller Ideen war. Ich liebte das süße und zugleich kernige Timbre in ihrem südirischen Englisch, den Duft ihrer breiten Vokale und das leichte Säuseln, mit dem sie die Konsonanten verschluckte. Wenn ich ein Symbol für Aoife finden sollte, würde ich Honig wählen.

Nachdem jener Sommer vergangen war, hielten Aoife und ich engen Kontakt. Wir skypten und mailten mehrmals täglich. Nachdem ich die Dateien auf der Festplatte durch hatte, loggte ich mich bei Gmail ein und ging auch unsere Mails von jener Zeit durch. Es handelt sich um eine Korrespondenz, die über fünf Jahre hin mal dichter, mal zeitversetzter verlief. Innerhalb dieser Zeit lebten wir zwei Jahre lang zusammen in Bern, danach ging sie nach Glasgow und ich zurück nach Deutschland. Ein halbes Jahr später zog ich ihr nach. In den Zeiten, da wir miteinander wohnten, war Mailen überflüssig geworden, wir hatten ja unseren Mund, unsere Lippen … ihre Lippen. Wenn ich die Filterfunktion bei *googlemail* entsprechend einrichte, kann ich genau verfolgen, wie unser täglicher Austausch verlief. Ich glaube, das Schmerzliche an diesen digitalen Reminiszenzen liegt in der Kenntnis, dass unsere Liebe fragmentarisch, zeitversetzt, einmal nah und intensiv, einmal sehnsüchtig und entrückt geschah. Ich glaube im Übrigen auch, dass mich das Nichtvorhandsein einer epischen Folie ziemlich hilflos macht, wenn ich über die Art unserer Beziehung nachdenke: Das Nichtvorhandenseins eines Krieges, einer Revolution, einer Schändung, einer Flut-, Schnee-, Sturmkatastrophe, eines Erdbebens, einer Epidemie, eines Verbots, die irgendwie anwesend oder am Werke wäre, die unsere Trennungen und Wideraufnahmen legitimieren könnte. Und gelegentlich halte ich nicht aus, dass es einfach aufhörte, sich verlief, wie eine Welle, die sich am Strand zum Rinnsal erschöpft. Aber vielleicht war der Grund auch ein ganz anderer. Irgendwann hörte ich auf ihr zu schreiben. Ich war in den letzten Semestern meines Studiums. In jener Zeit war ich auch gezwungen worden, umzuziehen, und ich versäumte mehr oder weniger Aoife meine neue Adresse mitzuteilen.

Vielleicht war es ein Fehler, ihre Nachrichten und Anrufe nicht mehr zu beantworten.

II   Vorläufiger Reichtum

In den letzten Semestern meines Studiums hatte ich begonnen, mit zwei Freunden ein browserbasiertes Spiel zu entwickeln. Es hatte zum Ziel, eine eigene Hehlergruppe aufzubauen und durch möglichst geschickte Schmugglergeschäfte und Menschenhandel ein Imperium zu errichten. Als wir Ende 2010 online gingen, war es mühsam eine Community aufzubauen, das Spiel neben den vielen anderen Browsergames interessant zu machen, es durchzusetzen, und möglichst viele Spieler zum relativ regelmäßigen oder zumindest kontinuierlichen Einloggen zu motivieren, sie aktiv zu halten und sie anzuregen, die volle Breite der Funktionen zu nutzen. Nach einem Jahr hatten wir über 90.000 Nutzer, von denen ungefähr die Hälfte mehrmals im Monat einige Stunden mit unserem Spiel zubrachten. Bis dahin hatten wir noch keinen Cent Umsatz gemacht; die anfallenden Servergebühren deckten wir mit Mühe durch Werbebanner. Der Zuspruch jedoch ermunterte uns, noch ein weiteres Spiel zu entwickeln und dann noch eins.

Nach einiger Zeit stellte einer meiner Freunde mir und unserem anderen Partner eine Bekannte vor. Sie hatte gerade ihre Diplomarbeit in der Mikroökonomie mit Schwerpunkt Marketing fertiggestellt und bereitete sich auf eine Promotion vor.

Stephanie verbrachte einige Nachmittage und Abende mit uns. Mich überraschte, wie mühelos es ihr gelang, sich in die Logik unserer Produkte einzudenken. Zwei Wochen später machte sie Vorschläge, wie wir durch schleichende, aber für die Spieler bereichernde Änderungen kostenpflichtige Elemente einführen könnten. Zugleich brachte sie intelligente Lösungen ein, die eine niedrigschwellige und seriöse Zahlungsabwicklung sicherstellen konnten. Unsere Nutzer sollten fortan durch SMS-Nachrichten, Anrufe, oder über *paypal* Sonderrechte im Spiel erwerben können. Julian war skeptisch und fürchtete, dass solche Elemente unsere mühsam gewonnenen Stammspieler abschrecken würden. Er meinte, dass gerade die kostenfreie und unverbindliche Dimension unserer Spiele die Basis für ihre Popularität darstelle. Julian meinte, dass eine solche Modifikation dazu führen würde, dass unsere Spieler abwandern.

»Es wird ja im Grunde alles beim Alten bleiben«, sagte Stephanie souverän. »Die können weiterzocken, wie bisher. Nur dass sie nach der Einrichtung solcher Elemente auch Zusatzfunktionen, bessere Waffen, schnellere Autos, Toys und Bestechungen erwerben können.«

»Das ist aber doch nicht fair. Wird das nicht für die anderen Nutzer, die weiterhin ohne diese geringfügigen Investitionen spielen, ein Nachteil werden? Ich meine, wir erzwingen doch volens nolens den Kauf von solchen Dingen, um überhaupt etwas erreichen zu können.«

»Na klar. Eure Spiele sind gerade deshalb so beliebt, weil sie eine agonale Situation schaffen. Die ist zwar fiktiv. Aber das liegt ja in der Natur des Spielens. Man erreicht innerhalb des Spiels einen Status, den andere Spieler neiden, den andere ebenfalls erringen oder durch Verdrängung der anderen erkämpfen wollen. Man kann mit kleinen Münzen

Schafkopf spielen und ein paar Bier trinken oder sich ans Roulette setzen und die Bank sprengen.« Einige Monate später, als Stephanie und ich uns zufällig an diese Begebenheit erinnerten, machte sie einen Nachtrag, ohne sich die kooperative Miene von damals zu geben: »Ich wollte diesem Vollidioten sagen, wer fair bleibt, bleibt arm. Aber dann hätte er sich nie überreden lassen.«

Wir begannen Elemente zu entwickeln und einzuführen, die Stephanies Forderungen entsprachen. Marcel und ich arbeiteten monatelang von früh bis spät. Es war wichtig, Elemente bereitzustellen, die zusätzliche Spannung und mehr Risiko bedeuteten, die in ein Reward-System eingebettet waren und cool, provokant, sogar illegal wirkten. Zusätzlich verbesserten wir die kommunikativen Ebenen der Spiele, führten Verknüpfungen zwischen den anfangs eigenständigen Spielen ein, kreierten einen Nachrichtendienst, einen Chat und iPhone Apps. Ein halbes Jahr später hatten wir mit den drei Browsergames über 800.000 Euro erwirtschaftet, die Nutzer verdoppelt, ihre aktiven Spielzeiten verzehnfacht. Wer im Browser spielt, der begibt sich in eine erzählerische Endlosschleife: Ein endloses Punkte sammeln, Charaktere aufbauen, Probleme lösen, Sachen aus dem Weg räumen. Obschon unsere Spiele, weil browserbasiert, weniger raffiniert waren und weniger aufwendige Grafik aufboten als herkömmliche Computerspiele, die man auf einer DVD kauft und installiert, verdienten wir pro Nutzer im Durchschnitt 40 Euro, was den im Handel erhältlichen Computerspielen gleichkam, allerdings bezog sich dieser Betrag auf eine Jahresnutzung, d.h. die Spieler investierten jährlich etwa 40 Euro in Zusatzfunktionen wie ölgekühlte Automatikgewehre, gepanzerte Transporter, Gleitcreme, Bestechungsagenten, *hit men*, usf. Stephanie half uns dann, als alles größer zu werden begann, dem Unternehmen einen angemessenen rechtlichen Rahmen zu sichern. Sie zog

Juristen hinzu, die unsere AGBs prüften und uns hinsichtlich der Bestimmungen des Jugendschutzes berieten. Zwei Jahre später gingen noch vier weitere Browsergames online. Julian schied aus dem Unternehmen aus, was einen Partner weniger bedeutete. Ein Jahr später stellten wir einen polnischen Programmierer namens Kacper ein, dem wir die Pflege und Administration der bestehenden Produkte anvertrauten. Wir hatten ein kleines Büro gekauft und richteten firmeneigene Server ein. Kacper kannte das Internet gut und sorgte dafür, dass unsere Präsenz deutlicher wurde. Er führte ein Ranking und Voting-System ein, meldete uns bei anderen Webseiten an, brachte unsere Geschäftsberichte und News an die richtigen Zeitschriften. Obwohl wir nie die Absicht hatten, ihn wie Julian zum Miteigentümer zu machen, bestätigte sich oft mein Verdacht, dass der gutmütige und fleißige Kacper sich in die Idee unserer Sache verliebt hatte, dass er geradezu von ihr besessen war. Marcel und ich blieben Eigentümer des Unternehmens. Die Masterpasswörter zu den Serveranlagen teilten wir zwischen uns beiden auf. Sie waren gewissermaßen Unterpfand unserer Zusammenarbeit. Kacper war unser erster Angestellter. Es war dann auch Kacpers Vorschlag, dass wir jemanden einstellen sollten, der sich ausschließlich um den Newsletter kümmerte. Unser Startup wuchs.

Kacper hatte einen unerhört analytischen Kopf. Er schlug vor, die Benutzerdaten sorgfältiger aufzubereiten und sie bei der Weiterentwicklung heranzuziehen. Er regte auch an, weitere Daten über das Spielverhalten, Taktiken, über die Interaktion zwischen den Spielern systematisch festzuhalten. Dabei ging es ihm keineswegs um intime oder private Informationen der Nutzer und ihr Leben, sondern um ihre Interaktion in unseren Systemen. Er koordinierte dies bald mit Stephanie, die das schon bestehende Betriebsinformationssystem zum internen Controlling verwendete. Das Geschäft entwickelte sich ausgezeichnet. Unsere Gewinne waren beständig und hoch. Und das war die Zeit meines professionellen Anfangs.

In dieser Zeit besuchte ich mit Stephanie gelegentlich Vorstellungen im Theater. Im Grunde war auch ich zunächst skeptisch wie Julian und durch die souveräne Kompetenz, mit der sie ihre Vorschläge an uns richtete, etwas gegen sie eingenommen. Ich glaubte, ein grundsätzlich freies Spiel müsste sich ebenso amortisieren wie ein kostenpflichtiges. Das waren meine Ideale; es waren falsche Ideale; oder zumindest die richtigen Ideale in der falschen Sache. Jedenfalls lernte ich Stephanie durch unsere Zusammenarbeit und gelegentlichen privaten Dates näher kennen. Im April gingen wir zusammen in *Anthony and Cleopatra*, das von einer amerikanischen Theatergruppe aus Central City, die die Stadt besuchte, aufgeführt wurde. Die Aufführung war mittelmäßig, die Inszenierung ziemlich konservativ und bemüht bürgerlich. Die Schauspieler verzogen slapstickartige Grimassen bei Situationen, die Erschrecken oder entzückte Verwunderung forderten. Ich hatte das Gefühl, als sei es den Schauspielern nicht gelungen, ein bedeutungsvolles Verhältnis zu ihren Rollen herzustellen. Als Stephanie und ich im Anschluss zusammen zur U-Bahn gingen, geriet sie in eine seltsame Euphorie. Sie hatte das Stück noch nie gesehen oder gelesen; und die Aufführung war ihre erste Begegnung mit dem Stoff überhaupt. Obwohl ihr Verständnis von Cleopatra bisher undeutlich und allgemein gewesen war, hatte das Stück in Stephanie eine tiefe Anteilnahme hervorgerufen, besonders der letzte Akt. Auch hier hatte sie sich rasch in die Figuren eingefunden, eingedacht, sie war in eine unmittelbare Nähe mit den Konflikten der verschiedenen Charaktere versetzt. Ihre Erklärungen schienen mir, wenn auch unbeholfen, hellsichtig, einfühlsam, auch energisch und versessen. Wir fuhren mit dem Aufzug hinab zur Plattform der U-Bahn Station. Unten angekommen beschlossen wir, noch nicht nach Hause zugehen, und stattdessen eine Kneipe aufzusuchen, um weiter über das Stück zu plaudern; wir ließen die U-Bahn sein und fuhren mit dem Aufzug wieder zur Straßenebene. Ich hatte eigentlich keine Lust, aber ich wollte ihr den Moment geben. So gingen wir in eine Bar, bestellten zwei Gin Tonic und plauderten. Während sie über Cleopatra, Octavies, Pompey, über das Römische Reich, über Ägypten und Athen sprach, als seien es Szenen eines Cluburlaubs, strömte sie ebenjene Souveränität aus, die mich so kalt gelassen hatte. Und doch: Ihre Weise über das Verhängnisvolle in Antonys Liebe zu sprechen, gefiel mir. Nicht so schlecht, für eine künftige Marketing-Dozentin, dachte ich. Irgendwann sprachen wir auch über meine Situation.

»Ich war nicht immer im Rollstuhl. Vielleicht fällt es mir deshalb so schwer.«

»Du hast dich aber doch damit gut arrangiert, wie ich meine. Du bist erfolgreich. Du machst auch, wenn du mir das gestattest, keineswegs einen verbitterten Eindruck.«

»Aber ich kann nicht der sein, der ich einmal sein wollte. Klar, ich brauche irgendeine epische Folie. Meine game story ist die des Unternehmers im virtuellen Raum, der im wirklichen Raum gebunden ist. Aber was ist das schon?«

III   »past the size of dreaming«

Marcel und Stephanie waren zur Zeit, da er sie Julian und mir vorgestellt hatte, geringfügig liiert. (Ich glaube, man nennt es *friends with benefits*.) Als ich merkte, dass ihm der Schlagabtausch nichts ausmachte und dass er schon seit längerem mit einer der fünf Schwestern Kacpers angebandelt hatte, machte es mir auch weniger aus, mit Stephanie zusammen zu sein.

Auch eine sachliche Liebe kennt zärtliche Momente. Stephanie und ich verstanden uns, plauderten viel, mochten einander, hatten zu jener Zeit ähnliche Ambitionen und Ziele entwickelt. Irgendwann heirateten wir. Kacper, der besser HTML konnte als Deutsch, versteigerte zur Feier des Tages Fotos von unserer Hochzeitsfeier über unsere verschiedenen Spielsysteme. Es überraschte mich, dass einige Nutzer bereit waren, für Coolpix-Aufnahmen einer Feier, zu der sie keinen anderen Bezug hatten, außer dem Wissen, die darauf abgebildeten Menschen waren für das Spiel verantwortlich, mit dem sie – in manchen Fällen – ein halbes Jahrzehnt verbracht hatten, 300 Euro zu bezahlen. Anstatt die Erlöse an ein Kinderhilfswerk zu spenden, wie es Kacper in der Pop-up-Anzeige beworben hatte, versoffen wir alles an einem Abend in Barcelona. (Wir setzen die Reise als Motivationsseminar steuerlich ab.) Ein weiteres Jahr später wurden die Zwillinge Leon und Felix geboren. Ich war nicht darauf gefasst, Vater zu werden; ein kleiner Trost war, dass ich bemerkte, wie wenig auch Stephanie scheinbar damit gerechnet hatte, Mutter zu werden.

Dieser Schlagabtausch, wenn man so will, hatte mich und Marcel näher zusammen gebracht. Ich glaube, Marcel hatte sich insgeheim Sorgen um mich gemacht: Schon damals, als wir anfingen ernsthafter zu programmieren und das erste Browsergame entwickelten, fragte er mich häufig, ob ich in meiner neuen Wohnung zurechtkomme, ob ich Leute sehe. Jetzt, da ich seine Stephanie geheiratet, ihm gewissermaßen einen Freischein ausgestellt hatte, war eine verschwiegene Sympathie zwischen ihm und mir. Wir sprachen nicht nur vertrauter miteinander, sondern auch herzlicher. Er interessierte sich für Aspekte meines Lebens, die ihn noch nie gekümmert hatten. Er wollte wissen, wie ich meine Zukunft sähe, wie die des Unternehmens, ob es Menschen in meinem Umfeld gebe, die er nicht kenne, die ich aber für gute Partner fürs Geschäft hielt. Bald hatte er auch keine Mühe, mir intime Dinge zu entlocken; eine Art von Gespräch, die ich seit meinem letzten Umzug niemals geführt hatte, und auch nicht geglaubt hatte, noch einmal – wie unter Männern – zu führen. Es war, als wisse er um mein Glück, weil er selbst schon davon gekostet hatte. Trotzdem bildete ich mir ein, Marcel denke, Stephanie habe mich nur aus Mitleid geheiratet oder um ihm die kalte Schulter zu zeigen. Gelegentlich gingen Stephanie und ich mit Marcel und der Schwester von Kacper zusammen ins Kino, in den Biergarten, luden uns gegenseitig zum Abendessen ein. Eine Pärchenangelegenheit, die Frauen so gerne mögen, und deren Dynamik ich jetzt erst wertzuschätzen lernte. Die Schwester von Kacper war von einer blassen, etwas schüchternen Art. Doch sooft Stephanie und ich mit ihnen zusammen waren, öffnete sie sich, und ich erkannte das, was Marcel wohl an ihr als reizvoll empfand.

In der Nacht, da bei Stephanie die Wehen einsetzten, rief ich Marcel auf dem Weg ins Krankenhaus an. Er war noch vor uns da. Es war eine schwierige Geburt. Die ungünstige Lage der beiden Buben erforderte einen Kaiserschnitt. Alles verzögerte sich, dauerte an, musste besorgt werden; und dennoch geschah dies wohl für medizinische Verhältnisse alles im nüchternen Rahmen einer komplizierten Geburt. Wir blieben im Warteraum. Irgendwann kam eine Krankenschwester zu uns. Marcel stand auf; ich blieb aufgeregt sitzen, musste sitzen bleiben. Er ebenso nervös wie ich, ich ebenso ratlos wie er. Als die Hebamme in fröhlichem Ton anfing zu sprechen, richtete sie ihre Rede, vermutlich aus Höflichkeit, an uns beide. Und doch blieb die Hebamme mit Augen und den Schultern leicht Marcel zugewandt: »Wer immer von euch beiden der Vater ist, ist ein doppelter Vater von gesunden Jungen.« Als sie Marcel die Hand entgegenstreckte, um ihm zu gratulieren, verwies er ihre Hand an mich weiter. Marcel war, glaube ich, dadurch etwas in Verlegenheit geraten; aber die Freude überwog in dem Moment. Marcel und ich umarmten uns spontan. Wir weinten vor Glück.

Danach zogen Stephanie, die Zwillinge und ich mehrmals um. Obwohl ich häufig umgezogen war, waren Umzüge nun eine außerordentlich umständliche Angelegenheit geworden. Schließlich kauften wir ein Haus, das aus der Gründerzeit stammte. Erst zögerten wir, weil es so viele Stockwerke hatte und wir nur beabsichtigten, zwei davon zu bewohnen. Der Makler aber legte sich ins Zeug: Er machte auf die schönen geräumigen Flure, auf die großzügig wie intelligent geschnittenen Zimmer und auf den kürzlich neu eingebauten Aufzug aufmerksam. Der Makler überzeugte uns. Wir ließen dennoch umfangreiche Umbauten durchführen, modernisierten so ziemlich alles, setzten eine weitläufige Dachterrasse auf und zogen im Winter ein. Ich verbrachte über die weiteren Jahre hin viel Zeit damit, unsere Produkte weiterzuentwickeln, die Programme auf der Höhe der Zeit zu halten, den Wünschen einer wachsenden, sich auch autonom organisierenden Community Rechnung zu tragen, und das Unternehmen voranzutreiben. Es machte mir nichts aus, nach der Arbeit beim Kochen, im Bett, im Grunde bei allen Lebensvollzügen, mit Stephanie über das Unternehmen nachzudenken. Wir liebten es, Pläne zu schmieden, über weitere Schritte und Möglichkeiten ebenso zu spekulieren, wie über die Zukunft unserer Zwillinge. Ich glaube, diese gemeinsame Aufgabe wie auch die gemeinsame Wirklichkeit, an der wir dadurch zusammen teilnahmen, trug dazu bei, dass wir auch in meiner besonderen Situation das lebten, was man gemeinhin als eine glückliche Ehe bezeichnet. Stephanie hatte in manchen Momenten einen gewissen Charme. Dazu gehörte auch ihre kühle, dennoch wache Art. Ich liebte an ihr, dass sie berechnend war, immer einen Schritt voraus war im Planen und Bilden von Strategien.

IV Sphingen

Kacper erschien eines Morgens nicht im Büro. Die Anrufe wurden auf die Voicebox umgeleitet. Als er am nächsten Tag ebenfalls noch absent war, fuhr ich zu ihm. Obwohl ich wusste, wo er wohnte, war ich nie in der Gegend gewesen – wozu auch. Marcel wünschte mitzufahren, aber ein wichtiger Termin, den er am Nachmittag wahrzunehmen und am Vormittag vorzubereiten hatte, hinderte ihn.

Niemand machte auf – weder als ich unten klingelte, noch als ich vor seiner Wohnungstür im dritten Stock stand und klopfte. War ihm etwas zugestoßen? Ich fuhr mit dem Aufzug wieder auf die Straßenebene, rief unsere Sekretärin an und wies sie an, die Krankenhäuser anzurufen und nachzufragen, ob er irgendwo eingeliefert worden war. Als ich wieder ins Büro zurückgekehrt war, hatte sie noch nichts erreicht, war aber auch noch nicht mit der Liste durch. Marcel war schon zum Termin gefahren. Der Nachmittag verging. Keine Ambulanz im gesamten Stadtgebiet hatte einen Patienten namens Kacper behandelt oder auf eine Station eingewiesen. Da sich der Termin hinausgezogen hatte, erhielt ich am Abend keine Gelegenheit, die noch sehr papierlastige Strategie fürs neue Jahr mit Marcel zu besprechen. Ich hoffte im Grunde, die Sache mit Kacper würde sich in den nächsten Tagen von selbst erledigen. Warum mich nicht wunderte, dass keine seiner Schwestern nach ihm fragte, weiß ich heute nicht mehr. Ich hatte mich etwas um ihn gesorgt, aber ich war nicht bereit, noch weiter nach ihm zu suchen. Ich fuhr nach Hause. Am Tag hatten die Bauarbeiten in unserer Straße begonnen. Die Straße war aufgerissen, das Kopfsteinpflaster links und rechts auf den Gehwegen aufgestapelt. Ich hatte Mühe, einen Parkplatz in den angrenzenden Straßen zu finden, der mich leicht aus dem Auto kommen ließ. Als ich dann schließlich wieder zu unserer Straße kam, war ich gezwungen, mehrere Passanten zu bitten, mir dabei zu helfen, die überall provisorisch hingelegten Rampen, Bretterstege und Absperrungen zu überwinden. Das war mir allein nicht immer möglich, so musste ich warten, bis Passanten vorbeikamen, um mir zu helfen.

Stephanie war mit den Zwillingen zu ihren Eltern nach Konstanz gefahren, und ich freute mich daher auf einen ruhigen Abend allein. Ich las ein Stück von Shakespeare und trank dabei eine halbe Flasche Gin. Obwohl ich das Stück gut kannte, konnte ich mich am nächsten Morgen beim Aufwachen nicht mehr an sein genaues Ende erinnern. Eine vage Vorstellung von einer Viper. Ein vages Gefühl doppelter Rollen und Verrat war von der Lektüre zurückgeblieben – und ein gewaltiger Kater. Mit etwas glasigen Augen lächelte ich in den Badspiegel, sprach irgendetwas dämlich Selbstironisches hinein und stellte den Gin vor dem Frühstück wieder in den Barschrank, um einen gewöhnlichen Morgen zu absolvieren.

Erst auf dem Weg ins Büro merkte ich, dass ich mein Blackberry im Auto liegen gelassen hatte. Ich hatte um Mitternacht eine Reihe von Anrufen erhalten, von einer Nummer die weder mein Telefonbuch noch mein Gedächtnis erkannten. Während ich an einer Ampel auf Grün wartete, versuchte ich einen Rückruf.

Kacper hatte meinen Anruf erwartet, zumindest kam er gleich zur Sache: »Anton, du bald merken wirst, von heute ist alles anderen. Wenn du es akzeptieren, wirst nichts geschehen. Wir haben ziemlich vielen Informationen über dich. Nicht alle werden vor Gericht gut für dich sein.«

Er legte auf. Ich rief die Nummer abermals ab, aber Kacper hob nicht mehr ab. Was soll denn dieser Schwachsinn, dachte ich. Was will denn dieser zweitklassige Programmierer von mir, mich erpressen, womit denn, wofür? Der Fahrer hinter mir hupte. Ich fuhr los; ich raste, überfuhr eine rote Ampel, dann eine zweite. Als ich ins Büro kam, war noch niemand da. Auch Nadine, die Sekretärin war noch nicht da, obwohl sie mir eigentlich eine Statistik zum Server-Traffic der letzten Monate bereithalten sollte. Es kam auch niemand mehr.

Ich rief zuerst Stephanie an. Keine Reaktion. Dann Marcel. Mailbox. Beim Anmeldeversuch an meinem Rechner wurde mir der Zugang verweigert. Ich benutzte einen anderen Rechner, aber auch da, Zugang verweigert; oder genauer: Der Rechner war nicht einmal im Intranet aktiv. Ich prüfte die Kabel, als liege das Problem nur an einer technischen Kleinigkeit. Alles war aber so angeschlossen, wie es sich gehörte. Im Keller war alles dunkel. Die Server waren abgeschaltet. Ich erschrak heftig, als ich die ausgesteckten Server dastehen sah, als weder Kühler noch Festplattengeschacher im Raum hörbar war. Das ist das Ende, dachte ich.

Auf der gegenüberliegenden Straßenseite hatte vor zwei Jahren ein Typ aus Teheran, den ich manchmal beim Zigarettenkaufen am Kiosk nebenan traf, einen Call-Shop eröffnet. Ich ging hinüber. Der Laden war eng und überladen – irgendwie nervte mich plötzlich diese Enge, obwohl ich mit solchen umständlichen und eingeengten Lagen eigentlich schon seit langem gut auskomme. Ich bat ihn um einen Rechner und ging online. Alle unserer Webseiten liefen anstandslos. Eigentlich unmöglich, die Server waren doch aus. Ich hatte eben daneben gestanden. Beim Versuch mich von einem externen Rechner aus dem Call-Shop ins Firmennetz einzuloggen, wurde mir der Zugriff abermals verweigert. Vermutlich hatte Kacpar darauf gewartet, jedenfalls klingelte mein Blackberry kurz nach meinen Versuch im Call-Shop.

Ich nahm ab. Er rief von einem unbekannten Telefon an: »Die Server und dein Rechner im Büro sind aus. Alles ist aus. Sieh mal nach, was auf Festplatte gespeichern. Solche Pornos sind nicht ganz legal, mein Lieber. Kannst dafür ganz schön schnell in den Knast kommen. Besonders, wenn darauf aufmerksam machen, du wolltest über Firma solche Nebengeschäfte machen. Also, halt dich raus oder zieh dich warm an. Wir machen jetzt.«

Ich bezahlte und überquerte die Straße, um ins Büro zurückzukehren. Ich zitterte am ganzen Leib. Ich öffnete die Datenordner meines Firmenrechners. Sie wollten mich nicht nur betrügen, sondern auch erpressen. Es war nicht zu fassen. Es war lächerlich.

Während der ersten Stunden durchfuhr mich eine Panik. Sie kam in Wellen. Ich dachte, einfach alles löschen, doch ließen sich die Daten nicht löschen. Ich wollte die Festplatte formatieren, doch sie ließ sich nicht formatieren. Sie hatten an alles gedacht. Ich fand auch gefälschte IP-Protokolle, Traffic-Protokolle meines Rechners. Sie hatten mich in der Hand. Dann versuchte ich Stephanie zu erreichen, aber scheiterte erneut. Ich fuhr zurück zur Wohnung, suchte die Adresse und Telefonnummer ihrer Eltern. Ich hatte sie erst ein paar Mal gesehen, obwohl wir jetzt schon fast drei Jahre verheiratet waren. Um ehrlich zu sein, hatte ich eigentlich keinen Wert darauf gelegt, mit ihnen ein familiäres Verhältnis zu mimen. Doch als ich bei ihnen zuhaus in Konstanz anrief, ging jemand ans Telefon, den ich nicht kannte. Er fragte, wer ich sei, tat so als ob er mich nicht kenne oder kannte mich vielleicht wirklich nicht, und informierte mich, dass Herr und Frau Wiesenhof vor zwei Wochen im Garten von einem Baum erschlagen worden waren.

»Beide? Ist das ihr Ernst?«, fragte ich ungläubig.

»Ja. Beide«, antwortete die Person am anderen Ende. So ist das Leben.

Ich ging in Gedanken die vergangenen Wochen durch, versuchte Momente zu identifizieren, bei denen ich Stephanie es hätte anmerken können. Sie hatte viel telefoniert, war ein, zwei Mal erst spät zurückgekommen, hatte mich einmal mit den Zwillingen schlafend auf der Couch ertappt und uns alle drei mit entrüsteter Herzlichkeit ins Bett verwiesen. Wir hatten uns geliebt, mehrmals. Am vergangenen Donnerstag war ich früh aufgewacht und in sie, die noch schlief, eingedrungen. Ich rechnete weiter zurück, ging alle Begegnungen mit Marcel durch, dann mit Kacper. Dass ebendiese drei Menschen eine solche Intrige, dass sie von solcher römischen Glätte sein konnten ... Es war mir ein Rätsel.

V   Malum physicum

Honig ist nicht nur süß, sondern auch klebrig. Seit zwei Wochen war ich *out of office*, waren alle *out of office*. Nur die Browsergames liefen weiter, das Unternehmen verdiente weiter. Ich ließ mich etwas gehen, vermied überhaupt ans Unternehmen zu denken. Was sollte ich dort; alles war abgestellt, das gesamte Unternehmen war sozusagen gekidnappt. Nach einiger Zeit entwickelte sich in mir ein Bedürfnis, aufzuräumen. Da Stephanie nicht mehr zurückkam, ich auch halb entsetzt, halb müde war, weiter nachzuhaken, ließ ich alles fallen. Fortan räumte ich auf. Ich drehte Volten in allen Räumen und Gebieten, die mich angingen, und ordnete.

Ich hatte Stephanie nichts von Aoife erzählt, nie auch nur versucht ihr davon zu erzählen, obwohl dieses Mädchen die einzige Konstante darstellte, die ich für meine Jugend zu veranschlagen vermag; und obwohl die Erinnerungen an sie circa sechzig Gigabyte auf jener Festplatte belegten. Ich glaube inzwischen, dass Stephanies Euphorie über *Anthony and Cleopatra* mir damals so sehr sympathisch geworden war, weil Stephanie die Tragik in den zweiten und dritten Vergangenheiten, die das Leben und Geschick jenes Liebespaars bestimmten, auf ihre seltsam achronische Weise zu begreifen schien. Andererseits: Vielleicht habe ich ihr nie von Aoife erzählt, weil die Vergangenheit mir schon immer ein bisschen harmloser schien als die Zukunft; weil Aoife fort war und mit ihr die Zeit fort- und weitergegangen war, weil ich sie losgelassen hatte, um sie nicht mit dem zu konfrontieren, was mit mir geschehen war. Vermutlich dachte Stephanie über meine Vergangenheit, wie über ihre eigene: Dass sie von verschiedenen, verstreuten, mal festeren, mal unverbindlicheren Leidenschaften gezeichnet war, dass sie Narben hinterlassen, Vorsätze und Hoffnungen begründet hatte.

Dem könnte ich im Allgemeinen zustimmen. Nur, dass es anders war. Stephanie hatte mich vor dem Unfall nicht gekannt.

Es ist nicht nur schwer, ständig in einer ungeheuren Nähe zu den eigenen Erfahrungen zu leben, sondern auch zu wissen, dass alle Menschen, die man je gekannt hat, nur eine E-Mail weit entfernt sind. Zugleich ist es widersprüchlich, ungeheure Sehnsucht nach einem Menschen zu verspüren und dennoch nicht das Geringste zu unternehmen, um dieser Person diese Sehnsucht mitzuteilen, ihr überhaupt etwas mitzuteilen.

Jedenfalls schrieb ich Aoife aus heiterem Himmel eine E-Mail. Ich wollte weniger jemanden, an dessen Schulter ich mich ausheulen konnte, bei dem ich mich darüber beschweren konnte, dass meine Firma (sowie die Kinder) durch meinen Partner, meine Frau und einen polnischen Programmierer entführt worden waren, dass ich dazu noch von ihnen erpresst wurde, und dass mich das alles vollkommen kalt ließ; ich wollte weniger jemandem eine E-Mail schicken, um mich über diese Sachen auszulassen, als dass ich plötzlich dem mächtigen Gefühl einer Chance eine konkrete Gestalt zu geben wünschte. So schrieb ich Aoife.

Einige Minuten, nachdem ich die erste Mail an sie verschickt hatte, erhielt ich eine *no-reply* Information, wonach die Inbox der Empfangsadresse voll und eine Zustellung der Nachricht nicht möglich sei. Ich durchsuchte meine Mails nach weiteren Adressen, die sie benutzt hatte, und verschickte meine Nachricht abermals. Zwei Wochen vergingen, ohne Reaktion. *Facebook* nutzte sie nicht, linkedin auch nicht. Ich googelte sie und fand ihren Namen verstreut bei verschiedenen Sites erwähnt: Am aktuellsten schien mir die Homepage eines australischen Unternehmens, das auf zoologische Dokumentarfilme spezialisiert war und die Zeichenkette ihres Namens unter *production support* listete. Die Seite trug einen Timestamp, der vier Monate alt war; aber keine direkten Kontaktinformationen. Diese Information deckte sich mit Nachrichten, die ich zwei Tage später von gemeinsamen Bekannten erhalten hatte: Sie arbeitet jetzt im Bereich Dokumentarfilm und hätte einen Auftrag für eine Serie erhalten. Gegenwärtig sei sie in Afrika, wo, wussten sie nicht.

Meinem Unternehmen war etwas Absurdes zugestoßen, nun unternahm ich eine noch absurdere Unternehmung.

Ich beginne so: Afrika ist ein ziemlich großer Ort. Ich hatte nie auch nur das geringste Interesse, dorthin zu reisen. Über diesen Kontinent hatte ich allgemeineuropäische Vorstellungen, die sich aus einer Mischung aus einem vagen Erstaunen vor primitiven Kräften und dem zivilisatorischen Bemühen um eine bessere Welt zusammensetzten. Als ich Wikipediaeintrag nach Wikipediaeintrag durchbrowste, musste ich meine Vorstellung, dass Afrika im Wesentlichen eine Kloake sei, ein bisschen revidieren – zugleich musste ich eingestehen, dass die Revision meiner Vorurteile über Afrika nur eine bescheidene Modifikation verursachte. Irgendwo auf diesem Kontinent, dachte ich, hielt sie sich auf und drehte einen dokumentarischen Film über wilde Tiere. Ich hatte weiterrecherchiert und meinte nach einiger Zeit, den Einsatzort des Filmteams genau benennen zu können. Er war entlegen, wie googlemaps zeigte, ziemlich entlegen. War die weltgeschichtliche Relevanz eines Landstrichs danach bemessen, auf welchen Maßstab man ihn heranzoomen konnte?

Ich ging zu einer Reiseagentur, um die nötigen Buchungen zu besorgen. Als ich dem Berater meine Reiseabsichten schilderte, sagte er: »Ein Cluburlaub ist für jemanden wie Sie nichts Außergewöhnliches. Sie müssen sich dort vor nichts fürchten. Sie können sich innerhalb des Clubs vollkommen frei bewegen. Wir können sogar ein besonderes physiotherapeutisches Programm im Fitnessraum des Hotels für sie mitbuchen. Bei Exkursionen kommt nur ein kleiner Unkostenbeitrag auf Sie zu, den wir auch anderen Kunden in ähnlicher Verfassung berechnen.«

»Ich möchte keinen Cluburlaub.«

Mich verärgerte, dass er plötzlich versuchte, mir andere Reiseziele in Aussicht zu stellen. »Spanien ist doch hübsch, auch San Francisco lässt sich machen, solange Sie in der Innenstadt bleiben. Aber was haben Sie denn gegen einen Club. Ich versichere Ihnen, unsere Clubs sind ausgezeichnet, da gehen nicht nur Rentner hin. Wir haben einige Clubs speziell auf die Wünsche von *young professionals* wie Sie ausgerichtet. Da gibt es alles, auch die eine oder andere Urlaubsbekanntschaft.« Er zwinkerte ziemlich dämlich nach der letzten Bemerkung, was mich zusätzlich irritierte.

»Okay, noch mal«, ich bemühte mich zu lächeln: »Ich möchte keinen Cluburlaub, sondern in den ersten Tagen direkt in der Stadt wohnen, da ich beabsichtige, dort einige Menschen zu treffen, um sie wegen einer privaten Angelegenheit zu befragen. Für die restliche Zeit benötige ich einen

Fahrer, der mich an Ziele meiner Wahl befördert. Können Sie das machen?«

»Für Ihr Reiseziel bieten wir Exkursionen nur innerhalb eines Rahmenprogramms, z.B. bei einem Club oder einem Ressort an. Wenn Sie dies nicht wünschen, kann ich Ihnen aber einen Flug buchen und ein Hotel in der Stadt, das Ihren Anforderungen entsprechen wird.«

Ich packte einen leichten Wanderrucksack und machte mich auf den Weg zur U-Bahn, fuhr mit dem Aufzug zur Plattform und stieg ein. Als ich am Flughafen ankam und eincheckte, holte mich bald ein Mitarbeiter der Bodencrew ab und begleitete mich durch die Sicherheitskontrolle. Ich durfte auch zuerst, zusammen mit den Familien und alleinreisenden Kindern, an Bord der Lufthansamaschine. Ich wusste, dass meine Suche zwar verrückt, aber meine Reise nahezu unmöglich schien; ich wusste, dass titanische Hindernisse zu bewältigen sein würden; aber ich war entschlossen. Ich dramatisierte meine Situation ein wenig.

Nach der Landung musste ich noch lange im Flugzeug warten. Es war stickig und heiß. Die anderen Passagiere hatten die Maschine durch die herangerollten Treppen verlassen und eine peinliche Unordnung hinterlassen. Endlich kamen zwei Männer, die mir halfen. Sie hatten meinen Rucksack schon mit und spannten ihn mir hinten an den Rollstuhl. Am Ausgang des Flughafens standen sie lange neben mir, bis ich ihnen zehn Euro Trinkgeld gegeben hatte; dann fragte der eine schwerfällig auf Englisch, ob sie noch etwas tun könnten. Ich schüttelte den Kopf und sie gingen.

Es gab in der Stadt, die jetzt vor meinen Füßen lag, zwar keine U-Bahn, aber es gab auch kaum Aufzüge und Rampen. Alles war uneben, verschoben, angebrochen. Das Auto, das mich abholen sollte, ein alter Toyota, war zu eng für mich. Endlich im Hotel angekommen, gab es eine Auseinandersetzung zwischen dem Concierge des Hotels und dem

Fahrtunternehmer, der mich am Flughafen abgeholt hatte. Sie diskutierten und gaben sich ein, wie mir schien, unnötig aggressives Wortefecht. Ihr Redeschwall war ein tiefes gutturales Hin und Her. Irgendwann warf der wuchtige Fahrer die Hände über den Kopf und verließ die Lobby. Ich fragte den Concierge, was los sei und ob er den Fahrer für den übernächsten Tag, wie in seiner Mail zugesagt, bestellt hatte. Der Concierge nickte und sprach sofort über meine Zimmer. Von meiner Nachfrage offenkundig empört, wich er aus und versuchte mich schließlich umzustimmen, ob ich nicht doch lieber etwas in der Stadt ansehen wolle. Es gäbe ein Museum und eine traditionelle Bäckerei, auch einen Handwerkermarkt.

Ich lehnte ab und bestand auf mein Arrangement. Ich konnte dem Concierge nur allmählich entlocken, dass der Fahrer abgesprungen war. Man habe ihn nicht richtig über den Fahrgast informiert; er sei nicht ausreichend ausgerüstet um meinem Wunsch Rechnung zu tragen. Wieder sprach der Concierge von der traditionellen Bäckerei und einer Art Varieté-Theater der holländischen Botschaft. Als ich ihn zur Rede stellte, gab er endlich zu, dass er keinen Fahrer für mich finden konnte, der dazu bereit gewesen wäre, mich unter diesen erschwerten Umständen in die Wüste zu führen. Dies sei nicht Disney World, sagte er plötzlich.

Ich ließ mir eine Liste der Fahrdienste der Stadt geben. Ich arbeitete die Liste auf meinem Zimmer ab. Die meisten Fahrer waren zunächst ziemlich begierig, meinen Auftrag zu erhalten, welcher eine ziemlich lange Autofahrt ins Landesinnere, Verpflegung und Versorgung, auch Übernachtungen im Freien umfasste; sie nahmen aber von ihren Angeboten rasch Abstand, als ich ihnen die spezifische Natur meiner Situation schilderte. Manche forderten einen verrückten Aufpreis, andere legten einfach auf. Schließlich fand ich einen, der nicht nur über die gesamte Zeit hindurch dazu bereit war, mich zu chauffieren, sondern auch mich in und aus dem Rollstuhl zu heben, mich auch in sandigem oder unwegsamem Gelände zu schieben oder zu tragen. Er stimmte zu, mit mir zusammen in die Wüste zu gehen. Sein Name war Timbu.

Er fuhr am nächsten Tag um sieben Uhr in der Früh vor dem Hotel vor und begrüßte mich mit einem Schlag auf die Motorhaube: »My Jeep take you ev'rywhe', man.«

Während wir ein paar Stunden schweigend über eine Landstraße fuhren, fing ich auf einmal an zu reden. Keine Konversation. Ich erklärte mich. Ich wisse, niemand zwänge mich nach Afrika zu kommen. Niemand hätte verlangt, dass ich die behindertengerechte Festung Europa verlasse. Natürlich sei die ungenaue Vorstellung, die ich von unserem eigentlichen Ziel habe, eine unvertretbare Zumutung für einen Fahrer, wenn man meine eingeschränkte Mobilität einberechne. Er hörte die gesamte Zeit über nur zu, sagte nichts. Wenn ich fragte, ob er zuhöre, nickte er nur und schwieg weiter. Er blickte wie zufrieden, aber ein bisschen dämlich lächelnd auf die Straße, die rechte Hand auf dem Lenkrad, die andere im Schoß. Er hatte große, schreckliche große weiße Zähne; sein ockerfarbenes Leinenhemd war von Schweiß durchnässt; er stank. Ich redete und redete, erzählte ihm mein gesamtes Leben, und schließlich begann ich ihm ohne Grund zu danken. Irgendwann schaute er kurz zu mir rüber und sagte mit einem resonanten Lachen: »Don't worry, man. We find her.« Danach schwiegen wir beide.

Nachdem wir von der Straße ganz verlassen waren, wurde die Fahrt schleichender. Timbu musste häufig aussteigen, den Motor nachölen, nach einem Reifen sehen, sooft wir über irgendwas drübergeschrammt waren, dazwischen musste er manchmal aus einem der Kanister nachtanken. Einmal blieben wir stecken und ich musste mich hinüberbeugen, um mit der Hand Gas zu geben, während er hinter

dem Fahrzeug etwas unter den Reifen hielt. Und schließlich
sahen wir am frühen Abend in der Ferne eine Gruppe von
Zelten.

VI Irgendwo in Afrika

Sie trat alleine aus dem Zelt, als wir mit dem Jeep heranfuh-
ren. Sie wirkte gefasst, wohl auch etwas verwundert über
das unangemeldete Fahrzeug. Noch bevor Timbu angehal-
ten hatte, hatte sie mich erkannt. Ihre Augen glänzten vor
Freude kurz auf: Es war der Glanz der rasch und flüchtig
über feuchte Kleeblätter geht; dann im zweiten Augenblick
sah sie mich mit den Augen einer Gestellten an – unschlüs-
sig, ausweichend, auch panisch und verlegen. Als wir stan-
den, kam sie auf die Beifahrerseite, griff nach der Türe, zog
daran. Ich hatte vergessen, zu entriegeln. Ich ließ das Knöpf-
chen hoch schnalzen und öffnete umständlich die Beifahrer-
tür. Sie trat zurück und wartete darauf, dass ich aussteige.
Ich war wie erstarrt.

Als Timbu seine Tür zuschmiss, näherten sich noch zwei
andere Mitarbeiter ihres Teams. Der kleinere, muskulöse
Mann ging zu Timbu und begann ein lebhaftes Gespräch
mit ihm. Der andere Großgewachsene stellte sich neben
Aoife, die mich noch immer wortlos auf dem Sitz hocken
sah. Er beugte sich mir entgegen, schüttelte meine Hand
und grüßte mich mit einem nüchternen *howdy*. Ich nickte
und drückte ihm die Hand etwas fester. Dann trat er wieder
einen Schritt zurück und legte den Arm um Aoife. Ich hatte
noch immer nichts gesagt. Das laute, unverschämte Gerede
Timbus und des Anderen näherte sich nun. Den Rollstuhl
mit zwei Händen schiebend, sah Timbu fast aus wie ein
Sanitäter. Er stellte ihn direkt neben das Auto und stellte die
Bremsen fest. Der kleine Muskulöse half Timbu dabei, mich

aus dem Auto zu heben. Es war eine ziemlich ungeschickte Angelegenheit, aber als ich endlich im Rollstuhl saß, streifte der zweite Typ die Hand an der Hose ab, reichte mir diese zum Gruß und stellte sich mir als Chadwick Lafayette vor. So standen wir zu fünft um die offene Beifahrertür ohne zu sprechen. Timbu blickte mit seinen weißen Zähnen und dicken Lippen amüsiert in die Runde.

Und plötzlich begann Aoife zu weinen. Sie fiel mir um den Hals. »What happend to you?« Ich sagte nichts. Als sie mir direkt ins Gesicht sah, wollte ich ihr so etwas sagen, wie: »Deshalb.« Aber ich sagte nichts. Die anderen begriffen nichts. Timbu kratzte sich am Oberarm und blickte weiter lächelnd vor sich hin. »What ... What are you doing here?« Ich schwieg weiter. Es wurde langsam peinlich, aber es graute mir davor, den Mund zu öffnen. Ich spürte den Druck der Mannigfaltigkeit der Worte; und doch war ich in Erklärungsnot. Was zum Teufel machte ich eigentlich hier? Ich wusste es selbst nicht. War ich verrückt? Verzweifelt?

Chadwick räusperte sich und sagte: »This might be the damn desert, but it don't mean there ain't no beer in it.« Wir gingen in eins der Zelte. Timbu schob mich und Chad hob gelegentlich mit an, um den Rollstuhl über eine Unebenheit zu heben.

Er öffnete einen Cooler, ließ ein paar Kronkorken fliegen und reichte, ohne zu fragen, jedem ein Bier. Dann setzten wir uns. Da niemand etwas sagte, begann Chad über die Filmarbeit zu sprechen. Über die ausgezeichneten Bedingungen, die sie in den vergangenen Tagen zum Dreh vorgefanden hatten; woran sie eigentlich arbeiteten; in wessen Auftrag sie tätig seien. Sein lebhaftes und witziges Gerede entspannte uns. Da niemand – mich eingeschlossen – mit meinem unerwarteten Besuch etwas anzufangen wusste, lockerte es uns auf, einfach Chad zuzuhören. Er erzählte frei von Anmaßungen, ironisch, und unterwanderte häufig spöttisch seine eigenen Thesen. Später erzählte Chadwick über sich selbst, auch Josh entpuppte sich als ein lebhafter Redner. Während Chadwick aus Tennessee stamme und in Knoxville Regie lehre, sei Josh aus Kalifornien. Wer nichts mehr zu filmen hat, erzählte Chad, sich selbst aufs Korn nehmend, der filmt Wüstentiere. Es gehöre zu den Geheimnissen der Unterhaltungsbranche, aber Intendanten, die das Vorabendprogramm für die Badlands der Einschaltquoten hielten, hätten sich geirrt: ein Tierfilm trifft auf ein breites Publikum, sei vom Konzept her nicht weniger *gaze capturing* als der Top 100 Country Songs Countdown bei MTV. »And if you thought pornos are poor in dialogue, try *The Mystery of the Gazelle* or some other shit.«

Josh schien ernster über ihren Dokumentarfilm zu denken. Seine Erzählungen waren voller Erstaunen, tiefsinniger Anekdoten, Epiphanien, die ihm bei der Arbeit eingefallen waren. Josh sah häufig auf Aoife, als er davon erzählte, warum er Kameramann geworden sei, dass er Studios ablehne, dass ihm die improvisierte Stimmung bei Dokumentardrehs, besonders bei Tieren, in freier Natur, schon immer als Herausforderung für das künstliche Auge fasziniert habe … Man wollte es ihm abnehmen. Während er sprach, konnte ich seine Hände nicht aus den Augen lassen. Er ließ seine Finger wie verspielt über den Rand ihrer Ohrmuschel fahren, zwirbelte an ihren Strähnen, strich ihr über den Rücken. In der passiven, ja beiläufigen Hingabe seiner Aufmerksamkeit an Aoife, erkannte ich, dass er sie sehr liebte; erkannte ich meine eigene einstige Hingabe wieder. Und es schien mir tatsächlich so, als sei Liebe niemals eine Erklärung, eine emotionale Haltung, eine Erkenntnis, Gefühl, aber stets die in abertausend Situationen aufgeschichtete Hingabe des Körpers. Ich glaube, Timbu hätte mir zugestimmt.

Irgendwann konnte sich Chad nicht mehr zurückhalten. Er unterbrach den Kalifornier und fragte, was ich hier mache, was ich wolle. Ich erklärte, ich sei ein alter Bekannter von Aoife.

Chad: »Oh that explains it, right. So you're in the film business, too?«

»No. Computers.«

Josh: »And you thought you'll just let the screensaver run for a while and take a trip to Africa?«

Ich merkte, dass Aoife, die die gesamte Zeit über still gewesen war, etwas sagen wollte. Aber ich kam ihr zuvor und teilte ihnen die Geschichte meines Unternehmens mit, erzählte ihnen vom mühsamen Anfang, von ersten Erfolgen und Rückschlägen, vom Durchbruch und Ausbau zur Firma. Ich erzählte ihnen davon, dass mein Partner mein bester Freund war und dass ich die Frau, die er als betriebswirtschaftliche Stützte eingeführt hatte, später geheiratet hatte. Ich erzählte Chad und Josh, wie früher schon Timbu, dass ich Vater von Zwillingen sei, aber im Grunde nie wirklich daran glaubte, dass es meine Kinder seien (obwohl ich durchaus dazu in der Lage gewesen wäre); und dann erzählte ich – mir war im Redefluss alles egal geworden –, dass ich mein Unternehmen verloren hatte.

Chad: »Your company was a bust?«

Ich: »No, it was stolen.« Und dann kam das Lied vom Betrug, von der Übernahme und Erpressung.

Josh: »Shit, man. So you *did* fucking need to take a break. Aoife, you two must've been pretty good study pals for this sonofabitch to come out here to see you.« Er lachte und küsste sie auf die Wange. Ich glaube, er hielt es für ausgeschlossen, dass wir jemals eine intime Beziehung gehabt hatten.

Chad: »But coming out here in … I mean, Anton, by now, don't you have a feeling that we ain't in Kansas no more. During the dry season, this place turns into a desert. And, you see, desert may care a damn dewdrop if you're a nigger, a kike, or a commie, 'cause whatever you are, desert'll welcome you like it welcomes every other creature that has the strength to be in this place, but if you're in a wheelchair – desert won't like … desert won't like you.«

Ich: »Well, I guess I made it through the dry season then.«

Joshs Uhr gab einen Signalton von sich. Und er erinnerte daran, dass es Zeit für die Abendaufnahmen sei. Er und Chad standen auf. Timbu ging mit. Ich glaube, er half ihnen einen Scheinwerfer oder eine Haltevorrichtung zu schleppen.

Aoife und ich waren alleine. Es blieb lange still zwischen uns. Es war leicht mit ihr zu reden, während wir noch im Schutz der anderen und der unverbindlichen Themen standen. Ich wollte damit beginnen, ihr zu erzählen, dass ich nach dem Unfall nicht wusste, wie ich mit ihr ein sinnvolles Leben führen könnte. Wir waren doch ständig unterwegs gewesen. Ich wollte ihr sagen, dass ich Angst hatte, sie könnte irgendwann einmal bereuen, dass sie mich liebte, dass sie an mir festgehalten hatte. Ich wollte ihr über die entworfenen und dann wieder verworfenen Briefe und vorzeitig abgebrochenen Anrufe erzählen. Ich wollte ihr davon erzählen, dass ich ein Flugticket gekauft hatte, als ich aus dem Krankenhaus entlassen worden war, und den Flug nicht antrat.

Doch dann fasste sie mich an der Hand. »Want to see some of the shots we took so far? It's great material.« Und ich wusste, dass sie es schon längst begriffen hatte.

Am nächsten Tag lud mich Timbu wieder ins Auto.

Josh: »If you want to drop in sometime soon, consider taking a helicopter. But if you want to visit Aoife and me in San Diego in three months from now, you could come and see the premiere of this flick.«

Die Wohnung hatte sich in der Sonne ziemlich aufgeheizt. Ich war über die Reise sehr froh. Stephanie hatte mir während meiner Abwesenheit eine Mail geschrieben. Sie informierte mich darüber, dass sie die Scheidung einreichen werde. Sie meinte, es sei ohnehin besser für die Kinder, da sich ihr Vater auch nicht im Geringsten anschicke, nach ihnen zu fragen. Zu meiner Verwunderung begründete sie so diesen Schritt. Ich hätte ihr, Stephanie, dadurch, dass ich nicht um sie gekämpft hätte, bewiesen, dass ich sie nicht liebte. Es war mir gleichgültig. Ich klickte die Mail weg und begann eine neue Nachricht an Timbu zu verfassen. Am Nachmittag fuhr ich hinab ans Flussufer und filmte die Dinge, die im Wasser stromabwärts trieben.